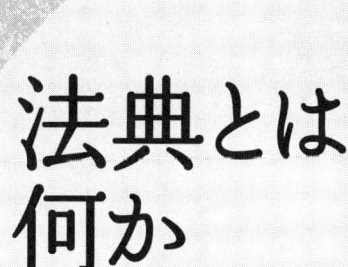

法典とは何か

岩谷十郎・片山直也・北居 功 編

慶應義塾大学出版会

はじめに

　かつて、碩学穂積陳重博士は、「法典編纂とは一国の法律を分科編制して公力ある法律書となすの事業を云ふ」と定義しつつも（『法典論』（哲学書院・1890 年）2 頁）、その法典編纂の対象となる「法典」が何であるのかについて、残念ながら積極的な説明を与えなかった。その後も、法典編纂や法典論争をめぐる数多くの論稿が公表されてきたが、次の問いに対する回答を模索する試みは、絶えてなかったように映る。

　法典とは何か。

　この単純素朴な問いかけに対して、どのような回答が可能であろうか。本書は、まさにこの問題に取り組もうとして編まれた企画である。もちろん、本書は、単純素朴ではあるものの、おそらく容易には回答できそうもないこの問いに、直接答えることはできていないであろう。むしろ、この問いに対して回答するには、まずどのような基本的知識が必要であるのか、どのような参考文献があるのか、どのように先人は考えてきたのか、どのように現在考えられているのか、このような茫漠としてはいるが、まず必要と考えられる素材を多様に蒐集整理することが必要なはずである。この基本素材の蒐集整理こそが、まさに本書の目的である。読者諸氏には、まずこの点をご了解いただきたい。
　また、本書が扱う素材が民法を中心とした私法に限られていることも、読者諸氏にご海容を願う次第である。おそらく、民法に限らず、むしろ刑法は古く、それを纏めようとする先人の努力が法典として結実したことも容易に予想される。しかし、この分野について取り扱うことは、編者の専門分野といった個別事情から、はなはだ困難であったことは遺憾とするところである。しかし、本書を契機にして、多様な法分野を含めて、法典とは何かという関心が高まれば、これもまた本書の目的は十分に達成されよう。

はじめに

　したがって、本書は、私法法典とは何かを考える基礎となる素材を、できる限り多様に提供することを願っている。第1章で見るように、法典をヨーロッパ近代の1つの文化的所産と捉えるとき、ヨーロッパで法典を編纂するという考え方がどのように形成されたのか、その考え方がヨーロッパはもちろん、我が国も含めて非ヨーロッパ世界にどのように伝播し、現在どのように受け入れられているのかということを眺めることが、本書の骨格となっている。

　すなわち、第1章は近代ヨーロッパにおける法典本来の意義を扱い、第2章は、明治期の日本が近代化を果たす中でいかにして法典を受容するのかを探求する。第3章は、20世紀以降、とりわけヨーロッパで高まった法典の意義に対する批判と再評価の経緯を眺め、第4章は、法典編纂を支える法の基本原理と構造を考察する。第5章以下は、順次、主要な法圏での法典をめぐる議論や事象を、ドイツ法、フランス法、英米法、ラテンアメリカ法およびヨーロッパ法に求めることで、今日における各国各地域での法典の意義を探る。続いて、現代における法典の意義を動きの速い先進的法分野に眺めるべく、第10章は、開発法学の分野での法典の意義について、第11章は商法分野における法典の意義について、最後に第12章では消費者法の分野での法典の意義をそれぞれ探求する。このように、本書は、今日、私法法典を考えるために必要な範囲をできる限り網羅すべく、章立てを施してみた。

　もっとも、本書の各章は、それぞれの執筆者が各章立てごとに設定されたテーマを比較的自由に書き綴っているため、あるいは、読者諸氏には統一感を欠いているように映るかも知れない。しかし、繰り返しとなるが、本書の目的は、法典とは何かという問いに対する画一的で明快な1つの回答を提示することではなく、あくまで、その問いに回答できるようになるための考える素材を準備することにある。本書は、問いに対する回答へと収斂する内容ではなく、むしろその回答を模索するために開放されている。その先へと進むことは、本書を手に取り、注で引用した参考文献を参照する読者諸氏に委ねたい。なお、読者の便宜を考慮して、編者の判断で外国人名等の表記を統一していること、参考文献も参照しやすいように略記を避けたことも、合わせて付言しておこう。

　編者の3人は、ともに慶應義塾大学法学部法律学科および同大学院法学研究

科に学び、奇しくも慶應義塾に奉職して、振り返れば30年以上にわたる交友関係にある。偶然3人が昭和36年生まれであるため、学生時代より「三六会」と称して、飲み食いと学業・研究をともにしてきた。かねて、3人で1冊の本が作れればと願ってきたところ、ようやく本書においてその念願が叶ったことになる。

　たまたま民法の改正論議が高まったこともあり、法典とは何かという企画で本が作れないかとの素朴な発案以来、すでに5年近くが経過している。もちろん、安易に企画を発案はしたものの、素朴でありながら極めて困難なこの問題に本格的に取り組むことに編者の誰しもが二の足を踏んでいたが、「隗より始めよ」、慶應義塾大学出版会の前島康樹氏と岡田智武氏の即座のご勇断と全面的なご支援を賜ることで企画が進捗し、各章執筆者のご協力とご尽力を得ることで、ようやくにして本書の刊行の運びとなったことは、編者にとってこの上ない喜びである。改めて、関係各位に深謝する次第である。そうはいっても、「清水の舞台」ならぬ「三田の山上」から飛び降りてはみたものの、果たして骨折は免れたのかどうか、読者諸氏の判断に委ねる他はない。

　願わくば、本書を契機にして、法典をめぐる議論が高まらんことを。

2014年9月15日

岩谷 十郎、片山 直也、北居　功

目 次

はじめに　i

第1章　法統一のための法典編纂 …………………… 1
　Ⅰ　法典編纂って何？　1
　Ⅱ　なぜ法典編纂なのか？　2
　Ⅲ　何のための法典編纂？　7
　Ⅳ　法典編纂はもう古い？　11
　Ⅴ　それでも法典編纂？　15
　Ⅵ　誰のための法典編纂？　18

第2章　近代日本の法典編纂 …………………… 25
　――その"始まり"の諸相――
　Ⅰ　はじめに――法典編纂を不可避とした条件　25
　Ⅱ　明治初期太政官制下の法典編纂　27
　Ⅲ　お雇い外国人と法典編纂　34
　Ⅳ　法典編纂の技術と方法　37
　Ⅴ　おわりに　42

第3章　脱法典化と再法典化 …………………… 47
　Ⅰ　民法典の「危機」　47
　Ⅱ　19世紀――法典の時代　48
　Ⅲ　20世紀――脱法典化の時代　52
　Ⅳ　21世紀――再法典化の時代？　58
　Ⅴ　あらためて法典とは　61

第4章　法典と一般的法原則…………………………………65
　　──法秩序の重層構造と動態的法形成──

　　Ⅰ　はじめに──再法典化と「一般的法原則」　65
　　Ⅱ　「法原則」（プリンシプル）と「法規範」（ルール）　65
　　Ⅲ　「指導的法原則」と「矯正的法原則」　67
　　Ⅳ　法認識と「法原則」　68
　　Ⅴ　「法規範」（ルール）における「例外」の許容　69
　　Ⅵ　法規範の拡張としての「法的擬制」　70
　　Ⅶ　法規範の縮小としての「特段の事情」　73
　　Ⅷ　むすびに代えて──法秩序の重層構造と動態的法形成　75

第5章　ドイツ民法典と法典論…………………………………79

　　Ⅰ　ドイツ民法典の成立　79
　　Ⅱ　ドイツ民法典の展開　80
　　Ⅲ　ドイツ民法典の危機　85
　　Ⅳ　プロイセン一般ラント法の立法技術　88
　　Ⅴ　ドイツ民法典の立法技術　93
　　Ⅵ　現代法典論における立法技術　103
　　Ⅶ　法典論と立法技術　107

第6章　フランスの諸法典…………………………………115

　　Ⅰ　民法典の編纂・隆盛・激動　115
　　Ⅱ　現代における法典化　123
　　Ⅲ　法典、法典化そして「再」法典化とは何か？　127
　　Ⅳ　結びにかえて　131

目次

第7章　英米法における法典化運動 …………………… 137
- I　はじめに　137
- II　法典化の要請とその実践　138
- III　新たな法典化の展開　147
- IV　おわりに　158

第8章　ラテンアメリカと法典化 …………………… 163
- I　はじめに　163
- II　政治的独立と法的依存——フランス民法典への隷属的法典化　165
- III　ラテンアメリカ内因性の自立的法典化——フランス民法典からの脱却へ　170
- IV　結びに代えて——独立期法典化の諸要因　177

第9章　ヨーロッパ(EU)私法の平準化 …………………… 191
——ヨーロッパ民法典の可能性——
- I　ヨーロッパ民法典の構想と共通売買法　191
- II　ヨーロッパ私法の形成をめぐる学説の動向　193
- III　ヨーロッパ共通契約法典への道程——指令、モデル法、規則　197
- IV　EU私法の平準化への新たな道開——規則としての選択的法準則　205
- V　おわりに——今後の展望　208

第10章　開発における法典編纂 …………………… 215
- I　はじめに　215
- II　ラオスにおける民法典編纂　217
- III　ネパールにおける民法典編纂　226
- IV　おわりに——進化する法システムと法典編纂　236

第11章 「商法典」とは何か……………………………243
——法典化・脱法典化・再法典化——

 Ⅰ 「商法典」の現在 243

 Ⅱ ヨーロッパ大陸法諸国の動向 244

 Ⅲ 日本の商法典 253

 Ⅳ むすびに代えて——法典の行方と商法学のあり方 256

第12章 消費者法と法典化……………………………265

 Ⅰ はじめに——消費者法をめぐる問題状況と課題の設定 265

 Ⅱ 消費者法の法典化に関する他国のモデル 269

 Ⅲ 日本民法改正と消費者法をめぐる議論 273

 Ⅳ 消費者法の法典化 275

索　引 285

執筆者紹介 291

(各章執筆者)

第 1 章：北居　　功	第 7 章：木原　浩之
第 2 章：岩谷　十郎	第 8 章：前田美千代
第 3 章：加藤　雅之	第 9 章：中田　邦博
第 4 章：片山　直也	第10章：松尾　　弘
第 5 章：水津　太郎	第11章：高田　晴仁
第 6 章：武川　幸嗣	第12章：鹿野菜穂子

第1章
法統一のための法典編纂

I　法典編纂って何？

　「法典」という用語は多様で多義的であるため、それを統一的に把握することは困難である。しかし、少なくとも法典と呼ばれる法令には、個別法令とは異なる統一的なイメージがあることも疑いない。すなわち、法典は包括的な法令であるのに対して、単なる法令は、専門分野的で、狭く限定されたテーマにかかわるにすぎない[*1]。つまり、法典の明白な特質は、その「包括性」にある。社会事象の一部分を切り取って、そこでの利益の調整を図る個別法令とは異なり、法典と呼ばれるにふさわしい法令には、一定の包括的な領域の事象について、社会に生起する紛争を想定した利益調整が、ただ1つの法令に体系的に包摂されている[*2]。まさしくこれを、法典の「包括性」と呼ぶことができるであろう。たとえば、民法典は、市民がその生活の中で経験する可能性がある一連の私人間の紛争につき、利益の調整を図るべき規範が総合的・包括的に取り込まれている、あるいは、少なくとも、そのように想定されているのである。

　では、法典によって社会に生起する利害対立を包括的に調整するという考え方は、どのようにして生まれたのであろうか。本章のテーマは、法典編纂の特質であるその包括性の意味と由来を尋ねて、将来を問うことにある。もちろん、この問題に回答を与えることは相当に困難であるとはいえ、現代の社会にまで

承継されてきた法典編纂の経緯との関連で眺めるときには、ヨーロッパの近代という時代を背景にした法典編纂の出現に着目することも、あながち的外れとはいえないであろう。なぜなら、明治時代以降にヨーロッパの法体制を継受した我が国の法体系を支える基本的な理念もまた、直接には、近代の法典編纂という法史上の1つの「革命」をもたらしたヨーロッパ法思想史の流れに接続し、そこに所以を求めることが可能となるためである。

II　なぜ法典編纂なのか？

1　法の分裂状況──慣習法の乱立

　法典編纂にはいくつかの波が指摘されるが、現代と直接的な接点を求めることができる近代ヨーロッパ私法の法典編纂の「第一波（Urwelle）」は[*3]、18世紀末から19世紀にかけて成立した一連の法典編纂を意味する。すなわち、1794年の「プロイセン一般ラント法」、1804年の「フランス民法典」、そして1811年の「オーストリア一般民法典」である。もちろん、これら一連の法典編纂事業は、それぞれが特有の編纂準備の背景を有しているとはいえ、他方で、そうした法典編纂を必要とした社会的背景と法典編纂を推進する思想史的背景に一定の共通点も見出される。

　それら法典編纂より前の時代、当時のヨーロッパの各地域では、それ以前から通用していた慣習法こそが当時の法の中核を担っていた。中世を通じて西ヨーロッパ地域に定着した各地のゲルマン民族が承継してきたゲルマン慣習法が存在し、それ以前に通用していた西ローマ帝国のローマ法と各地の慣習法とが融合した慣習法も存在した。また、12世紀にイタリアで再発見されて後、ヨーロッパの諸大学を通じて研究・教育され、そこで教育を受けた学識法曹を介して浸透していくローマ法もまた、それが法としての通用力を獲得する中で、慣習法化していった。

　この12世紀に再発見されたローマ法は、ローマカトリック教会の教会法とも相まって、法学研究・法学教育のテキストとして、やがては、慣習法化する実定法として、ヨーロッパの各地域に通用するようになる。とりわけ、当時の神聖ローマ帝国では、ローマ教皇との対抗を意識する神聖ローマ皇帝が、古代

ローマ皇帝から承継するローマ法の権威と適用に積極的な姿勢を示した。また、その皇帝の許で司法を担当する官僚も、大学でローマ法を勉強することを通じて、ローマ法の適用に好意的な態度を示していた。こうして、中世のドイツでは、ローマ法が全面的に継受されるという異例の現象が生じた[*4]。

　このようなローマ法の全面継受という特異な現象は、あくまで今日のドイツの地域に限られたとしても、ローマ法は学識法曹を介してヨーロッパの社会に浸透し、各地域に特別な法令ないし慣習法がない限り、一般的に適用される「普通法」として、ヨーロッパで現実に適用されることとなる。ボローニャの地で始まったローマ法および教会法の「両法」の研究・教育が、その後ヨーロッパ各地に創設される各大学のカリキュラムに採用され、ローマ法と教会法という同じテキストをラテン語という共通言語を介して、当時のヨーロッパの学識法曹は共通の法文化を共有していたと指摘されるのである。このような法文化が、今日、「ユス・コムーネ（IUS COMMUNE）」と呼ばれている[*5]。

　とはいえ、現実に通用している法規範は、その地域に固有の各種の慣習法を中心としていて、ユス・コムーネはせいぜい補完的に適用されるに過ぎなかったため、ヨーロッパの各地域にその地域特有の慣習法が深く浸透することで、地域ごとに異なる法の分裂状況が現れていた。かつてヴォルテールの皮肉に、「駅馬車を乗り換えるよりも頻繁に法が変わる」とあるように、その分裂状況は相当に深刻で、そうした事態は何もフランスにとどまらず、広くヨーロッパに共通する状況であった。したがって、ヨーロッパの1つの領域で国家体制が中央集権化を始めるとき、その領域内の各地域に存在するこうした法の分裂状況を克服し、国家による法の統一を模索するのも、権力の集中の度合いを高めるうえで、避けては通れない課題となった。つまり、国家による「法の統一」こそが、まさしくその課題である[*6]。

2　自然法と啓蒙思想──ヨーロッパ近代思想

　デカルトの「我思う、故に我在り」という言葉はあまりにも有名であるが、この言葉に象徴されるヨーロッパ近世の合理主義思想は、ヨーロッパ思想が中世と決別する決定的な契機となる。すでに、中世の神学者トマス・アクィナスが、法を理性による秩序付けとして理解し、永遠法、神法、自然法、人定法の

4つに分類したことはよく知られている。永遠法とは神の世界創造の法則であり、理性ある被創造物が理性（ratio）によって永遠法を分かち合う世界法則が自然法である。もっとも、理性の不完全性から自然法の上位に神法が位置付けられる反面、人は、悟性を通じて一般的な原理で永遠法の一部を認識できるため、自然法に現れる一般的な諸原理を具体的な適用場面で論理的推論によって補完するのが人定法である*7。

しかし、デカルトに始まる合理主義は、理性の能力によって不合理性を排除し、合理的な社会制度の構築ができるとの確信をもたらすこととなった。17世紀前半に、グロティウスは、悲惨な宗教戦争を前にして信仰の相違を架橋すべく、理性によって正しい法を探求する道を開き、もはや永遠法にではなく、現実の紛争解決に役立つ自然法の諸原理を正しい法の参照とすることで、近代自然法論との架け橋を築いた*8。神がいなければ神の法はなく、戦争状態になれば市民法は停止するが、それでも自然法は存在するという*9。とりわけ17世紀の後半には、デカルトの影響を受けたプーフェンドルフが、私法の一般領域で、人間社会における人間のあるべき行為義務を自然法が提示する義務への適合として理解し、自然法が社会生活の具体的な指針として役立つことを明らかにして、法を義務の体系として整序することを試みる*10。18世紀に入って、この方向を推し進め、自然法が提示する義務の総体を数学的な演繹体系に構築することを試みたのが、クリスチャン・ヴォルフであった。ヴォルフは、専門である数学を学問の模範として、明確な概念と明晰な論理の体系として自然法を把握することを試み、明確な概念と諸原理の階層構造、いわば「概念ピラミッド」と呼ばれるべき演繹構造を持つ法の体系化の可能性を示した*11。このように、近代自然法論は、中世以来の法の区分論を、自然法と実定法という二元論へと組み替え、法の体系化を志向した*12。

もっとも、理性によって構築されるべき永遠の普遍法としての自然法は、あらゆる場所と時代で不変なのであろうか。すでにパスカルは、「ピレネー山脈のこちら側では真理であることが、向こう側では誤謬なのだ」と正義を皮肉った*13。ところが、モンテスキューは、「法律は、一般的には、それが地上のありとあらゆる人民を支配するかぎりにおいて、人間理性である。そして、各国民の国制の法律および公民の法律は、この人間理性が適用される特殊な場合に

すぎないということでなければならない」とした上で、国民ごとに異なる歴史、言語、習俗、宗教、気候、風土、文化が法に相違をもたらすことを指摘して、国民ごとに固有の「法の精神」があることを主張した[14]。こうした法の環境論は、すでにプラトン『法律』第4巻が、新たなクレタ植民地での理想的な法律制定の前提として論じており[15]、アリストテレス『政治学』第7巻も、最善の国制の前提条件として論じている[16]。こうした伝統とも相まって、このモンテスキューの見解は、当時のヨーロッパ思想界を席巻し、不変法としての自然法に対する痛烈な批判となって、抽象的・一般的な自然法に対する具体的・個別的な自然法のあり方、いわば自然法の相対化が模索されるようになる[17]。つまり、抽象的・一般的な自然法の完全な演繹体系の構築を目指すのではなく、自然法的な考え方を歴史的・経験的な事象に当て嵌める主張である[18]。したがって、立法者は所与の環境に法律が適合するかどうかを測らねばならない反面で[19]、各国がそれぞれの法律を作り出すことができるという確信も生まれた。結局、この相対理論こそ、自然法の抽象的・普遍的原理と当時のヨーロッパ社会の現実状況との妥協を可能とし、現実に法典編纂を実施できる環境を整備したのである[20]。

　こうして、法は古くからあるからではなく、理性に適って合理的であるからこそ、その効力が保障されることとなる。「自然法は実定法を破る」[21]。今や、理性は蒙を啓かれ、社会法則の合理性を検証できるだけではなく、合理的な社会秩序の構築さえもできる。「敢えて賢かれ（Sapere aude!）」[22]。もし、合理的な法がなければどうすればよいのか。合理的な法こそが作られなければならない。ヴォルテールはいう、「汝は良き法律をもたんと欲するか？〔若し欲するならば〕汝の法律を焼却し、かつ新たな法律を作れ」[23]。

　すでに17世紀後半に、ライプニッツは、『復旧法大全（Corpus iuris reconcinnatum）』に代表される一連の法典編纂を構想していた。ライプニッツは、その法典名が示すとおり、法典編纂構想でローマ法自体を数学モデルによって体系的な法原理へと凝縮することを目指し、その観点から無秩序なローマ法を批判した[24]。すなわち、「正義は、平等性と比例性にあるため、人が何事かを正しいと認識できるのは、正義を行使する何人もおらず、正義が行使され得る何人も存在しなくてもそうなのであって、数える何人もおらず、数えられ得る何も存

在しなくとも、数の意味が真実であるのと同じなのである」[*25]。このように、ライプニッツの法典編纂構想は、最終的に、健全な理性による法典編纂を構想していたが、同時に、各地域の慣習法によって法典自体が一定の範囲で制限を受けざるを得ないという法典編纂上の問題に直面し、18世紀の法統一問題をすでに先取りしてもいた[*26]。確かに、「ライプニッツの試みは挫折した。〔しかし〕彼の関心は残った」[*27]。19世紀ドイツのいわゆる「法典論争」で、ティボーが全ドイツの代表者を集めた叡智によってドイツ市民法典を編纂すべきであると主張したのも、当時のドイツにおける法の分裂状況、とりわけ不完全なローマ法に対する批判に立脚してのことであった[*28]。

3 法って作れるの？

ところで、法典編纂の時代に入る以前のヨーロッパの法の中心は慣習法であったが、それは「昔からこうであった」という法の通用力、すなわち、「古き良き法（altes gutes Recht）」を意味した。法は「すでにあるもの」であって、「作るもの」ではなかった。ところが、17世紀以降、法典編纂思潮の中で、むしろ法は作るものという考え方が一般化していく。この立法権の正当化を試みるのも、近世の自然法論であった。

ホッブズは、有名な「万人の万人に対する闘争（bellum omnium contra omnes）」という自然状態を起点にして、自然法が命じる各自の安全を保障するために社会契約を締結することを想定する[*29]。しかし、社会契約だけでは、その後に生じる社会構成員の間の利益紛争を解決することはできないため、社会の秩序と安寧を維持するために主権者との間で服従契約を締結し、その権力に対する畏怖による安全確保を想定する[*30]。したがって、その服従契約によって立法権限を託された立法者は、社会の各人をその規範に服従させることができるとはいえ、立法者自身はそもそも当該規範に服従する義務を負っていない。こうして、無制約な支配権限と立法権限に正当性を与えることとなるが[*31]、立法の内容の正しさを保障するものは何もない。確かに、良き法律を作ることは立法者の義務ではあるが、それは単に倫理的な義務にすぎないのである[*32]。

この対極に立つかに映るのがルソーであり、社会契約によって公共の福祉が目的とされるとき、その共通の利益の一致こそが一般意志であるから、「主権

とは一般意志の行使にほかならない」[33]。主権は、その目的にしたがって法を制定し、法を通じて、一般の人々に対して平等に権利を付与し、一般の人々を平等に義務づける。自然状態で平等な各人は、自身の自由を確保するという利益を共有し、それが一般意志を形成するため、各人は各人と同じ規範に服さねばならない。この利益の共通性こそが、一般意志を反映する規範の正しさを担保する。したがって、ホッブズと同様に、やはり規範の正しさはその内容によるのではなく、一般意志を反映するはずの利益の共有という感覚に帰着する[34]。こうしたホッブズとルソーの立法権は、いずれもが、自然状態を起点にする社会契約という自然法論の帰結であり、その他に主張された様々な見解も、これらの両局の見解の間を揺れ動くにすぎない[35]。それ以前のいわゆる王権神授説に代わって、立法権を新たに正当化するのが近世の自然法論の1つの意義である[36]。

Ⅲ 何のための法典編纂？

1 法典の特質

近代法典編纂の社会的・思想的背景を眺めると、神聖ローマ帝国領域内で、中央集権化を進めるプロイセンとオーストリアで、啓蒙専制君主として名高いフリードリヒ2世とマリア・テレジアが法典編纂事業を推し進めたのも、決して偶然ではない。そこでこそ、「国家による法の統一」という課題が、現実に克服され得る条件が整ったからである。しかし、より徹底した形での近代法典編纂は、むしろ君主制が崩壊した後のフランスで実現することになる。つまり、自然法は、一方では啓蒙専制君主の立法権限を正当化するが、他方では、フランスにみられるとおり、市民の自由主義理念に法を固定しようとしたのである[37]。

では、法典にとって必須の要素とは何か。中央集権化して立法権を掌握する国家体制は、その確立に必要な法統一を確保するために、旧来の慣習法など既存の法をすべて廃棄し（法典の排他性）、国家社会のあらゆる局面をカヴァーできる包括的な法典整備を必要とした（法典の包括性）。そのような法典では、人間の理性に照らして合理的な規範が、一定の体系に沿って整理されて、呈示さ

れなければならない（法典の体系性）。このような規範が、ラテン語ではなく各人が読むことのできる各国言語で明文の形で明示されることによって（法典の成文性）、社会の各人は、予め呈示された規範に基づいて行動することで、社会に生起する紛争を回避することができる（法典の周知性）。すなわち、「諸法の法典にないものは何であっても、法となるべきではない」[38]。そのために必要な人間の能力こそが、啓蒙された理性なのである[39]。

したがって、近代的な意味での法典編纂とは、中央集権化する国家体制の確立を前提に、法の合理性を検証・体系化する自然法と共に、その法による新たな生活関係を作り出せるという啓蒙主義の確信がなければ、そもそも成り立ち得ない。この意味で、ヴィアッカーの次の言葉も理解されるべきである。すなわち、法典とは、「欠缺のない１つの規範体系の支配に対する裁判官と法学者の服従であり、その体系は、個々の法原理の矛盾のない帰結において、個々の法制度からより上位の諸概念と基本原則へと高まるものである。この意味で、法典編纂とは、西ヨーロッパおよび中部ヨーロッパ大陸において特有で、困難な中で獲得され、困難な中でも擁護されるべき１つの法風俗の創造物であり、最初はそこでだけの創造物にすぎなかった。つまり、ヨーロッパ精神のもっとも特徴的な成り立ちの１つであり、そこに、その社会的で理念史的な特質がもっとも明確に現れている」[40]。

2　法典編纂の目的

以上のように、啓蒙期の絶対主義権力による法の統一という法典編纂の目的は、法典編纂の歴史を解明する有力な視点であり、事実、このような視点から、中央集権体制を進める啓蒙専制君主の許で、私法の法典編纂を進めたプロイセンやオーストリアの法典編纂史を眺めるのが一般的である[41]。しかし、国家権力の集中と一元化を図る公法の関心とは異なって、少なくとも私法においては、その法統一の要請は国家権力の観点というよりは、むしろ、人と財貨の流通を阻害する法の相違を排除するという経済的な市場統合の利益に直結している。したがって、権力の集権化という国家戦略的目的設定では、少なくとも私法の法典編纂という現象を直ちに説明することは難しいとも指摘される[42]。事実、イングランド国王は、当時、ヨーロッパ大陸の国家権力にもまして強力な権力

を有していたにもかかわらず、コモン・ローの判例システムを変更し、法典編纂へと進むことはなかった。このことは、18世紀から19世紀にかけて、無秩序なコモン・ローを批判して法典編纂をもっとも強く主張したベンサムが、ヨーロッパ大陸を超えてアメリカ大陸へも影響を及ぼした反面で、その故国イングランドで影響を及ぼすことができなかっただけに、なおさら興味深い現象といえるであろう[*43]。もちろん、イングランドが、硬直的な法の体系構築ではなく、移り変わる状況に対応できる柔軟な判例の蓄積を通じた法形成に信頼を置いてきた伝統も無視できない[*44]。

　そこで、法の統一を、さらに国家権力による法源の独占という目的と結び付けると、法典編纂の背景を説明することも可能となるように思われる[*45]。つまり、ヨーロッパ大陸では、補充的な効力しか持たない普通法を基礎にした法典が唯一の法源となることで、はじめて法の統一が達成されたのに対して、当時のイングランドのコモン・ローは、国王裁判所を通じて国家による法源の統一と法源の独占をすでに達成していた[*46]。したがって、国家による法源の独占は、他の多様な法源を排除するための手段であって、ヨーロッパ大陸では、法典による法源の独占を通じてしか、法の統一が可能ではなかったとの理解が成り立つように映る。シュロッサーは、「あまりにも安易に見過ごされているのは、すべての啓蒙期の歴史的法典編纂が、厳密な意味で中央集権的＝一方的な君主の措置ないし勅令、つまり法律命令であったことである」と指摘する[*47]。

　他方で、法典編纂は「法学に端を発する特殊な歴史的現象」との説明がされることもある[*48]。すでに古く16世紀の人文主義法学は、ローマ法を歴史的なコンテキストから解釈し直すことで、それと当時の社会との乖離を指摘し[*49]、17世紀にヘルマン・コンリングは、ローマ法大全を無用の長物として批判したが、このような批判は、その後も法学者によって繰り返されることとなる。ライプニッツが独自の法典編纂構想を抱いたのも、こうした法状況を改善しようとするためであった。つまり、「立法への衝動、法典編纂のイニシアティヴと諸計画は、主として法学に由来したのであって、（神聖ローマ）帝国の立法者に由来したのではなかった」[*50]。したがって、単に国家による法のコントロールという観点だけでは、法典編纂という事象を理解することはできない。むしろ、法学を通じた営為により、「法典編纂は、第一義的に、単純でもっとアク

Ⅲ 何のための法典編纂？

セスしやすい形で、法をリステイトすることを目指していた」というのである[51]。すでに19世紀ドイツの法典論争において、ティボーの法典編纂論に反対したサヴィニーは、確かに法典編纂には反対したが、ドイツにおける法の統一を否定してはいなかった。むしろ、サヴィニーは、国民の法の代表者である法学者の営為、つまり法学の発展にドイツの法統一を託した[52]。すなわち、「ティボーが望んだことを、私は内面的な根拠から否定し、ドイツ国民の統一という外面的で、政治的な目的において、我々は一致した。彼はその統一を共通の法典によって支援することを望み、私は共通の教育を通じて支援することを望んだ」と告白する[53]。

それは同時に、政治的な分裂状況の中で、法の統一を達成できる方法論を提示できるのは法学だけであったことも意味しよう。ナポレオン失脚後のウィーン体制下で、ドイツの各領邦ラントの国境を越えた法の統一は、1815年に結成されたドイツ連邦が一定の割合で担うこととなった。事実、ドイツ連邦の下で、1841年以降、著作権法、普通ドイツ手形条例、普通ドイツ商法典、債務法に関するいわゆるドレスデン草案が制定された。しかし、ドイツ連邦は政治的な統一圧力を持つ組織であっても、今日のヨーロッパ連合にも似て、全ドイツに通用する法典編纂を遂行する権限には疑念が持たれていた[54]。したがって、19世紀末のドイツ民法典の統一事業は、ドイツの政治的統一までは歴史法学派のパンデクテン法学という学問が担わざるをえなかった。今日のヨーロッパでも、国境を越える法の統一の有力な方策が法学に委ねられている事実は、法学が担うことができる法統一の機能を如実に表している。つまり、超国家的な法定立権限を有する機関が存在しない場合、超国家的な法統一は政治的な権力に拠るのではなく、法学による合理的な法モデルの提示という形で行われる余地がある。事実、1980年代以降のヨーロッパにおける契約法の統一への動きは、契約法の統一権限を持たないヨーロッパ共同体ではなく、そもそも法学者の自発的な任意の研究団体に主導されてきたのであり、その成果が『ヨーロッパ契約法原則』として知られている[55]。

いずれにせよ、近代国家が法を統一するために、国家による法源独占という方策を選択するとき、当時の法学は、その権力目標としての法典編纂を可能とする道具立てを提供したということはできるであろう。

Ⅳ 法典編纂はもう古い？

1 法典の排他性

　近代法典編纂は、国家による法の統一と独占を実現するために、その他の法源を排除して、法典の適用による紛争解決を可能としなければならない。つまり、近代法典は、地域的、体系的、身分的に分裂していた他の法源を排除することを実効的に可能とするに足るという意味で、「排他的」でなければならない[*56]。この特質こそ、法典という言葉の多義性の中で、「近代の市民法典編纂を、唯一の歴史的な現象」とする特質といえよう[*57]。したがって、法典編纂が他の法源の適用を許し、単に従来の法を新たに整序するにすぎない「補充的法典編纂」にとどまる場合、他の法源を排除するに足る近代的な意味での「排他的法典編纂」とは、本質的に意味が異なることとなろう。たとえば、18世紀中葉に試みられたフリードリヒ法大全草案（1749年）、テレジア法典草案（1766年）といった啓蒙期絶対主義下での法典草案や、実際に施行されたバイエルンのマクシミリアン民法典（1756年）などは、「補充的法典編纂」に数えられ、その観点からみて、なお近代法典と呼ぶに値しない[*58]。

　この観点からすれば、プロイセン一般ラント法もまた、貴族の特権や農夫の地位といった身分制度を残し、地方の法源を排除することなく補完法に甘んじる限りで、なお「補充的法典編纂」に含められるように映る。しかし、プロイセン一般ラント法の編纂と並んで予定されていた各地域法の法典編纂は、各地域の抵抗に遭って、現実には東プロイセンの地域法典しか成立しなかったため[*59]、一般ラント法は、19世紀が経過する中で、徐々に地域法に対する優位を獲得するようになった。というのも、1806年にプロイセンがナポレオンの支配に服すると、プロイセンの地域法典計画はもはやすべてご破算となり、フランスに割譲された地域にはフランス法典が適用されることで、地域法の適用がいったん排除された。ナポレオンが失脚した後、それらの地域がプロイセンに復帰したとき、すでに排除されていた地域法に代わって、プロイセン一般ラント法が適用されるようになったからである[*60]。

2 法典の完全性

　法典による法統一を実現するには、法の画一的な解釈を確保するために[61]、法適用者による法典の恣意的解釈も排除しなければならない[62]。モンテスキューがいうように、裁判官は「法律の言葉を発する口」でしかなく[63]、また、法学者による法律の注釈も否定されるべきこととなる。フランス民法典はその制定当時、法典自体が神聖視され、その解釈が禁止されたが、法典公布から間もなくしてフランス民法典の最初の注釈書が公刊されたとき、ナポレオンが、「余の法典は失われた」と嘆いたのは、つとに有名な逸話である。こうした解釈禁止の歴史は古く、7世紀に東ローマ皇帝ユスティニアヌスがローマ法大全を編纂した際にも、やはり皇帝自身によって法律の解釈が禁止された。その勅令によれば、「我々が神の許しを得て、この業績の起草を強く勧めたとき、すでに最初から我々にとって不可欠であったのは、我々がこの業績を今日、時代に適したものとして公布しなければならないことであり、つまり、今日あるいは将来のいかなる法学者も、敢えてその法律に説明を加えるべきではない」（勅法集第1巻第17章第2法文第21節）。

　プロイセン一般ラント法も、法律家や法学者の解釈による介入を排除しようとした。一般ラント法は、裁判官に独自の法解釈の権限を与えず、法学者による法注釈も排除し、法律に関する疑念については、法律委員会に照会することを命じて、法の解釈が新たな解釈紛争を生じないように配慮していた[64]。一般ラント法は、裁判官が法律の意味に疑念を見出したときには、法律委員会に照会し、その判断を仰ぐものとし（序章47条）、判断を仰いだ裁判官は、法律委員会の下す決定に拘束されるとする（序章48条）。さらに、一般ラント法は、裁判官が、案件につき判断にかかわる法律を見出さないときは、法典の一般的な基本原則と同様の案件での判断を基礎に、「自身の最良の洞察に適って判断しなければならない」（序章49条）と定めつつ、その想定される欠缺を司法長官に通知しなければならないとする（序章50条）。

　つまり、当時のプロイセンは、すべての法を法律という形式に移行し、それ以外の法の存在をすべて否定すると共に、その立法と解釈を法律委員会に一元化することで、司法や法学が法律に介入することを排除しようとした。しかし、実際には、裁判官は従来からの裁判実務の慣行に固執して、法律委員会に照会

することもなく独自に法律を解釈したため、法律委員会のその権限は1798年3月8日の閣命によって停止され、裁判官に法解釈の権限が認められることとなった*65。法典に予定されていた法律委員会による法律解釈の統一的運用は、見る間に挫折したのである*66。

このような法律の一元的＝権威的解釈は、オーストリアでも構想され、実際すでにフランスでは挫折を経験していた。フランス革命期の1790年8月24日法律が定める「立法諮問（référé législatif）」は、裁判官が法の適用に際して法律の文言に疑念を抱いた際には、立法府に対してその疑念を諮問でき（référé facultatif）、法律の文言が明確に矛盾する際にも立法府に諮問しなければならない（référé obligatoire）とされていた。しかし、現実に、こうした手続は煩瑣で実務的ではなく、しかも諮問があまりに多くなれば、事実上は裁判官の裁判拒否へと至る。実際に、フランス民法典の編纂者の1人であるポルタリスが言うところでは、立法諮問によって訴訟当事者が立法府へ移送されることがあまりに頻繁で目に余るため、「破毀裁判所は常にこれを裁判拒否罪としてその濫用を抑制してきた」*67。その状況を受けて、フランス民法典4条は、「法律の沈黙、不明瞭あるいは不器用さを非難して、法を述べることを拒絶する裁判官は、裁判の拒絶に基づいて追及され得る」と定めて、裁判官に一定の解釈権限を認めることで、法律の欠缺、法律の沈黙、不明を理由に裁判を拒絶できないとした。いわゆる裁判拒否の禁止と呼ばれる原則である（日本国憲法32条参照）*68。

オーストリアでは、テレジア法典草案が、裁判官が法適用に際して疑念を感じたときには、直接、統治者に照会すべきことを予定していた（第1部第1章84条）。しかし、オーストリア一般民法典は、このような制度を採用せず、裁判官に一定の解釈権限を認めている。すなわち、その7条は、「ある法事案が、法律の文言からも、その自然な意味からも判断されない場合、法律に定められて判断される類似の事案およびそれに近い異なる法律の根拠が考慮されなければならない。その法事案になお疑念がある場合には、その事案は、注意深く集められ熟慮された事情を考慮して、自然の基本原則に従って、判断されなければならない」と定めている。一般民法典の起草者であるフォン・ツァイラーは、「理性＝法典は、民法典が全く十分ではないところでのみ、補完的となるべきである。というのも、すべての正しい法典は理性に由来するとはいえ、それは、

市民生活にとって有用であるためには、多様な形で定められ（修正され）なければならないからである」と解説している[*69]。

　オーストリア一般民法典は裁判官による法律の欠缺補充を認めるかに映るが、それはきわめて限られた意味しか持たない。同法8条は、「法律を一般的に拘束力ある仕方で解釈する権限は、立法者にだけ認められる」とするからである。つまり、近代法典が他の法源を排除して、包括的かつ一般的に規律するということは、反面で、他の法の介入を認めないだけの完全さを備えることが前提となる。事実、19世紀のフランス法学は、フランス民法典には欠缺がないと信じていたし、19世紀のドイツ法学もまた、類推技術を駆使することで、実定法である普通法に欠缺がないとの信念を確立していた。しかし、こうした法律の完全性への信仰は、その後の法学方法論の批判に晒されることとなる。とりわけ産業革命後に新たに生起する社会の問題に対して、既存の法の解釈だけでは対応ができなかったからである。「法典編纂とは、それが議論されるとき、過去の安定性の世界（mondo della sicurezza）の表現」であるから[*70]、法典が新たな社会事象に従前に対応できないのは、いわば当然といわねばならない。

　そこで、法律に欠缺は避けられないとの理解に基づいて、1907年に制定されたスイス民法典1条2項は、次の有名な規定を定めるに至る[*71]。すなわち、「法律にいかなる規定も見いだされない場合、裁判所は、慣習法により、それがないときは、自身が立法者として定立するはずの規則により、判断すべきである」。スイス民法典の起草に当たったオイゲン・フーバー自身も参照したとされるが、アリストテレス『ニコマコス倫理学』（1137b参照）の基礎となった逸話によれば、アテネの立法者であるソロンが10年間エジプトへ行きたいと望んだところ、心配したアテネ人から法律について疑義のある場合にはどうしたらよいのかと尋ねられたとき、ソロンは、立法者が国にいればそうしたはずのとおりに判断せよと答えたという[*72]。

　我が国でも、明治8年の太政官第103号布告裁判事務心得1条が「各裁判所ハ民事刑事共法律ニ従ヒ遅滞ナク裁判スヘシ疑難アルヲ以テ裁判ヲ中止シ上等ナル裁判所ニ伺出ル事ヲ得ス但刑事死罪終身懲役ハ此例ニアラス」として裁判拒否の禁止を定め、それに基づいて判決を下す必要のある裁判官について、3条が、「民事ノ裁判ニ成文ノ法律ナキモノハ習慣ニ依リ習慣ナキモノハ条理ヲ

推考シテ裁判スヘシ」としている。ここでは、民事裁判における法の欠缺につき条理による裁判が求められる際の1つの解釈基準として、上記スイス民法典の規定が参照される[73]。今日、「法典の完全性」は、もはや過去の神話にすぎない。法典の欠缺は避けられず、裁判官による欠缺補充、さらには、裁判官の法創造的な作用さえも認められることからすれば、近代法典編纂の法源独占による法統一という目的には、自ずから限界を設定せざるを得ないのである[74]。

V それでも法典編纂？

1 法典の一般性

　法典は、国民生活の一定の、しかし関連する領域をすべて包括しなければならない。前近代法における各人は、各人が所属する家族、団体、共同体等によってその生活関係の安定を図ることができた。しかし、近代民法典編纂が、国民一般の私的生活領域を包括的に規律する包括性を備えるためには、国民一般を等しく規律しなければならない。1788年にシエイエスがいうところでは、「あらゆる特権は、例外なく、法律を免れるか、法律上禁止されていない何かのための特別な権利を付与する以外に、何らの目的も持ち得ない」から[75]、「すべての特権は、事物の本性を通じて、不当で、忌まわしく、すべての市民社会の最高度の目的に反する」ものである[76]。これはまさしく、前近代社会の特権の排除が、近代法典の1つの特徴を示すことを意味する。旧来の貴族の優位や商業取引分野で認められていた多種多様な特権に対して、国家への平等な権利の参画に対する市民の要請が対立したのである[77]。したがって、近代法典編纂がどの程度伝統的な特権秩序を停止して、自由で平等な市民として一般的に規律できるのかは、近代法典編纂としての「試金石」ともなるのである[78]。

　この観点からするとき、18世紀中葉のバイエルン・マクシミリアン民法典は、特権が一般法律によって停止されないことを明示で定めており、また、同時期のテレジア法典草案でも、「異なる体制が許す限りでの平等原則」が謳われる限りで、特権制度がなお色濃く影を落としている。オーストリア一般民法典自体も、13条に「個々人または身体全体に付与された特権と解放は、それについて政治的命令がなんら特別な規定を含まない限り、その他の権利と同じよ

に評価されるべきである」との規定を置いて、市民的平等の地位を、恩典ではなく原則に位置づけると共に、特権問題を憲法問題へとなお留保しているのである。プロイセン一般ラント法では、起草者のスヴァーレツが国家市民の平等を目指したにもかかわらず、あらゆる地域の優位する法に基づく特権制度を尊重せざるを得ず（序章21条）、一般ラント法自体も特権に関する諸規定を置いて（序章54条ないし72条）、その伝統的な身分秩序を維持していた。このように、オーストリアでもプロイセンでも、特権の問題は最終的には憲法論議の対象とされ、19世紀末のドイツ民法典の制定に際してもなお、特権問題はそれを定める法の評価に委ねられた[79]。

　もっとも、特権制度の温存には、相応の理由もあった。19世紀のドイツでは、確かに、特権は平等理念に反するのは事実であるから、生まれながら付与される特権のように、各人が取得できない特権は廃止されるべきであるが、各人が平等にアクセスできる発明特権や官吏優先権などは、なお許されるべきとする議論が存在した[80]。ことに、発明特権といった知的財産権の法的保護は、それまで特権によって確保されてきた経緯があったため、19世紀の終わりに無体財産権の法理論が確立されるまで、その分野での特権の意義がなお否定されるわけにはいかなかったという事実は、看過できない[81]。

　これに対して、フランス民法典は、脱封建的で、徹底した法主体の平等を保障する市民法典と評価できよう。1791年9月3日の憲法が、「国民のいかなる部分についても、いかなる個人についても、すべてのフランス人の共通法で、例外なく、いかなる特権も、もはや存在しない」と謳うとき、民法典にもその尊重が義務づけられた[82]。つまり、それ以前の特権制度が廃止され、法主体としての地位が生来の権利として保障されるとき、「人」として抽象化された各人は、その属する部分社会から解放されて、一般的な法主体の地位を享受することとなる。事実、フランス民法典は、先取特権以外のすべての旧来の特権を排除した。もっとも、近代法典であっても、実質的にすべての人の自由と平等を保障するものではなく、市場経済にとって典型的な経済活動の主体となる一定の市民層のみを優遇するものであり、その限りで、その平等性にも限界があったともいえよう[83]。

2 法典の名宛人

　以上のように、近代法典編纂の特性はその一般性にある。蒙を啓いた各人が、法典が定める行為準則に従って、正しく行為できるためには、法典はすべての国民に向けられ、国民に理解しやすいものでなければならないからである。啓蒙主義が法典編纂に与えるもっとも直接的な影響は、まさしく法典に対するこの基本的な要請にある。したがって、法典は、国民各人に周知されるべく、その内容が理解しやすいように簡潔・平易な成文で、しかも全体が俯瞰できるように体系的でなければならない。

　しかし、法典を国民の誰にでも容易に理解できるように作ることが、果たして可能なのであろうか。もし、それが可能であるとするなら、何故に、専門の法律家が必要なのであろうか。この素朴な疑問に正面から答えるなら、法典は国民一般にではなく、むしろ法律の専門家にとって理解しやすく、使いやすいものとなるべきではないかともいえよう[84]。こうした主張は、なるほど法律専門家の「驕り」の表れともいえるのは事実であろう[85]。しかし、法律の素人に理解できる法典とは、具体的にどの程度の具体性を持つ主張であるのか。それを突き詰めれば、究極で、法典は教科書に等しくなるのではないか。市民が法典を理解できるということが、「法典編纂という考え方の時代を超えた基礎では決してない」うえに[86]、「今日、平均的市民が法を理解することを期待され得るというあらゆる希望は諦められている」とさえいわれるのは[87]、果たして傲岸不遜さの表現であるのか、それとも現実的な認識表明であるのか。

　実際に、容易に理解できる法典を起草したいという願望と、専門家を通じて法を継続的に発展させる必要との間には本来的な矛盾が潜む。なるほど、スタンダールが文章の手本としてフランス民法典を読み耽ったという逸話のように、国民一般がいつも手元に置くような法典を作ることは、理想ではあっても、おそらく現実には不可能であろう。したがって、国民一般に向けられた法典とは、国民がアクセスしようとすればアクセスできる法典を意味するというのがせいぜいではなかろうか。

　今、仮に、アクセスしたいと願う国民に向けた法典と、法律の専門家に向けた法典を対比させるとき、それは果たして同じ法典を意味するのであろうか。従来わが国には、法学教育用の専門教科書と一般向けの啓蒙教科書の2つが存

在してきた。法学教育用の専門教科書は、将来の法律専門家の養成をも睨むものであって、民法典の体系に沿った事項配列となる傾向を示すのに対して、一般向けの啓蒙教科書は、民法典の体系に拘ることなく、生活実態に即した事項配列を工夫する傾向を示す。これは、法典が持つ体系構造を実体生活に合わせた配列へと組み替える作業であるから、一般的にわかりやすい法の体系は法典自体が担っている体系とは異なることなる。したがって、生活実態に即した啓蒙教科書の体系に沿って、法典体系を「立体化」することが必要となるとの見解が主張される[88]。

しかし、そもそも法典の体系とは、単なる美意識や純粋な論理によって編み出された成果ではなく、法を理解しやすくするという教育目的にこそ、その重点があったはずである。そもそも、フランス民法典に代表されるインスティトゥチオネン方式は、ローマ法の法学提要（インスティトゥティオネス）を基礎とする民法典の編成方式であり、この法学提要こそ、かつてガイウスやユスティニアヌス皇帝によって法学教育のために編まれた教科書であり[89]、近世にドネルスによって再編された際にも、やはり法学教育のための体系であった[90]。また、ドイツ民法典が採用するパンデクテン方式も、ドイツのローマ＝普通法教育のためのものであることは疑いない。なぜなら、ローマ＝普通法をいかにして効率的かつ合理的に教授するのかという法学教育のための教科書の編成工夫の中から編み出された体系であったからである[91]。したがって、所与の法典の体系と法学教育での体系が乖離するというのは、そもそも法典の体系が失敗している事実を物語ることとなりはしないか。仮に、一般向けの教科書がより効率的に民法の知識を教授できるというのであれば、むしろ、民法典自体の体系がそのように編成されるべきではないか。

VI 誰のための法典編纂？

今一度、法典の名宛人を考えるなら、誰が法典を利用するのかを考えるべきであろう。すなわち、法典自体が合理的で理解しやすい体系を持つべきであれば、それは、その法典にアクセスしようとする者を名宛人とすべきである。すなわち、法学教育のための体系である。他方で、法典が実地の紛争予防・解決

規範として機能するためには、当該法典を運用して紛争を予防解決しようとする者を名宛人としなければならない。そして、これら2つの需要は、必ずしも重ならないのである。

たとえば、建築にかかわる法律は、民法の請負契約にとどまらず、数多くの法令があり、そこには、私法規定だけでなく、数多くの行政規定や刑罰規定も含まれる。したがって、建築にかかわる法律関係に携わる（弁護士に限らない）法律専門家にとって、その業務上は、民法の請負や契約一般にかかわる以外の多くの民法規定よりも、むしろ、そうした建築規制にかかわる多くの規定の方がはるかに重要であり、そのために『建築関係法令集』などが編まれることとなる。しかし、反面で、法学生はもちろん、法学教育を受けて建築以外の多様な紛争に携わる法律専門家は、建築紛争にかかわらない限りは、請負以外の建築規制に立ち入る必要はない。このように、教育に必要な法令と、運用に必要な法令には大きな違いが出てくる。したがって、教育のための法の体系と運用のための法の体系は、自ずと相違があろう。

確かに、従来は成文法を実現する媒体は紙であったため、こうした複数の体系を双方同時に満足させる法典を成文化することはできなかったのは事実である。しかし、今日の技術水準であれば、異なる需要のそれぞれを座標軸にして、複数の体系をそれぞれの次元で編成しつつ、その座標軸を交差させることで、複数の体系を同時に実現する法典の構築が可能ではなかろうか。そして、こうした座標軸が交差する諸規定を各次元ごとに体系化することによって、それぞれの次元ごとの法典の整備と、ひいては法体系全体の整合性と俯瞰性を取り戻すことが可能となるのではなかろうか。これは、いわば多次元的な法典編纂を意味する。近代法典編纂が現代に教える「法典」の意義は、まさしく、錯綜する法源、すなわち今日でいえば各種の判例や法令を整理・統合し、社会事象を法体系として「包括」することにほかならないからである。

（北居　功）

---

*1　Pio CARONI, Gesetz und Gesetzbuch, Beiträge zu einer Kodifikationsgeschichte, Basel/Genf/München 2003, S. 44.

*2 大村敦志『法典・教育・民法学』（有斐閣・1999 年）76-77 頁。
*3 Konrad ZWEIGERT/Hans-Jürgen PUTTFARKEN, Allgemeines und Besonderes zur Kodifikation, in Festschrift für Imre Zajtay, Tübingen 1982, S. 571.
*4 ドイツでは中央集権体制の整備が遅れ、皇帝の足下にあるべきはずの司法中枢で形成されるべき職業法曹階層が形成されなかったため、流入するローマ法に対して、伝統的なドイツ法が対抗できなかった点に、法曹階層がローマ法に抵抗を示したイングランドやフランスとの相違を見出す見解がある。Paul KOSCHAKER, Europa und das römische Recht, 4. Aufl., München/Berlin 1966, S. 212ff.
*5 ヘルムート・コーイング（上山安敏監訳）『ヨーロッパ法文化の流れ』（ミネルヴァ書房・1983 年）12 頁他、ピーター・スタイン（屋敷二郎監訳）『ローマ法とヨーロッパ』（法律文化社・2003 年）74 頁、Helmut COING, Die Bedeutung der europäischen Rechtsgeschichte für die Rechtsvergleichung, in DERS, Gesammelte Aufsätze zu Rechtsgeschichte, Rechtsphilosophie und Zivilrecht, Bd. 2, Frankfurt am Main 1982, S. 157ff.; Reinhard ZIMMERMANN, Das römisch-kanonische ius commune als Grundlage europäischer Rechtseinheit, in JZ., 1992, S. 8ff.
*6 Peter A. J. van den BERG, The Politics of European Codification, A History of the Unification of Law in France, Prussia, the Austrian Monarchy and the Netherlands, Groningen/Amsterdam 2007, pp. 4 et seq.
*7 Hans WELZEL, Naturrecht und materiale Gerechtigkeit, Problemgeschichte Untersuchungen als Prolegomena zu einer Rechtsphilosophie, Göttingen 1955, S. 57ff. 服部高宏「キリスト教と法思想（2）」法学教室 371 号（2011 年）39 頁以下。
*8 WELZEL, Naturrecht, a.a. O. (Note 7), S. 127.
*9 一又正雄訳『グローティウス・戦争と平和の法・第 1 巻』（酒井書店・1949 年、復刻版、1996 年）序言第 11 以下、9 頁以下。
*10 筏津安恕『私法理論のパラダイム転換と契約理論の再編』（昭和堂・2001 年）7 頁以下、同『義務の体系の下での私法の一般理論の誕生』（昭和堂・2011 年）23 頁以下。
*11 Hans THIEME, Die Zeit des späten Naturrechts, in Zeitschrift der Savigny-Stiftung für Rechtsgeschichte, Germanische Abteilung, Bd. 56, 1936, S. 211ff.; Gerhard DILCHER, Gesetsgebungswissenschaft und Naturrecht, in JZ., 1969, S. 2.
*12 Franz WIEACKER, Privatrechtsgeschichte der Neuzeit unter besonderer Berücksichtigung der deutschen Entwicklung, 2. Aufl., Göttingen 1967, S. 262ff. 服部高宏「近世ドイツの自然法思想」法学教室 375 号（2011 年）38 頁以下。
*13 パスカル（松波信三郎訳）『パンセ』（河出書房新社・1972 年）第 5 編 130 頁。
*14 モンテスキュー（野田良之他訳）『法の精神・上巻』（岩波書店・1987 年）16-17 頁。服部高宏「フランス啓蒙思想家と法」法学教室 377 号（2011 年）33 頁以下。
*15 プラトン（森進一・池田美恵・加来彰俊訳）『法律（上）』（岩波文庫・1993 年）704A 以下、223 頁以下。
*16 アリストテレス（牛田徳子訳）『政治学』（京都大学学術出版会・2001 年）1325b 以下、352 頁以下。
*17 THIEME, Die Zeit des späten Naturrechts, a.a.O. (Note 11), S. 229ff.
*18 THIEME, Die Zeit des späten Naturrechts, a.a.O. (Note 11), S. 233.
*19 Heinz MOHNHAUPT, Montesquieu und die legislatorische Milieu-Theorie während der Aufklärungszeit in Deutschland, in Gerhard LINGELBACH/Heiner LÜCK (Hrsg.), Deutsches Recht zwischen Sachsenspiegel und Aufklärung, Rolf Lieberwirth zum 70. Geburtstag, Frankfurt am Main/Bern/New York/Pairs 1991, S. 191.

*20　Helmut Coing, An Intellectual History of European Codification in the Eighteenth and Nineteenth Centuries, in Samuel Stoljar (ed.), Problems of Codification, Canberra 1977, pp. 18-19.
*21　Heinrich Mitteis, Über das Naturrecht, Berlin 1948, S. 38. H.ミッタイス（林毅訳）『自然法論』（創文社・1971 年）68 頁。もっとも、少なくとも 18 世紀には、「自然法は実定法を破る」原則は存在していなかったとされることには注意が必要であろう。Jan Schröder,"Naturrecht bricht positives Recht" in der Rechtstheorie des 18. Jahrhundert, in ders, Rechtswissenschaft in der Neuzeit, Tübingen 2010, S. 296.
*22　カント（篠田英雄訳）『啓蒙とは何か』（岩波文庫・1950 年）7 頁。
*23　ヴィアッカー（鈴木禄弥訳）『近世私法史』（創文社・1961 年）407 頁注（1a）参照。
*24　Dilcher, Gesetzgebungswissenschaft und Naturrecht, a.a.O. (Note 11), S. 3.
*25　Welzel, Naturrecht, a.a.O. (Note 7), S. 141.
*26　Klaus Luig, Die Rolle des deutschen Rechts in Leibniz' Kodifikationsplänen, in IUS COMMUNE, Bd. 5, 1975, S. 56ff., S. 70.
*27　Dilcher, Gesetzgebungswissenschaft und Naturrecht, a.a.O. (Note 11), S. 3.
*28　Anton Friedrich Justus Thibaut, Ueber die Nothwendigkeit eines allgemeinen bürgerlichen Rechts für Deutschland, in Hans Hattenhauer (Hrsg.), Thibaut und Savigny, 2. Aufl., München 2002, S. 37ff.
*29　ホッブズ（水田洋訳）『リヴァイアサン・第 1 巻』（岩波文庫・1954 年）第 1 部第 13 章以下、207 頁以下。
*30　Wieacker, Privatrechtsgeschichte der Neuzeit, a.a.O. (Note 12), S. 304.
*31　ホッブズ（水田洋訳）『リヴァイアサン・第 2 巻』（岩波文庫・1964 年）第 2 部第 17 章、27 頁以下。
*32　Welzel, Naturrecht, a.a.O. (Note 7), S. 118ff.
*33　ルソー（桑原武夫・前川貞次郎訳）『社会契約論』（岩波文庫・1954 年）42 頁。
*34　Welzel, Naturrecht, a.a.O. (Note 7), S. 124.
*35　Wieacker, Privatrechtsgeschichte der Neuzeit, a.a.O. (Note 12), S. 269.
*36　Waldemar Schreckenberger, Die Gesetzgebung der Aufklärung und die europäische Kodifikationsidee, in Detlef Merten/Waldemar Schreckenberger (Hrsg.), Kodifikation gestern und heute, Zum 200. Geburtstag des Allgemeinen Landrechts für die Preußischen Staaten, Berlin 1995, S. 105.
*37　Diethelm Klippel, Die Philosophie der Gesetzgebung, Naturrecht und Rechtsphilosophie als Gesetzgebungswissenschaft im 18. und 19. Jahrhundert, in Barbara Dölemeyer/Diethelm Klippel (Hrsg.), Gesetz und Gesetzgebung im Europa der Frühen Neuzeit, Zeitschrift für historische Forschung, Beiheft 22, 1998, S. 235.
*38　Jeremy Bentham, A General View of Complete Code of Laws, in John Bowring (ed.), The Works of Jeremy Bentham, Vol. 3, Edinburgh 1843, p. 205.
*39　Reinhard Zimmermann, Codification: history and present signification of an idea, À propos the recodification of private law in the Czech Republic, in European Review of Private Law, Vol. 3, 1995. pp. 107 et seq.
*40　Franz Wieacker, Aufstieg, Blüte und Krisis der Kodifikationsidee, in Festschrift für Gustav Boehmer, Bonn 1954, S. 34.
*41　スタイン・前出注（5）141 頁、Csaba Varga, Codification as a Socio-historical Phenomenon, Budapest 1991, S. 71ff.; Caroni, Gesetz und Gesetzbuch, a.a.O. (Note 1), S. 39f.
*42　Caroni, Gesetz und Gesetzbuch, a.a.O. (Note 1), S. 106ff.
*43　「世界の立法者」としてのベンサムの業績については、戒能通弘『世界の立法者、ベ

ンサム』（日本評論社・2007 年）83 頁以下を参照。
*44 Henri LÉVY-ULLMANN, Le système juridique de l'Angleterre, Paris 1928, p. 272 は、「フランスのブラックストーンであるポチエが、古いフランスの法律の完全な注釈を書いていたとすれば、フランス民法典の編纂者は、彼らの任務を意味がないものと見なさなかったであろうか」という問いを投げかけている。
*45 van den BERG, The Politics of European Codification, *op.cit.* (note 6), pp. 4 et seq.
*46 Jürgen BASEDOW, Das BGB im künftigen europäischen Privatrecht: Der hybride Kodex, Systemsuche zwischen nationaler Kodifikation und Rechtsangleichung, in AcP., Bd. 200, 2000, S. 467.
*47 Hans SCHLOSSER, Kodifikationen im Umfeld des Preußischen Allgemeinen Landrechts, Der Code civil (1804) und das österreichische Allgemeine Bürgerliche Gesetzbuch (1811), in MERTEN/SCHRECKENBERGER (Hrsg.), Kodifikation gestern und heute, a.a.O. (Note 36), S. 64.
*48 ZIMMERMANN, Codification, *op.cit.* (note 39), p. 98.
*49 COING, An Intellectual History of European Codification, *op.cit.* (note 20), p. 17.
*50 Heinz MOHNHAUPT, Gesetzgebung des Reichs und Recht im Reich vom 16. bis 18. Jahrhundert, in DÖLEMEYER/KLIPPEL (Hrsg.), Gesetz und Gesetzgebung, a.a.O. (Note 37), S. 104.
*51 Nils JANSEN, The Making of Legal Authority, Non-legislative Codifications in Historical and Comparative Perspective, New York 2010, p. 17.
*52 KOSCHAKER, Europa und das römische Recht, a.a.O. (Note 4), S. 259.
*53 Friedrich Carl von SAVIGNY, Rezension in Zeitschrift für geschichtliche Rechtswissenschaft, Bd. 1, 1815, S. 411.
*54 Christian HATTENHAUER, Privatrechtsvereinheitlichung zur Zeit des Deutschen Bundes (1815-1866), in Peter JUNG/Christian BALDUS (Hrsg.), Differenzierte Integration im Gemeinschaftsprivatrecht, München 2007, S. 49ff.
*55 権力作用による「上から」の法統一に対比される「下から」の法統一といわれることもある。北居功「EU 契約法」庄司克宏編『EU 法・実務篇』（岩波書店・2008 年）229 頁以下を参照。
*56 CARONI, Gesetz und Gesetzbuch, a.a.O. (Note 1), S. 129 u.145.
*57 COING, An Intellectual History of European Codification, *op.cit.* (note 20), p. 17.
*58 CARONI, Gesetz und Gesetzbuch, a.a.O. (Note 1), S. 41.
*59 Hans HATTENHAUER, Einführung in die Geschichte des Preußischen Allgemeinen Landrechts, in Hans HATTENHAUER/Günther BERNET, Allgemeines Landrecht für die Preußischen Staaten, von 1794, 2. Aufl., Berlin 1994, S. 19.
*60 van den BERG, The Politics of European Codification, *op.cit.* (note 6), pp. 80 et seq.
*61 そもそも、法典自体がすべての社会事象を解決するだけの完全性を備えていることも法典の完全性の要請であった。しかし、この要請を充足することを、すでにフランス民法典も、オーストリア一般民法典も断念していた。Jan Peter SCHMIDT, Zivilrechtskodifikation in Brasilien, Strukturfragen und Regelungsprobleme in historisch-vergleichender Perspektive, Tübingen 2009, S. 140.
*62 Eugen BUCHER, Rechtsüberlieferung und heutiges Recht, in Zeitschrift für europäisches Privatrecht, 2000, S. 420.
*63 モンテスキュー『法の精神・上巻』前出注（14）第 11 編第 6 章 219 頁。
*64 HATTENHAUER, Einführung in die Geschichte des Preußischen ALR., a.a.O. (Note 59), S. 9.
*65 Franz August FÖRSTER/Max Ernst ECCIUS, Theorie und Praxis des heutigen gemeinen preußischen Privatrechts, Bd. 1, 7. Aufl., Berlin 1896, S. 71.

*66　Hans Hattenhauer, Das ALR im Widerstreit der Politik, in Merten/Schreckenberger(Hrsg.), Kodifikation gestern und heute, a.a.O. (Note 36), S. 44.
*67　ポルタリス（野田良之訳）『民法典序論』（日本評論社・1947年）19頁。Jean-Etienne-Marie Portalis, Discours préliminaire, prononcé lors de la présentation du projet de la commission du gouvernement, in Pierre-Antoine Fenet, Recueil complet des Travaux préparatoires du code civil, t. I, 1827, Osnabruck 1968, p. 474.
*68　Hans Schlosser, Kodifikationen im Umfeld des Preußischen ALR., a.a.O. (Note 47), S. 71f.
*69　Franz Edlen von Zeiller, Commentar über das allgemeine bürgerliche Gesetzbuch für die gesamten Deutschen Erbländer der Österreichischen Monarchie, Bd. 1, 1811, S. 66f.
*70　Zimmermann, Codification, op.cit. (note 39), p. 103.
*71　Bucher, Rechtsüberlieferung und heutiges Recht, a.a.O. (Note 62), S. 432ff.
*72　Heinrich Honsell/Nedim Peter Vogt/Thomas Geiser (Hrsg.), Basler Kommentar zum Schweizerischen Privatrecht, Zivilrecht I, 3. Aufl., Basel/Genf/München 2006, §1, Rdnr. 34, S. 23f. アリストテレス（朴一功訳）『ニコマコス倫理学』（2002年・京都大学学術出版会）1137b, 246頁。
*73　団藤重光『法学の基礎』（有斐閣・1996年）168頁。詳細については、小沢奈々「〈条理〉解釈の法史」法学政治学論究（慶應義塾大学）88号（2011年）73頁以下を参照。
*74　Zimmermann, Codification, op.cit. (note 39), p. 107.
*75　Abbé Sieyès, Essai sur les privilèges, in Emmanuel-Joseph Sieyès, Essai sur les privilèges et autres textes, Paris 2007, p. 22.
*76　Sieyès, Essai sur les privilèges, op.cit. (note 75), p. 24.
*77　Heinz Mohnhaupt, Untersuchungen zum Verhälitnis Privileg und Kodifikation im 18. und 19. Jahrhundert, in IUS COMMUNE, Bd. 5, 1975, S. 71.
*78　Mohnhaupt, Untersuchungen zum Verhälitnis Privileg und Kodifikation, a.a.O. (Note 77), S. 91.
*79　Mohnhaupt, Untersuchungen zum Verhälitnis Privileg und Kodifikation, a.a.O. (Note 77), S. 94ff.
*80　Diethelm Klippel, Das Privileg im deutschen Naturrecht des 18. und 19. Jahrhunderts, in Barbara Dölemeyer/Heinz Mohnhaupt (Hrsg.), Das Privileg im europäischen Vergleich, Bd. 1, IUS COMMUNE, Sonderhefte 93, Frankfurt am Main 1997, S. 338ff.
*81　Klippel, Das Privileg im deutschen Naturrecht, a.a.O. (Note 80), S. 343ff.
*82　Mohnhaupt, Untersuchungen zum Verhälitnis Privileg und Kodifikation, a.a.O. (Note 77), S. 114.
*83　Caroni, Gesetz und Gesetzbuch, a.a.O. (Note 1), S. 166ff.
*84　Basedow, Das BGB im künftigen europäischen Privatrecht, a.a.O. (Note 46), S. 470f.
*85　内田貴「佳境に入った債権法改正」NBL968号（2012年）6頁。
*86　Karsten Schmidt, Die Zukunft der Kodifikationsidee, Rechtsprechung, Wissenschaft und Gesetzgebung vor den Gesetzeswerken des geltenden Rechts, Heidelberg 1985, S. 35.
*87　Zimmermann, Codification, op.cit. (note 39), p. 108.
*88　大村敦志「法教育からみた民法改正」NBL940号（2010年）17頁。
*89　Peter Stein, Systematisation of private law in the sixteenth and seventeenth centuries, in Jan Schröder (Hrsg.), Entwicklung der Methodenlehre in Rechtswissenschaft und Philosophie vom 16. bis zum 18. Jahrhundert, Stuttgart 1998, pp. 117 et seq.
*90　Peter Stein, Legal humanism and legal science, in The character and influence of the roman civil law, Historical essays, London/Ronceverte 1988, pp. 95 et seq.

*91　Andreas Schwarz, Zur Entstehung des modernen Pandektensystems, in Zeitschrift der Savigny-Stiftung für Rechtsgeschichte, Bd. 42, 1921, S. 578ff.; Lars Björne, Deutsche Rechtssysteme im 18. und 19. Jahrhundert, Ebelsbach 1984, S. 129ff. 北居功「民法の体系」法学セミナー710号（2014年）80頁以下。

第 2 章
近代日本の法典編纂
―― その"始まり"の諸相 ――

I　はじめに――法典編纂を不可避とした条件

1　開国と不平等条約

　1853（嘉永6）年のペリー来航により開国を余儀なくされた幕府は、翌1854（安政元）年3月の日米和親条約を皮切りに、イギリス・ロシア・オランダの各国とも和親条約を締結した。その後幕府は、各国と交渉を重ね、58（安政5）年には、まず日米修好通商条約を手始めに、オランダ・ロシア・イギリス・フランスの各国と修好通商条約を次々と結んだ。この安政年間に結ばれた5カ国の通商条約は、神奈川・長崎・新潟・兵庫の開港、江戸・大坂の開市や、居留地の設定を求める一方で、協定関税率や領事裁判権に関わる条項をもその内容としていた。とくに、この後二者は、それぞれ日本の関税自主権の喪失、および、とくに外国人を被告とした裁判に対する司法管轄権の制限となって現れたため、日本にとって不利な内容を持つものとして、「安政の5カ国不平等条約」とも呼ばれている。この日本をめぐる「不平等条約」の締結国は5カ国には止まらない。その後1869（明治2）年に至るまで、ポルトガル・プロシア・スイス・ベルギー・イタリア・スペイン、それにスウェーデン＝ノルウェーやオーストリア＝ハンガリーの各国がその列に加わった。

2　条約改正と法典編纂

　倒幕に成功した明治新政府は、旧幕府下において締結した上記の条約を承継するが、その「弊害」(すなわちその「不平等性」)は鋭意改革してゆく旨宣言した。弊害の改革——「関税自主権の回復」と「領事裁判権の撤廃」——は、明治国家に対し、西洋の列強諸国と対等に交渉を進め得る主体的立場の確立を必然化させ、これはまた、国内経済秩序の形成、および国内法の整備統一を進めるという、優れて対内的な政治課題とも密接にリンクしていた。1871(明治4)年の「特命全権大使発遣朝議ノ事」[*1]には、いささかも「対等並立ノ国権」が存しない彼我の間で、条約を改正し、「比例互格ノ交際」を樹立するためには、「分裂セル国体ヲ一ニシ、渙散セシ国権ヲ復シ、制度法律駁雑ナル弊ヲ改メ……(中略)……政令一途ノ法律同轍ニ至」るべきことが明瞭に説かれている。日本が近代国家としての自己の「主権性」を主張することは、なによりも、この外政と内政の双方向からのベクトルの上に政治的「主体性」を確立することであり、ここに国家規模で推進される法典編纂事業が、明治中期に至るまで、外交的な交渉の場面で議論される背景があった[*2]。

3　「文明国」基準とは

　日本が取り結んだ条約が「不平等」であることの理由は、西洋列強諸国の側に「文明国」基準があったからである。当時の日本はその「文明国」とはみなされなかった。「文明国」とは何か。それは、万国公法(国際法)の遵守を前提としつつ、国境を越えた人間・商品・資本などの安全な交流・流通を可能にさせるような、安定した制度的な保障が完備されている、という条件を満たした国家であった[*3]。この基準に満たない国家は対等な条約の当事国にはなれない。幕末維新期の激しい攘夷の世情下に、市場取引の安全の確保を迫られた政府当局者においては、西洋諸国の基準による取引システムとそれに照応する法制度の導入・形成こそが、条約改正のなによりも早い実現のための要諦であるとの認識に至ったのである。極めて旺盛な立法活動[*4](＝法典編纂)をもって特徴づけられる近代期日本の幕開けであった。

Ⅱ　明治初期太政官制下の法典編纂

1　復古王政下の近代化──太政官制の"古代"と"近代"

　近代期の我が国の出発点に、8世紀の古代国家の国制が蘇る。1867（慶應3）年、王政復古の勅令により、およそ300年に及ぶ徳川治世に終止符が打たれ、12世紀以降この国に続いた武家による政治支配体制が崩壊する。19世紀後半に求められた日本の新しい国家体制とは、武家が国政の担い手として歴史の上に登場するはるか以前に遡る、まさに古代王朝時代への回帰としてイメージされた。それは王政の復古、すなわち主権者としての天皇の回復であり、また古代律令制国家体制＝太政官制の蘇りであった。

　太政官制とは律令制に依拠する政治行政制度である。「律令」とは7、8世紀に古代中国から日本が継受した「法典」であり、天皇を中心とする中央集権国家の体制を形作る礎となった。しかし模範とした唐の中央政治機構が、門下、中書、尚書の三省の分立体制で複数の宰相を擁していたのに対し、古代日本の政治行政的中央機構は太政官制に一本化された。このため古代中国の中央官制は多元的で、最終的には皇帝に政治権力が集中する構造となっているのに対し、古代日本の場合は、政治・行政権力は太政官が一元的集権的に掌握する一方で、天皇は政治的宗教的権威としての性格を濃厚に帯びたものとなった[*5]。

　近代日本の太政官制は、1868（慶應4）年閏4月、明治新政府により策定された最初の国家機構案であった「政体書」(constitution)の中に、政府を「太政官」と称したことに始まる[*6]。「政体書」の起草者、福岡孝弟は起案にあたって、アメリカ合衆国憲法を参照した。彼は、国家権力を中央政府たる「太政官」の統括下に置いたが、それでも行政、立法[*7]、司法が鼎立する三権分立の機構を明瞭に盛り込んだ。この「政体書」は、一方で古代へと回帰するイデオロギーの下、他方での欧米諸国の諸制度への親和を示す、明治政府の両義的な姿勢が見事に表れていた。その後新政府は、政府内の急激な西欧化に強い不満を抱く旧諸侯や公卿のために、1869（明治2）年7月に「職員令」を定めるが、これは先の「政体書」によって示された中央行政機構を改編し、より大宝令を模倣した内容となっていた。

　いずれにしても、近代期における太政官制の「復活」は、復古を求める守旧

派の要求に一方で応じつつも、実際には、設置された各機構、各省機関の「機能」はもはや古代律令制のそれとは大いに異なる有様となってゆく。1875（明治8）年には、「政体書」の理念に戻り、元老院や大審院が設置され、立法・司法・行政の権限が別個の異なる機関に振り分けられた。1885（同18）年12月に内閣制度が導入されるまでの政府機構を、一般的に近代太政官制度と称しているが[*8]、本章が紹介する法典編纂は、まさにこの政治体制下で展開する国家事業なのである。

2　太政官制下の「立法」

　法典の編纂は、明治維新政府が成立した直後から始まる。では法典編纂を進める主体となる機関はどこか。前述のとおり明治前期の太政官体制下の立法所轄部署は、他の機関同様めまぐるしく変化する。大別すれば、1868（明治元）年1月に設置された制度寮に発するいわゆる「制度寮系（今日の法制局類似のもの）」と、同年閏4月の「政体書」に定められた議政官に発するいわゆる「議政官系（今日の議会類似のもの）」に分けられる[*9]。だが当時の法律編纂事業のすべてがこれらの機関のみで行われたわけではない。

　例えば、明治新政府の編纂した最初の法典は「仮刑律」だが、それは1868（明治元）年1月から閏4月に至るまで政府内に設置された刑法事務科、刑法事務局が担当した[*10]。この2つの部局はその後「刑法官」（後の司法省）に改組されるが、続く「新律綱領」は当初「議事取調局」（制度寮系）で調査が行われ、「刑部省」（刑法官の後身機関）で1870（明治3）年12月に完成する。これら2つの刑法典とも伝統的な中国律の型式を備えており、その編纂作業には、旧幕府時代から各藩の藩校や藩法の運用において律令学や中国律を深く学びこんでいた官員たちがあたったのだが、前述した「政体書」に想定された「輿論公議」（議会類似機関—いわゆる議政官系での審議）を経る手続きは踏まえられていない[*11]。

　また、民法もその最も古い編纂部署は「制度局」とされ、その後、「左院」（後述）で編纂会議があり、司法省がこれを引き継ぎ、同省で1872（明治5）年から73年にかけて編纂が行われた。

　その後、1873（明治6）年5月の太政官職制の改正により、いったん太政官

正院が諸法令規則の起草や議決など立法に関するあらゆる業務を掌握したが、その翌月には、左院が正院の命の下に法案起草の権限を持つことになった。この左院とは、1871（同4）年7月、太政官三院制の下、「諸立法ノ事ヲ議スルヲ掌ル」機関として設置された（傍点岩谷、以下同）。先の分類に従えばいわゆる議政官系である。むろん当初から太政官（正院）の制約下にある立法の諮問機関的位置づけではあった。それでも「改定律例」は、司法省での編纂の後、この左院の審査を受けたし、上述の1873年6月に至っては、左院は「国憲民法ノ編纂」や「法案ヲ草スル」権限を認められ（左院事務章程）、7月末日には、その目的を遂行するために同院内に、税法課、民法課、商法課、訴訟法課、治罪法課、刑法課の六課が設置される[*12]。国憲（憲法）や租税法を含め、まさに現在の六法を含む基本的な国家法制の立法が左院で企図されていたのである[*13]。

1875（明治8）年4月の漸次立憲政体詔勅は、左院を廃し「立法ノ源ヲ広」めるために元老院を設置する。「政体書」の理念に立ち戻り、「立法」機関として開設された元老院では、1876（明治9）年9月以降、国憲の編纂も為され（第3次案まで起草される）[*14]、また同月から民事訴訟法草案の起草も着手される（いわゆる「明治13年元老院訴訟法草案」）[*15]。太政官が発出する布告や布達などの単行法令なども、重要な内容を含むものについては、この元老院の審査・審議を経なければならなくなった[*16]。

だが先の民事訴訟法についても、元老院は編纂に先立ち、司法省で事前に取調べられた草案や関係書類を司法省から提出させている[*17]。当時司法省は、近代的法典の編纂事業を中心となって推進していた。その様子は、有名な1876（明治9）年9月28日付の司法卿大木喬任から右大臣岩倉具視宛に出された上申（申稟）書に示されるが[*18]（後述）、その時点で司法省において編纂が進められていた法典は、刑法（いわゆる旧刑法、以下"(旧)刑法"とも表現する）と治罪法（双方とも1880年7月公布、82年1月施行）、民法や商法、そして民事訴訟法の各法典に及んだ。民事訴訟法は、前述の通り、その草案などが元老院に送付された事実が、商法典編纂については、起案委員を任命し「漸ク既ニ緒ニ就」いたところだと、それぞれ述べられている。そして民法については76年より実際に編纂を開始し草案が一時完成する（いわゆる「明治11年、12年民法草案」）[*19]。だが、それでは不完全であるというので、1880（明治13）年6月よ

表1 近代日本主要法典編纂年表・時期区分表

年	時期区分	出来事	憲法他 制度取調局 憲法取調局	府県制 内務省 M	裁判所構成法 外務省 司法省 Ru	民事訴訟法 (G) Tec	刑事訴訟法 (F) ?	明治刑法	明治民法 (G) 日 内閣 (旧) 民法 (F) B 司法省 外務省 元老院	明治商法 (G) 日 内閣 (旧) 商法 一部施行 (旧) 商法 (G) R 太政官
1945	I	《ポツダム宣言受諾》 制定崩壊期 1945 近代法体制再編期 1931								
1940	II 比較法的自覚の時代	[思想犯保護観察法36][国家総動員法38][国民徴用令39] [価格等統制令39] 《天皇機関説事件》								
1935		1931 [重要産業統制法] 《満州事変》								
1930		[借地法・借家法21][借地借家調停法22][小作調停法24] 《日本労働組合評議会結成》								
1925		[治安維持法25][普通選挙法25][労働争議調停法26][陪審法23] 《臨時法制審議会》								
1920		1919 1914 《第1次世界大戦》 1911 《関税自主権回復》								
1915	III G	《大逆事件》・《韓国併合》						1907	1911	
1910		《日露戦争》 《日英同盟》								
1905	II F→G									
1904	比較法的無自覚の時代									
1900										
1895		《日英通商航海条約》 《日清戦争》								
1894										1888
1890	近代法体制確立期		(G) R 制度取調局 憲法取調局 他	(G) M 内務省	(G) Ru 外務省 司法省					
1885										

30

第 2 章　近代日本の法典編纂

				近代法制準備期	I	F
1880	《国会開設勅諭 81》[土地売買譲渡規則 80][集会条例 80]	（各国）日 元老院		？ 日 司法省		
1875	《立憲政体詔勅》[出版条例 76][讒謗律 75][新聞紙条例 75]	（F）日 元老院	治罪法 （F）B 司法省	(旧)刑法 (F) B 司法省	R : Roesler (G) M : Mosse (G) Ru : Rudorff (G) Tec : Techow (G) B : Boissonade (F) 日：日本人編纂委員	
1870	《立国憲議》[華士族平民 69][関所廃止 69][平民に姓を許す 70][戸籍法 71][土地永代売買解禁（地租改正）72][芸娼妓解放 72][士族帯刀禁止 76] 司法職務定制			改定律例 （中） 日 新律綱領 （中） 日 司法省		
1868	《五箇条誓文》・《政体書》					

表注：
・本年表は各法典の編纂年限をその始期を下限とし公布年を上限として幅をもたせている。
・個々の枠内に示される略号は、上段の（　）内は主として依拠した外国法（G：Germany、F：France、中：中国）、中段のアルファベットないしは日（日本人）とあるのは、主に編纂に従事した者の国籍、下段は法とした機関名。

I）本年表右欄の時期区分について（I と II）
法体制準備期：封建体制から天皇制の完成・官僚制の統一国家・政治機構の創出（過渡期・移行期）。［法体制確立期］：大日本帝国憲法の制定、法典の整備・組織化、条約改正、社会法、法律社会学の登場、明治期の法体制の再編期。［第 1 次世界大戦、臨時法制審議会、階級社会化への権力的対抗、国家総動員法、天皇機関説問題、経済不況）。［法体制崩壊期：昭和 4 年次の世界恐慌、国家総動員法、天皇機関説問題］（以上、『日本近代法発達史講座』（勁草書房・1958 年）の時期区分による）。

II）比較法的自覚の時代について、概ね、I 期の無自覚の時代に急速な西欧化のための模倣を悲願として、「日本法と外国法との明確な区別との区別がよくは意識されていなかった」時期（うち、I 期がフランス法、II 期がドイツ法が各々山直の国法に移ったのは、III 期がドイツ法が模倣の対象となる）。III 期がドイツ法から山直の治外法に脱却した時期。［比較法的自覚の時代：東京帝国大学がフランス法講座担当者がドイツ法が移り法治国となる。日本における外国法教育・認識が日本人研究者によって担われる時期（以上、野田良之「日本における比較法の発展と現状（1）法学協会雑誌（東京大学）89 巻 10 号（1972 年）6 頁以下）。

31

り元老院内に民法編纂局が設置され、民法典を「新ニ起草編纂スル」ための新しい方法が確立された（本章Ⅲ以下を参照）。また商法典も1881年に太政官の法制部で編纂が始まり、その後の組織替えで、参事院、制度取調局と立案機関の部署名は変わるが、一貫して太政官内で編纂が進められてゆく[20]。

むろん民、商両法典とも、「立法」機関たる元老院の審議にかけられ、1890（明治23）年4月に商法典と、民法典のうち財産編・財産取得編（第一部）・債権担保編・証拠編が、同年10月に人事編・財産取得編第二部がそれぞれ公布される。これが、いわゆる旧民法と旧商法である。（なお、本章の表1「主要法典編纂年表」に挙がる法典の編纂機関の名称は、当該法典の完成に至るまで最も重要な役割を果たした機関に絞って記してある。）

3　明治前期の法典編纂プラン

法典編纂とは明治国家にとって、自らの権力意志を再配分し、それらを西欧近代法の体系的表現の下に、形式化・整序化[21]する事業であった。上述したように、その外政的必然性は条約改正にあったのだが、内政的な次元での個々の統一法典の編纂事業を相互に内在的に関連付ける俯瞰的な立法プランは、明治政府の側において準備された形跡はない。六法を構成する個々の法分野における法典編纂は、個別のプロセスの中に自己完結的に展開していった。だが、それでも近代的法治国家を目指すべく、前記した立法作業に携わった機関や部署では、それなりの立法計画を構想していた。2例ほど挙げてみよう。

第1例目は、先に述べた左院の議官であった宮島誠一郎が1872（明治5）年4月に、左院の議長であった後藤象二郎に対し提出した「立国憲議」を見てみよう[22]。そこでは、政府と人民が双方向にそれぞれ併せ持つ「権利ト義務」とをまず国憲（憲法）によって明らかにし、次にその国憲に準じて民法を定め、人民相互間の義務を行わせ、その後に刑法を制定し、国憲や民法に違反する者を取り締まることが記される。左院やその後の明治政府における立法作業が実際にこの通りに立法が進められたわけではなく、それに近代法の理解についてもかなりプリミティブな段階にあったとはいえ、立法関連機関を自認した左院を通して当時の太政官政府内に示された注目すべき立法プランであったと評せよう。

第2例目は、先にも触れた 1876（明治 9）年 9 月の司法卿大木喬任から右大臣岩倉具視宛に出された上申（申稟）である。司法省を場とした法典編纂の状況を報告したものだが、分野ごとの法典編纂の趣旨が明確化されている。

　まず刑法と治罪法である。前述の通り、刑事法典の編纂は明治政権樹立後、直ちに開始されたが、1876 年段階でこの 2 法典の編纂がいち早く完成の域に達したことが記され、その理由は「政府ト人民トノ間ニ管スル条規」ゆえ 1 日もその存在を欠かすことができない、とする。次に挙がるのが民法であり、「人民ト人民トノ間に関スル条規」ゆえその射程範囲は広大で、「天然ノ正理ニ基キ全国人民ノ便益ヲ考究シ夫婦父子ノ権義ヲ明カニシ婚姻離婚相続ノ制ヲ定メ後見人管財人ノ条則ヲ設ケ其他契約ノ方法等ニ至ルマテ之ヲ制定スル也」と編纂の抱負が述べられる。その効益はなによりも「人道ノ大節ヲ守リ権理ノ不可犯ヲ画スル」ことにあるが、家族法や契約法の整備が、「一家ノ経済ヨリ一国ノ富強ヲ生シ家庭ノ平穏ヨリ邦家ノ安寧ニ及ホサシムル」との政策目的に裏打ちされたものであったことが分かる。さらに「既ニ民法アリ商法ナカルヘカラス」と、商法典編纂に向ける意気込みが示される。

　国の基本法たる国憲（憲法）を定めてから民法、刑法の編纂に進もうとする「立国憲議」は、国憲を頂点とした実定法秩序内の階層性を宮島なりに考慮して立法事業の順序立てとするのに対し、大木の上申書では、そうした順序性が実定法規範内の論理性ではなく、法規範制定の政治事実的必要性に基づいている。実際、1876 年当時、国憲制定は元老院が展開していたが、司法省は六法から憲法を除く実に五法の編纂[*23]を、各法毎に期間の長短はあるにしても、主催したことになる。明治 10 年代前半における法典編纂作業の推進軸は司法省にあったと考えてよかろう。

　憲法はその後太政官政府の中枢にて編纂が進められてゆき、1889（明治 22）年 2 月 11 日に公布され翌 90 年 11 月 29 日に施行される。この憲法典は、成立時期を同じくする他の諸法典編纂に対し（〔表 1〕参照）、立法政策の理念を予示する指導的役割を果たしたわけではない。しかし、この直後に帝国議会を舞台に繰り広げられる法典論争は、大日本帝国憲法下における私法—民・商法—分野のあるべき姿、すなわち近代天皇制国家に適合的な法典の在り方が問われたのである。

Ⅲ　お雇い外国人と法典編纂

1　お雇い法律顧問の存在

「お雇い外国人」とは、幕末明治初年から中期にかけて、日本が欧米の近代文明・文化を急速に輸入するために、当時、主として欧米の先進諸国から招聘、雇用した外国人に与えられる総称である。そして、彼らの雇用先が官であるか民であるかは問わない[24]。

例えば、当初工部省などが雇用した外国人技師などは、殖産興業政策の進展や同省の廃止といった事情から、やがて民間の機関へ雇替えが為されてゆく。西洋文明のあらゆる粋を極東の小国であった日本は貪欲に摂取すべく、彼らをまるで「生きた機械」として用いたという[25]。維新以降、多額の国家予算を注ぎつつ数多くの外国人技術者を雇用した政府は、法の分野においても彼らの存在に多くを負った。特に近代法形成にあたって、その前提となる法学識の欠如は決定的で、外国法を出来合いのモデルとして依存・模倣する方法が必然視されたことは間違いない。ここでは、法律の部門におけるお雇い外国人として、ボアソナードとロェスレルの2人をとりあげ、それぞれの人となりと日本で果たした役割を手短に述べておこう。

ギュスターブ・エミール・ボアソナード（Gustave Emile Boissonade de Fontarabie 1825-1910　滞日期間・1873-1895）フランス人。パリ郊外ヴァンセンヌ出身。パリ大学法学部教授。博士論文は夫婦間贈与に関わるもの。1873（明治6）年、先発の岩倉使節団を追って明治政府が組織した司法制度視察団とパリで出会い、彼らに法律学の講義を行う。同年来日。以後22年に亘る滞日を果たす。同時期の法律顧問としては最長不倒記録といえる。主に司法省の法学校などで教師を務めるかたわら、(旧)刑法・治罪法・(旧)民法などの法典編纂に加わる。また東京大学・帝国大学などで教鞭を執りつつも、私立法律学校である和仏法律学校（現・法政大学）の教頭として、官民双方の機関を通して法学教育の普及にも力を尽くした。1892（明治25）年から、極東地域で最初のフランス語月刊誌『仏文雑誌』を立ち上げ、その編集事務を統括し離日に至るまで、在日フランス公使館との協働の下、同雑誌の振興に専心した[26]。

ヘルマン・ロェスレル（Hermann Roesler 1834-1894　滞日期間・1878-1893）ドイツ人。バイエルン王国フランケン地方ラウフ出身。ローシュトック大学教授。同大学では「社会行政法」を担当。博士論文は「アダム・スミスによる国民経済学の基礎理論」。ボアソナードが多忙を極めていることから、当時のドイツ公使青木周蔵を介した「公法学士」の人選にかかり来日。来日時から1884（明治17）年に至るまで外務省雇いとして，主に対外貿易や経済政策についての検討と調査にあたった。その間太政官の法律草案取調なども兼務し、商法典の起草に携わる。ロェスレルの果たした役割として特筆すべきは、大日本帝国憲法の制定に関わったことであろう。1881年、岩倉具視は、憲法に盛り込まれるべき基本精神を「綱領」の形で提示したが、この原案を起草した井上毅（後出）の知恵袋がロェスレルであった。彼は1884年より内閣顧問となり、86年秋頃から政府深興部で進められる憲法の起草に密接にコミットしてゆく。大日本帝国の立憲君主政体の屋台骨である憲法の制定に、最も長期かつ深く関与した外国人法律家であった[*27]。

2　お雇い法律顧問の役割——編纂作業の主体性

ところで、法典編纂作業における外国人法律家の役割は、当初から一義的に定まったものではなかった。我々は「ボアソナード草案」とか「ロェスレル草案」といった名称の下に、明治期の主要な法典の草案起草は外国人法律家に委ねられたことを知っているが、実はこの方式は試行錯誤の上に「選択」されたものであって、法典編纂のごく初期においては日本人のみの手によって進められようとしていた。

例えば、明治初年からスタートした民法典編纂の試みは、司法省などで江藤新平の指揮の下、当初日本人だけで行われようとしたがなかなか果たされず、次にお雇い外国人に法知識や意見などの供与を求めたが、結局、翻訳の域を出るものを作ることが出来ない[*28]。尻なし川が砂漠に蛇行しとうとう干上がった後に残される水場のように、明治10年代初頭までに、未完成の草案が散発的に残されたにすぎなかった。ボアソナードが編纂の原動力として位置づけられるのは、その後、民法編纂局が元老院内に設置される1880（明治13）年のことである[*29]。ただし、民法典の現在で言うところの「家族法（親族法・相続法）」

の部分（旧民法の編別では、人事編、財産取得編第二部）は「深ク本邦ノ風俗習慣ヲ斟酌」するため専ら日本人が編纂を担当し、同じく「財産法」の部分（旧民法の編別では、財産編、財産取得編第一部、証拠編、債権担保編）をボアソナードに任せるという、二元的な編纂方式が採用された。当初は、起案者の異なる民法典の両部分をボアソナードの許で摺り合わせることを予定はしていたが、結局は為されぬままに終わった[30]。

3 「折中」を目指す編纂方針──（旧）刑法の場合

また、我が国で最初の西洋型法典となった、1880（明治13）年公布、82年施行の（旧）刑法典は、来日したボアソナードが最初にタッチした法典編纂の成果であった。だが、編纂の作業を彼が常に主導していたと考えるのは、早計に失する。なぜならば、1875年（明治8）年9月にスタートした同法典の編纂もまた、当初は日本人委員の手によって進められることが原則とされ、外国人、つまりボアソナードは「纂集ノ助」といった補助的な位置に留め置かれた。当時彼は、明法寮＝司法省法学校の「教師」をしており、フランス刑法の講義は行っていたものの、編纂作業の中核からは外され、日本人から示される疑義に答えるという間接的な位置づけで関わっていたに過ぎない。ところが、日本人の手だけでは、翌76年の4月になっても、未だ総則部分の草案すら示されず、いつまでも未定稿のままに止まっていた。

では、なぜ日本人委員だけでは、法典が作れなかったのか。（旧）刑法の編纂の方針とされる文書、「起案ノ大意」（1875年9月20日付）を見てみよう。その最初の項目に、「起案ノ目的トナス所ハ欧州大陸諸国ノ刑法ヲ以テ骨子トナシ本邦ノ時勢人情ニ参酌シテ編纂スルコト」[31]とあり、刑法典の「骨子」は西洋式だが、これを「本邦（日本）」の「時勢人情」と照らし合わせて編纂せよ、とある。つまり、その作業は、単なる西洋式ではなく日本の実情を加味した「折中」を目指したものであったことが分かる。さらに同「大意」の第2項目を見れば、「文字ノ用法ハ従来慣行ノ律文ニ依ルコト」とあり、ここに先の項目で触れた西洋的な要素にかけ合わせ、「折中」を目指そうとする日本的な要素とは、当時の現行刑法であった新律綱領と改定律例といった中国律であったことが分かってくる。日本人は、それらの中国律についての運用経験や学識は

豊かではあったろうが、骨子とすべき西洋諸国の刑法は未知の世界に属していた。洋の東西の刑法の比較について、それぞれの情報の質量ともに大きな偏りがあったのである[32]。

Ⅳ 法典編纂の技術と方法

1 「単独起草合議立案」方式の採用

　西洋と日本の刑法を「折中」するために、何を採り何を捨てるべきか、日本人のみでは解答を出せなかった。この時、ヨーロッパのどの国の刑法を「選択」すべきか、日本人にはそれらの刑法典の異同を測りだし理論化する枠組み、すなわち「比較の第三項」[33] としての法学識・法概念の決定的欠如が自覚されたにちがいない。

　ここに 1876（明治 9）年 5 月から、ボアソナードに刑法典の原案を起草させ、これに日本人編纂委員が質疑を絡め、それにボアソナードが答えてゆき、両者間に合議を通して合意が成立したところで、成案するという、いわゆる「単独起草合議立案」方式[34] が採用される必然性が整ったのである。

　この方法が優れている点は以下のとおりである。それは、まさに西洋刑法の骨子、すなわちその体系性をボアソナードに起案させ、これに日本人の従来から馴染んで久しい中国律的観点からの解釈・提案を織り込むことが可能になるために、双方にとって最も充実して蓄えられた知見の「交配」がスピーディーかつ十全に実現できる点、さらにこれに加えて、起案の原動力がボアソナードにあるとはいえ、日本語法律文への翻訳や、司法省→太政官刑法審査局→元老院と続く審議過程において、最終的には日本人の側に主導権が留保される構造になっていた点、である。

　外国人起草の原案に対し、日本人編纂委員は対案を作ることなく常に「審判者」として臨み得る方式がここに確立する。そして特別な法学の前提知識なく、またそれを修得するために時間を費やすこともなく、立案者の趣旨説明を受けつつ、すべてが「学習過程」の中に置かれながらも、決して採用・決断のイニシアチブを外国人に委譲しないという方針[35] が貫かれる。ここに前述したお雇い外国人が「生きた機械」であったとの評は、法律の分野においても例外で

はなかったことが分かる[*36]。

　この反面、民・商法の領域は事情が異なる。岩倉使節団に随行しフランスに赴きそのまま暫く滞在した後、帰国して太政官法制局や内務省書記官などを勤めた今村和郎（1846-1891）は、まさに西洋の法律家が日本を見るように次のように述べた。古来より日本にも法や慣習があるがそれらは粗野で法理に叶っていない。特に「民事法律ニ至テハ殆ト無」いと言わざるを得ず、また「幕府ノ法律未タ判然ト民法財産上ノ権利義務ヲ規定スル者ヲ見ス」[*37]と断言する。今村の述べる通り、東アジアの伝統的法文化においては、民・商法は純然たる自律した法領域として自生せず、19世紀末、日本を含むアジアは西洋法からそのいろはを学ばざるを得なかった。

　治安政策の所産としての刑事法については、上述の通り、日本には西洋刑法に対抗し得る長い経験と幾ばくかの法理もあったが、民・商法領域における知的資源の手薄さは覆うべくもなかった。（旧）刑法や治罪法の編纂を漸く終えたボアソナードを待っていたのが1880年からの（旧）民法典編纂であり、その方式は当然に「単独起草合議立案」であった。同年6月の「民法編纂局章程」[*38]では、編纂の本案を（ボアソナードが）仏文で起草しその翻訳庶務までを第一課の分任員が担当し、その後は討議員と分任員との討論（合議）に付される方法が記される。言うまでもなく、日本人編纂委員側に前提知識が欠けているだけ、単独起草の任にあたるお雇い法律顧問の比重が高まってゆく。

　明治20年代前後から顕著になるナショナリズムの波は、外国人起草の法典——民法典はボアソナード[*39]、商法典はロェスレル[*40]——に矛先を向け、いわゆる1889（明治22）年以降に顕在化する法典論争[*41]が勃発する。この論争により2法典は施行が延期されるという挫折の経験が踏まえられた。これにより外国人は法の制定過程からいっさい排除され、明治維新から約30年を経た段階で、日本人編纂委員のみの手になる明治民法、明治商法が完成したのである。日本の近代法史における極めて重要なこの論争は、実は維新直後から日本政府の目指していた立法方法に再び帰着する道筋を備えたと言えるのである。

2　お雇い法律顧問意見書比較統計

　お雇い法律顧問は、基幹となる法典編纂のみならず、多くの分野で意見を求

められた。明治の法制官僚として名高い井上毅[*42]の手許に残った外国人法律家の膨大な数に上る意見書は、今日その殆どが國学院大学日本文化研究所編『近代日本法制史料集』（全20巻）にまとめられ容易に参照することができる。

〔表2〕は、井上毅の許に残った数多くの外国人法律顧問からの意見書を、まずその内容（横の欄）と年次（縦の欄）に分類し、次にそれらの意見書を起草した外国人法律家の国籍別に数値をとったものである[*43]。

ここに明らかな通り、1881-1882（明治14-15）年を境に、ドイツ人法律家（主としてロェスレル）の意見が、しかも表左下方に集中する傾向は（表中網掛け部分）、憲法・議会・地方制度など国制全般の分野に亘って聴されることが多かったことが分かる（総計数においてフランスの2倍以上）。むろん各国の法律家、とくにボアソナードの回答・意見も求められており、井上毅は、しばしば同一の質問をこの両方の外国人に提起し、双方からの答えを比較検討していた。君主制に本来馴染みのあるボアソナードにも憲法・国制関連の多くの意見書があるが[*44]、井上の関心はやはりドイツ型へと傾斜してゆくことは否めない事実として見て取れる。特に議会制・議員制の導入については、自由民権運動との拮抗関係の中、明治政府にとっては細心の注意を要したであろうから、プロイセン型のかなり制限された議会権限に倣うことが多かったであろう[*45]。

しかし、それでも注意するべきは、イタリアやイギリスの法律家にも議会制度についての意見を求めている点であろう。パテルノストロ（Alessandro Paternostro 1853-1899、滞日期間・1889-1892）[*46]は、日本の議院法制定にも力のあった法律家であった。この一方で、フランス人法律家の意見は、表右上方部分、すなわち諸法分野に集中している。これらの分野の意見は、時期的にある程度限定されており、井上の関心の持続するところとはならなかったようである。個別の便宜的な立法、ないしは（旧）刑法などの法典が出来ることが最大の解決策となったに違いない。むろん、だからといってその時点で、ボアソナードの影響力に陰りが見えてきたことを即断することはできない。だが太政官書記官・参事院議官として、常に国政の中枢に位置した井上毅には、今やドイツ人・ドイツ法こそが最も有益な情報源・制度知であり得たのであろう（表内、合計欄の中の囲い枠部分、参照）。

Ⅳ 法典編纂の技術と方法

表2 お雇い外国人法律家意見書統計（井上毅文書における）

	法制全般 法学・他	憲法・ 天皇大権	官吏 組織	皇族・ 華族	議会組織 議会運営	内閣・ 中央行政	地方 制度	裁判 組織	警察	選挙 制度	請願・ 陳情
1875	(1, 0)		(1, 0)			(1, 0)		(1, 0)			
1876	(2, 0)					(1, 0)			(1, 0)		
1877											
1878	(2, 0)		(2, 0)		(8, 0)	(1, 0)					
1879	(1, 0)				(17, 0)	(3, 1)	(1, 0)			(2, 0)	(2, 0)
1880					(1, 0)						
1881	(3, 0)	(4, 4)	(2, 1)		(2, 0)		(1, 0)				
1882	(1, 2)	(2, 7)	(3, 2)	(0, 3)	(4, 3)	(1, 3)	(7, 4)		(0, 1)		(1, 3)
1883	(2, 5)	(0, 4)	(0, 1)	(3, 11)	(0, 5)	(1, 0)	(0, 1)	(0, 1)	(1, 0)		
1884	(0, 2)		(0, 1)	(1, 2)		(0, 6)	(1, 2)	(0, 5)			
1885	(0, 3)			(0, 1)		(0, 1)					
1886	(0, 8)	(0, 9)	(0, 1)	(0, 1)	(0, 6)	(0, 4)	(0, 1)				(0, 2)
1887	(0, 5)	(0, 32)	(0, 4)	(0, 14)	(0, 26)	(0, 10)			(0, 5)		
1888	(<u>5</u>, 1)	(2, 5)	(<u>5</u>, 3)	(<u>2</u>, 8)	(<u>7</u>, 22)	(1, <u>6</u>, 7)	(0, 3)	(0, 5)		(<u>4</u>, 0)	
1889	(0, 2)	(0, 15)	(0, 1)	(<u>1</u>, 1)	(0, 5)		(0, 2)	(0, 2)	(0, 1)	(0, 3)	(0, 1)
1890	(0, 2)	(0, *1*, 4)			(2, <u>5</u>, *38*, 46)	(3, 4)		(*1*, 3)	(*1*, 0)	(1, 2)	(0, 3)
1891	(3, 3)	(*1*, 1)	(*1*, 0)		(17, 17)	(*1*, 0)					
1892	(*1*, 1)		(2, 4)	(0, 1)	(5, 7)	(2, 0)	(*1*, 2)				
仏	12	8	10	4	34	9	10	1	2	3	3
独	34	81	18	42	137	36	15	16	2	10	9
英	5	0	5	3	7	6	0	0	0	0	4
伊	4	2	1	0	60	6	1	1	1	0	0
米	0	0	0	0	0	0	0	0	0	0	0
計	55	91	34	49	238	57	26	18	5	13	16

* 表注（ ）内数値について
　左側：ボアソナード　　　　　；（仏）
　右側：ロェスレル／他独人：（独）
　イタ：パテルノストロ　　　：（伊）
　下線：ピゴット　　　　　　：（英）
　ゴチ：デニソン　　　　　　：（米）

井上毅（1843-1895）
　1871　司法省十等出仕
　1877　太政官大書記官
　1878　兼地方官会議御用掛・内務大書記官
　1881　参事院議官
　1884　兼法制局御用掛・図書頭
　1890　枢密顧問官
　1893　文部大臣

40

第2章　近代日本の法典編纂

租税・地方税	軍関係・徴兵	刑法一般	出版・集会等取締法規	刑事訴訟	民法・財産	民法・相続	民事訴訟	商業	外事関係	計
		(1, 0)	(2, 0)			(2, 0)				
		(3, 0)		(6, 0)	(3, 1)				(3, 0)	
(1, 0)		(3, 0)		(1, 0)						
		(3, 0)	(1, 0)	(2, 0)	(1, 0)		(2, 0)			
(6, 0)		(2, 0)			(1, 0)		(1, 0)	(1, 0)	(1, 0)	
			(1, 0)						(3, 3)	
(2, 0)	(1, 1)		(0, 1)						(3, 0)	
		(3, 0)	(3, 3)		(1, 0)				(21, 3)	
(10, 7)	(3, 2)	(1, 2)	(5, 12)	(1, 1)	(1, 3)			(1, 0)	(2, 4)	
	(0, 1)				(0, 1)				(1, 0)	
									(0, 4)	
									(0, 5)	
(0, 6)	(0, 1)	(0, 2)			(0, 3)				(2, 1)	
(0, 2)	(3, 4)				(1, 1)		(1, 0)		(1, 0)	
(0, 1)									(0, 20)	
		(0, 1)	(1, 0)						(1, 4, 2)	
(2, 2, 9)	(1, 0)								(1, 8, 4)	
(1, 0)					(2, 1)				(4, 1, 2)	計
21	4	16	12	10	9	2	3	5	38	216
25	10	4	16	1	9	0	0	0	48	513
0	3	0	0	0	1	0	1	0	1	36
3	1	1	0	0	1	0	0	0	16	98
0	0	0	0	0	0	0	0	0	1	1
49	18	21	28	11	20	2	4	5	104	864

典拠：『近代日本法制資料集』（第1〜20巻）（東京大学出版会・1980-1999年）

V　おわりに

　井上毅の手許に残った数多くの意見書が物語るように、日本は法の近代化において、西洋法の無批判的な追従者では決してなかった。破竹の勢いで法典の編纂を進めていったとはいえ、外国法典を既製の完成品として包括的に導入することは、少なくとも明治初年期の手探り状態を脱した後の日本人には、もはや受け入れ難いものであったのではないか。前述の通り、お雇い法律顧問を草案起草者として用いることは、当時の日本人が自身の認識の及ばない、異なる世界の異なる文化との遭遇を体験したことに基づいた判断であった。ここには自国の法文化や法価値の拘束をひとまず「相対化」し、他者の発想にそれとして耳を傾ける姿勢があったといってよい。たとえ様々な偏向が生じたとはいえ、それぞれの制度の長ずるところを「選択的」に摂取してゆく日本の立法姿勢そのものは、その限りにおいて「主体的」であったと評せよう[47]。ましてや、法律といった一国の歴史や文化価値と密接に結びついた対象と向き合うについては、日本人はまずもって、社会の中の法が占める位置づけやその果たすべき役割といった。極めて基本的な法観念をめぐる西洋と日本との相違に目を開かされたに違いない。

　だが立法面においても学説面においても、他者である西洋のモデルを前に、かつまたそれを自らの内に取り込みつつ、「日本法」を構築してゆく中に、「法における『日本』ないしは『日本性』」という自己イメージの模索、といった日本法のアイデンティティーに関わる論議が、やがて大正期から昭和戦前期にかけての我が国では強力に展開してゆくことになる[48]。明治期に来日した異文化の法律家たちは、他者としての立場において受容されたが、またその立場ゆえに異和され、その役割を静かに終えていったのである[49]。

　　　　　　　　　　　　　　　　　　　　　　　　　　（岩谷　十郎）

---

*1　明治政府が1871（明治4）年に、岩倉具視を特命全権大使とした使節団を欧米各国に派遣際の「事由書」である。『日本近代思想大系12・対外観』（岩波書店・1988年）17頁以下。

*2　条約改正と法典編纂をメインのテーマとして取り上げた古典的な作品として、中村菊

男『〔新版〕近代日本の法的構成』（有信堂・1963年）がある。なお本文以下では、「条約改正と諸法典の編纂」（三阪佳弘・白石玲子執筆）山中永之佑編『新・日本近代法論』（法律文化社・2002年）34-52頁に多くを負っている。

*3　松井芳郎「条約改正」福島正夫編『日本近代法体制の形成・下』（日本評論社・1982年）204頁。
*4　向井健・利谷信義「明治前期における民法典編纂の経過と問題点」『法典編纂史の基本的諸問題・近代（法制史研究第14号別冊）』（創文社・1964年）215頁。
*5　水林彪『天皇制史論』（岩波書店・2006年）。
*6　以下の太政官官制の制度的変遷については、吉井蒼生夫『近代日本の国家形成と法』（日本評論社・1996年）3頁以下（「中央権力機構の形成」として福島正夫編『日本近代法体制の形成・上』（日本評論社・1981年）に初出）に詳しい。なお、中野目徹「太政官制の構造と内閣制度」明治維新史学会編『講座明治維新4　近代国家の形成』（有志舎・2012年）も参照されたい。
*7　立法を担当する機関として、上・下二局からなる議政官が設置される。むろん今日的な公選の議員からなる上院・下院には相当しないが、この議政官は「政体書」の記す「各府各藩各県皆貢士ヲ出シ、議員トス、議事ヲ制ヲ立ツルハ、輿論公議ヲ執ル所以ナリ」との制度構想の具体化した姿であり、それはまた大政奉還後の五箇条誓文に宣言された「広ク会議ヲ興シ、万機公論ニ決スベシ」との理念を制度化したものであった。
*8　石井良助『明治文化史・第2巻・法制』（原書房・1980年）96頁以下、門松秀樹「明治政府の成立と太政官制の復活」笠原英彦編『日本行政史』（慶應義塾大学出版会・2010年）3-21頁（とくに本章本文との関連では、6、8頁を参照）。なお島善高『律令制から立憲制へ』（成文堂・2009年）は、律令制が近代立憲制へ変貌を遂げる過程を描く労作である。
*9　制度寮系には、制度寮（元年1月）―制度事務局（元年2月）―議事取調局（元年9月）―制度寮（2年4月）―制度取調局（2年5月）―制度局（2年8月）、議政官系には、議政官（元年閏4月）―貢士対策所（元年5月）―公議所（元年12月）―集議院（2年7月）といった系譜をたどることができる（手塚豊『明治刑法史の研究・上（手塚豊著作集4）』（慶應通信・1984年）154頁以下）。なおこの集議院は、明治4年の左院の設置により廃止される（本文後述）。
*10　手塚・前掲注（9）10頁。
*11　前掲注（7）参照。
*12　その後、1874（明治7）年2月に職制が改正され、法制課が置かれ、その事務は「民法訴訟法治罪法刑法商法（中略）ニ関スル方法規則ヲ議定スルヲ掌ル」とある。
*13　この状況は「立法事業の左院専管」と説明されている（向井健「民法典の編纂」福島編・前掲注（3）356頁）。
*14　大日本帝国憲法の編纂については、岩谷十郎「大日本帝国憲法の制定と展開」（出口雄一氏と共著）山中編・前掲注（2）66頁以下、および岩谷十郎「大日本帝国憲法―素描」山中永之佑編『日本近代法案内』（法律文化社・2003年）36-37頁を参照のこと。
*15　石渡哲「明治13年の元老院訴訟法草案」手塚豊『明治法制史政治史の諸問題』（慶應通信・1977年）995-1037頁、その編纂道程の全体像については、鈴木正裕『近代民事訴訟法史・日本1』（有斐閣・2004年）。
*16　だがその権限は、やはり太政官の様々な制約下に置かれており、法を立てるのではなく法を議するのみの議法機関とも呼ばれていた。参照、岩谷十郎『明治日本の法解釈と法律家』（慶應義塾大学法学研究会・2012年）26-34頁。
*17　内閣記録局編『法規分類大全』〔官職門17・官制・元老院〕（原書房復刻版『法規分

注

類大全　第 19 巻』。以下、原書房復刻版の巻名を用いる）395 頁。
*18 「法律起案之儀ニ付申稟」『管符原案　第十一』自明治 9 年 1 月至同 9 年 12 月より。
*19 向井・前掲注（13）356 頁以下、同「新たなる民法人事編草案—明治 12 年草案と、その周辺」法学研究（慶應義塾大学）58 巻 7 号、同「（資料）明治 12 年・民法人事編草案」同 58 巻 12 号（双方とも 1985 年）を参照のこと。
*20 志田鉀太郎『日本商法典の編纂と其改正』（明治大学出版部・1933 年）参照。
*21 法典編纂の技術論については、穂積陳重『法典論・全』（哲学書院・1890 年）（同書は、北居功氏の解題解説を付されて、2008 年に新青出版より復刻されている）を参照。
*22 宮島誠一郎『国憲編纂起原』明治文化研究会編『明治文化全集・第 1 巻〔改訂版〕』（日本評論社・1955 年）345 頁。なお、この「立国憲議」については、島・前掲注（8）202 頁以下、および同書に紹介される参考文献を参照のこと。
*23 日本法の近代化過程において、この「六法」の成立が日本的な法学的 / 法学教育的思考の枠組を形成してゆくとの視点から、出口雄一「六法的思考—法学部教育の歴史から」桐蔭法学研究会編『法の基層と展開』（信山社・2014 年）が発表された。
*24 一般的には、梅渓昇『お雇い外国人・概説』（鹿島研究所出版会・1968 年）を参照。なお、同書は、同『お雇い外国人の研究・上巻』（青史出版・2010 年）に収録された。
*25 アーダス・バークス「西洋から日本へ—お雇い外国人」同編（梅渓昇監訳）『近代化の推進者たち』（思文閣・1990 年）196 頁。
*26 参照、大久保泰甫『ボアソナード』（岩波書店・1977 年）、岩谷十郎「明治期在日外国人法律家の文化活動」『法政大学創立 120 周年・図書館創設 100 周年記念国際シンポジウム報告集　開かれた法政 21　伝統と展望』（2001 年）所収。
*27 参照、ヨハネス・ジーメス『日本国家の近代化とロエスラー』（未來社・1970 年）。また後注（40）所掲の高田晴仁論文にも詳しい。
*28 岩谷十郎「近代日本とナポレオン法典」（特集・日仏文化交流の歴史）三色旗（慶應義塾大学）684 号（2005 年）では、明治初年期の外国法継受に際しての翻訳の問題に触れている。参照されたい。
*29 詳しくは、向井・前掲注（13）332-356 頁を参照。
*30 「ボワソナードより大木喬任宛意見書」（明治 19 年）、大久保泰甫・高橋良彰『ボワソナード民法典の編纂』（雄松堂・1999 年）61-62 頁所収。
*31 『刑法編集日誌（明治 8 年 9 月 20 日〜 12 月 13 日）』西原春夫・吉井蒼生夫・藤田正・新倉修編著『日本立法資料全集 29・旧刑法〔明治 13 年〕(1)』（信山社・1994 年）91 頁。
*32 参照、岩谷十郎「刑法典の近代化における『旧なるもの』と『新なるもの』」岩谷・前掲注（16）257-270 頁。
*33 参照、大木雅夫「比較法における『類似の推定』」『英米法論集』（東京大学出版会・1987 年）所収。
*34 穂積・前掲注（21）582 頁。
*35 参照、岩谷十郎「仏文草案から見た旧刑法編纂の展開」前掲『日本立法資料全集 30・旧刑法〔明治 13 年〕(2) I』（信山社・1995 年）所収。
*36 岩谷十郎「始まりの法律学—実務・法典・解釈」法律時報 84 巻 3 号（2012 年）では、近代法学の専門的前提知識を備えることなく法典編纂が可能であった状況からいかに日本の法学＝解釈法学が成立していったのかの展望を述べている。
*37 中隠居士（今村和郎）述『解難　完』（1890 年）引用箇所はそれぞれ、20、32 頁。
*38 『法規分類大全　第 19 巻』403-404 頁。
*39 大久保・高橋・前掲注（30）参照。

*40　近時、高田晴仁「日本商法の源流・ロェスレル草案」『日本法の中の外国法—基本法の比較法的考察（早稲田大学比較法研究所叢書 41 号）』（成文堂・2014 年）が発表された。
*41　近時、松山大学法学部松大 GP 推進委員会編『シンポジウム『民法典論争資料集』（復刻増補版）の現代的意義』（ぎょうせい・2014 年）が発刊され、法典論争（民法典・商法典双方）についての最新のコメントが数多く掲載されている。参照されたい。
*42　井上毅については、山室信一『法制官僚の時代』（木鐸社・1984 年）、瀧井一博『明治国家をつくった人々』（講談社・2013 年）を参照のこと。
*43　「御雇外国人答議編年目録」前掲『近代日本法制史料集・第 20』（東京大学出版会・1999 年）95-161 頁。
*44　例えば、矢野祐子「ボアソナードの憲法構想」法制史研究 44 号（1995 年）などを参照。
*45　いわゆる「明治 14 年政変」によるドイツ国制受容の契機については、深瀬忠一「明治憲法制定をめぐる法思想」野田良之・碧海純一編『近代日本法思想史』（有斐閣・1979 年）、瀧井一博『文明史のなかの明治憲法』（講談社・2003 年）を参照のこと。
*46　パテルノストロについては、森征一「司法省お雇いイタリア人アレッサンドロ・パテルノストロ来日の経緯」法学研究（慶應義塾大学）53 巻 12 号（1980 年）、同「司法省お雇い外国人 A パテルノストロの観た明治の日本」同 64 巻 1 号（1991 年）、同「パテルノストロと条約改正」同 69 巻 1 号（1996 年）、「明治政府お雇い法律顧問パテルノストロと伊学協会」日伊文化研究 36 号（1998 年）を参照のこと。
*47　実証史的検証を踏まえたうえで、本章〔表 1〕の表注で触れている野田良之氏の「比較法的無自覚の時代」という区分が未だ適当な概念であるのか、検討を踏まえなくてはならないであろう。
*48　参照、岩谷十郎「日本法の近代化と比較法」比較法研究 65 号（2004 年）。
*49　本章後半部分は、旧稿「明治期法典編纂事情—異文化の法律家の果たした役割」タートンヌマン 8 号（2006 年）94-106 頁に手を加えたものを収録した。

第3章
脱法典化と再法典化

I　民法典の「危機」

　従来、私法体系の中心的地位を占めていた民法典には、他の諸法と比較しても重要な位置づけがなされてきた。民法には私法の一般法としての意味だけでなく、法律学においてより高い地位が与えられてきたことは否定し得ない。

　しかし、近代民法典の祖であるフランス民法が制定されて以来200年以上が経過した現在、民法の意味は大きく変容している。私法領域における特別法の増加により民法典に優先して適用される規範が著しく増大する、いわゆる「脱法典化」と称される現象が起こっており、このことによる社会における法典の意義の後退が指摘されて久しい。たとえば労働法のように、もはや民法の特別法という位置づけに留まらない独立の法領域が確立されていくことで、民法典はその適用領域を失っていく。そして、このことが単に適用領域の減少といった次元だけでなく、民法典自体の中心性を脅かすに至っている。

　かかる状況の中、民法の危機が叫ばれているのが現状であるが、民法典それ自体もまた危機にあるといってよいであろう。今や、「民法」を理解する上で、民法典のみに頼ることはできず、各々の問題について個別になされた立法を逐一参照するほかない。このように脱法典化は、法典が本来有すべき規範の一覧性を損ない、法典の空洞化をもたらし、法典の存在意義の再考を迫るものであ

る。

　こうした状況に対して、近時は法典の復権を試みようとする動きもみられる。民法典の外にある諸規範を改めて法典の中に取り込み、法典を再び体系化しようという「再法典化」の動きである。近代民法典を有する諸国において、20世紀末から21世紀にかけて、民法典の改正の議論がなされているが、その中で再法典化が1つの目的とされている。

　そこで本章では、脱法典化がいかなる背景のもと、どのように進行したのかを確認するとともに、脱法典化による法典の意義の変容を考察する。その上で、今後の法典のあり方を問うべく、再法典化の問題をとりあげることとする。

II　19世紀——法典の時代

1　民法典の過去の栄光

　考察の前提として、脱法典化が起こる以前の法典がどのようなものであったのかについて改めて確認しておこう。現在、民法ないし民法典についてその危機が語られる背景には、それ以前は民法典こそが私法体系、さらには全体法体系の基本法であったという認識が存在している。近時の民法および民法典についての総論的研究の中で、「民法は、ながらく帝国の平和を享受してきたが、今日では2つの危機にみまわれているように思われるのである。」と指摘されるように[*1]、少なくともある時期までは民法は私法体系の中心としての覇権を有していたはずである。

　近代民法の祖というべきフランス民法典は1804年に制定されて以来、約1世紀にわたって社会における根本法としての地位を有していた。その後、この影響を受けてヨーロッパ各国、そして日本においても近代民法典が誕生する。1896年に施行された日本民法典は少なからずフランス民法典の影響を受けており[*2]、19世紀を通じて、フランス民法典を端緒とする近代民法典がその覇権を有していたことが分かる。

　それでは、なぜ民法典はそのような地位を保つことができたのであろうか。これを知るためには、19世紀の社会とはいかなる社会であったのかを改めて確認する必要がある。

2　近代社会と近代法の基本原理

　近代市民革命後の社会の特徴は、個人主義を確立した社会であるという点にある。近代以前の封建制社会において、人はその出自や身分によって自分の行動を束縛されていたが、近代市民革命はこうした体制を打破し、個人の自由意思に基づく自己決定を保障する基礎をつくったのである。フランス人権宣言はこのことを宣言し、これが近代社会の指導原理となった。このことは、前近代と近代とを区別する著名なメルクマールとしての、サー゠ヘンリー゠メインによる「身分から契約へ」のテーゼに象徴されている。このとき、個人の自由意思が尊重される理論的基礎とされたのが社会契約論であり、ホッブズ、ロック、ルソーらによって展開されたこの理論によれば、人間の社会関係は、自由な人間がその合意によって形成するものであるとされたのである。

　こうして、近代において各個人は共同体的拘束から解放され、自立した社会関係を形成することができることとなった。市民社会においては、身分や職業を問わずすべての人間が自由で平等な存在であり、理性に基づく合理的な意思決定が可能であることが前提とされ、個人の意思決定に対する国家権力の介入が否定されることとなる。

　このように近代法は個人を起点に社会関係を構築することを前提としており、私法分野において、近代私法の基本原理として人格の平等、所有の自由、契約の自由が掲げられることとなったのである[*3]。すなわち、人格の平等とは、人間は生まれながらにして権利義務の主体となりうるというものであり、現在でも権利能力平等の原則として民法の基本原則とされる。所有については、所有権絶対の原則として、私人の所有権が不可侵なものとされている。そして、私人は契約締結に際して、誰からも強制されることなく、契約関係を形成することができるというものである。これらはいずれも近代以前の時代においては認められていなかったものであり、このことを宣言することが近代民法典の1つの意義であったと言えよう。

　近代法はフランス革命以降のヨーロッパで成立したが、その背景には商品交換の論理が民法の基本原理と調和していたことが指摘されている[*4]。すなわち、近世以降、商品の生産と消費が社会に広がり、それが中世的地域社会の枠を超えより広い領域で取引が行われることになった。商品交換においては、取引当

事者双方の有する商品価値のみが関心の対象となり、その結果取引の相手方の属性等は問題とならないことになり人格の平等が承認されるのである。そして、商品交換による価値の帰属の保障としての、自由な所有の保障が導き出される。このように、近代市民法の基本原理は、資本主義経済の発展と相まって、近代における根本的価値となったのであった。

3 法典はいかなる役割を担っていたか

近代社会において、個人はその自由意思に基づいた選択を最大限に尊重されるのであり、公権力からの介入は排除されなければならない。そこで、法の役割は明確なものとなり、法典は、政治権力の不当な介入に対する個人の私的領域における自由を保障するものとして意義を有する[5]。

個人の自由意思に基づく自己決定を認める社会において、個人は自己の行動から得られる利益の獲得が認められる一方で、そこから被る不利益も負うことが前提となる。もっとも、こうした前提が成り立つためには、社会においてある程度の予測可能性が働くことが必要になる。すなわち、一定の利益の獲得を目指そうとする者は、他者の一定の行動を当てにして行為をし、自己にとってそれが利益となるかを見極める。ところが、他者の行動が予測を大きく裏切るものである場合には、こうした利益の計算は著しく困難になるのである。したがって、相互に予測可能性を担保するために、一定の規範の必要性が生じる。そこで、法はいわば「ゲームのルール」を定めるものとしての機能を有することになる[6]。

このように、個人の意思決定の自由を保障するためには、これを支える法的枠組みが強固である必要があった。そして、こうした法的安定性への要求が、19世紀における法典化の根本にあったのである[7]。近代民法典の基本原理としての人格の平等、所有権の保障、契約の自由は永続的な制度であり、変わることのない価値として存在することが求められた。かくして、民法典は19世紀的な自由主義思想を表すものとして、まさに根本規範として、憲法的な価値を有していたのである[8]。憲法的な価値とは、法典の永続性のことであり、法典が社会の構成原理であったことを意味し、19世紀を支配した自由主義および個人主義を宣言し保障するものとして法典が存在したといえる。

このような法典の性格は、法学者の法典に対する態度にもあらわれていた。近代民法典の起草にあたっての理論的支柱となっていた自然法思想によれば、法典の原理は普遍かつ不可侵のものとして実定法を超えて存在するものであり、「書かれた理性」であったのである。そのため、法学者は完成した法典に対する批判を展開することはせず、法典に註釈を施し、法文の意義を理解することに努めていたのである。フランスにおけるいわゆる註釈学派（École exégétique）といわれる学派がそれであり、19 世紀における民法学の中心的潮流であった。

　この時代においては民法典こそが私法体系の中心にあり、私法分野の諸法律がその中心性を脅かすことはなかった。諸法律は、法典の体系と適合的でない制度や限定的な例外にとどまるものであって、私法分野の基本法という民法の性格を少しも損なうものではなかったのである[*9]。

　19 世紀のヨーロッパは、「安定の世界」と称される[*10]。この時代においては確立した絶対的な価値観が支配していたのであり、法典もまたこれを保障するものに他ならなかったといえる。この時代においては、法典は私的生活および市民的自由の系統的な基本法としての機能を保持していたのである。この意味で、19 世紀の安定の世界とは法典の時代といいかえることができよう。

4　法典は誰のためのものだったか

　もっとも、法典が対象としていた「個人」とはいかなる者であったのかについては留保が必要である。近代市民法典においては、個人は独立した自由かつ平等な存在として抽象的に把握される。その意味では、あらゆる個人が法典の名宛人となっているとも言いうる。しかし、すでにみたように、近代民法典が保障しようとしたのは、個人の自由な意思決定、およびそれに伴う利益・財産の獲得であった。そこでは、合理的な判断を為し得ることが当然の前提であり、相手方と対等な立場で契約を行い、それにより財を取得することが想定されていたのである。したがって、ある程度の財産を有し、かつ一定の判断能力を有する者こそが法典の名宛人であり、それは近代市民革命の担い手とされたブルジョワジーに他ならなかった。

　フランス人権宣言の前提となる市民とはそれまでの「第三身分」とされる者であったところ、観念的にはすべての人が市民であったのだが、実際に社会に

おいて取引の主体となっていたのは、自立した資産家であった。つまり、労働者などのように資産を有しない者は現実には問題とされなかったのである。

たしかに、フランス民法典については、その文体が平易であることから一般国民にとっても理解可能であり、またフランス国民の統合の象徴としての意味合いもあり、広くフランス国民に受け入れられていたとされる[*11]。しかし、家族関係に関する規律はともかくとして、財産関係に関する規律については、一定の財産を有する者のみに関係していたといえよう。

したがって、この段階において、民法典の規定の適用を受ける者はブルジョワジー階級に属するものであり、同等な者どうしの間での法律関係であったということができる。近代民法典の基本原則としての人格の平等とは、個人を抽象的に把握し、その具体的な属性を考慮する必要がなかったことを意味するものであったが、19世紀の社会においてはまさにこの原理が妥当していたのである。

Ⅲ 20世紀——脱法典化の時代

1 脱法典化の背景

近代民法典は19世紀の社会を支えるものとして、前時代的な身分制社会を否定し、資本主義経済を発展させることに貢献したと評価することができる。しかし、皮肉にも資本主義経済のさらなる発展は、法典を脅かし、その後の脱法典化の時代の契機となったのである。

資本主義は、新たな工業技術の発展と相まってさらに飛躍をとげる。その結果、富の偏在が生じることとなり、貧富の格差は極端になることとなった。こうした格差がありながら、近代市民法の基本原理をそのまま維持することは、貧富の差をさらに拡大させることにつながることになる。その典型例とされるのが労働者階級の問題であった。

労働者と使用者の関係は契約により形成される。近代市民法原理の下では、契約自由の原則に基づき、契約内容について当事者の自由な合意が認められるため、労働者と使用者の自由な交渉によって労働契約の内容が決定されることとなる。産業革命以降の社会においては、大規模な工場制機械生産が可能にな

ると、労働者の数が増加することになり、その結果、労働契約の内容について十分に交渉する力を持たない労働者が増加し、契約自由という基本理念の下では、過酷な労働状況で就労せざるを得ない事態が社会問題化することとなった。ここでは、労働者対使用者という具体的な場面における格差の存在により、近代市民法の基本原理をそのまま維持することの矛盾が顕在化したのである。

そこで、労働条件の最低基準の法定化であるとか、労働者に団結権を認め労働組合を承認するといった立法的手当てがなされるに至る。こうした立法は、労働者と使用者という私人の具体的な属性を前提とした利益調整を図るものであり、抽象的な私人の平等を原則とする法典の原理とは異なるものであった。

民法典のもとでは、各人の利益調整は自由意思に基づく交渉によるほかなく、民法典は、私人が自由に法律関係を形成するためのルールを定めるのみであり、特定の者の利益を保護するものではなかった。ところが、資本主義の発展の結果として生じた問題については、一定の私人の保護を国家権力が積極的に図らざるを得ないのである。

こうして、労働法のみならず、借地借家関係や自動車事故など様々な具体的な場面において、近代市民法の原則を貫徹し得ない事態が生じ、これに対する立法的手当てが必要とされたのである。

2　法の機能の変容

こうして私人を包括的かつ抽象的に把握することの限界が露呈した場面において、当事者の具体的な利益調整を図る必要性が生じるのである。近代民法典は、抽象化した人間を前提としているため、法典においては具体的な利益調整を図ることが難しい。そこで、一般法たる民法では対処し得ない個別の利益調整を、特別法において図る方向性がとられていくこととなる[*12]。この結果、特別法は法典自体の統一性を損なうことなしに、現実の切迫した要求に対する回答を与えるものとなる[*13]。民法典のもとでは私人間の私的な交渉に委ねられるはずであった個別の利益調整が、ここでは立法者の役割となったのである。

立法者が、私人に代わり、特定の目的に向けた意思を追求することとなり、法律の役割が変容する。それまでの「ゲームのルール」としての民法典のように、私人が自由な決定をなすにあたっての適当な方法および枠組みを提供する

ものではなく、具体的な目的を定めるものとなったのである。経済秩序ないし法秩序は、もはや私人の自発性による自由な取引から生まれるものではなく、法律によって形成されるものとなる。

　近代民法典のもと、個人はその選択によるあらゆる利益とリスクを負担しており、それこそが19世紀的自由主義のあらわれであったが、特別法による利益調整が図られる場面においては、自己の選択によるリスクが法律によって減じられることとなったのである。民法典の特別法は、私人の自由を制限し、一定の行動を求めることになる。労働法を例にとれば、労働時間、賃金等の労働契約の内容について一定の基準を法定することにより、当事者の自由な意思決定は制限されることになるが、他方で労働者の地位を保障することが可能になる。この結果、契約当事者である労働者は自由な契約交渉により、過酷な環境で労働するというリスクから免れることができるのである。

　この点に関して、フランスにおける「法典（le code）から諸法典（les code）へ」といった動きが興味深い[*14]。民法典と異なる現代型の法典では、担当行政庁と関係当事者の利益のために、既存の諸法令を集積するという方法がとられる。これは、社会の基本原理を確立した19世紀の法典化のような改革的法典化とは性質の異なる修正的法典化ともいうべき方法である[*15]。現代型の諸法典の特色は以下のようにまとめられる[*16]。「①民法・刑法・行政法にまたがるものであるが（複合領域）、それが対象とするのは、②新しい社会問題、特殊な事項であり、すべての国民に関連するものではない（問題指向）。そして、そこに含まれる法規範の法源は法律に限られずデクレ[*17]などを含むのである（法源混在）。」

　この指摘にも見られるように、新しい問題に対処するための諸法律は、その関係当事者のみに関わるものであり、すべての市民を対象とするものではない。その意味では、法典の原則に対する例外を規定するものといえるが、ここで特筆すべきはこうした特別な利益調整自体が1つの体系を形成し、法典化されうるという点である。

　このことはかつての民法典と特別法との関係をも変容させることとなる。もはや、民法典は私法秩序の中心として、他の特別法に対する一般法の立場をも失いつつある。特別法は、単に法典化された原則に対する例外に留まらず、そ

れ自体が完結した自治的な体系を有するに至る。

　各種の特別法は民法典の適用範囲を減少させ、現実社会に現れる現象についての規範を提供することとなる。その結果、民法典が唯一の法源であり、市民的基本法であるという象徴的な地位を失うことになる[18]。そして、民法典はこのことによって、他の法律と同等の「ワンオブゼム」となりうる。民法典は競合する法源としての個別立法さらには判例を受け入れなければならないのである。

　関係当事者の利益調整に適合した特別法は、法典化された規範の内容に対する例外だけでなく、それ自体としての一般理論を展開するに至る。そこでは、もはや民法典から一般的な諸原則を引き出すことはできず、特別法がその領域における一般法となっていくのである。このことは、これまで一般法たる民法典を中心として、その周囲に特別法が位置づけられる体系から、民法典も特別法と同等の位置づけがなされる体系への変容を意味するのである[19]。

　このような分析によれば、民法典に根本法ないし憲法的価値を見出すことは困難である。そして、法体系の中心には憲法が位置づけられることになり、憲法が根本法としての地位を獲得することとなる[20]。

3　脱法典化後の法典

　以上の状況はそれまで法典が有していた基本法としての価値を変容させることとなった。

　すなわち、もはや民法には一般法としての価値を認めることはできず、特別法の規範によって規定されない問題について残余の規範としての価値しか有さないものとなる[21]。言い換えれば、特別法との関係においてより広範な対象を有する規範ではなく、特別法によって規定された残余の規範にすぎないのである。

　特別法が制定され、そしてそれ自体が完結した体系を獲得することによって、関係当事者の利益はその特別法の中で調整されることとなる。特定の当事者ないしその集団について、公権力が立法によってその利益調整を図ることとなる。この意味では、かつての「身分から契約へ」という動きに対する、契約から身分への回帰とも呼ぶべき現象が生じているのである。結果的に、民法典はこう

した特定の集団とは無関係な主体に適用されることとなる。

　この点は、19世紀末のフランスにおいて、それまでの註釈学派の法典万能主義を批判し、法典は完全なものではなく法の欠缺があることを認め、現実の社会生活の中に法の欠缺を埋める生きた法規範がありそれを探究することが必要であるとする、科学学派（École scientifique）の発展にも反映されている。すなわち、科学学派は民法典を書かれた理性として絶対視するのではなく、法典の体系とは異なる新しい体系をも構想するに至ったのである。

　日本においても、新たな法典化という動向はみられないとしても、特別法による民法の空洞化は著しい。いくつかの具体例を挙げてみよう。

　まず、すでにみた労働法の領域である。もはや労働法は民法から完全に独立した法領域としてその地位を確立している。そのため、民法に置かれている雇用契約に関する規定は、労働法の適用対象外とされる極めて例外的な事例のみが対象となっており、現実社会における意義を失っている[22]。労働法が規定しない問題については一般法たる民法が適用され、一例として労働者に対する使用者の安全配慮義務の法理があるが[23]、これについても現在では2007年に制定された労働契約法3条においては明文化されるに至っている[24]。

　さらに、賃貸借の分野においては今や借地借家関係の立法を無視することはできない。もともと民法の体系の下では債権とされ、所有権などの物権に比べて弱い効力しか有していなかった賃借権を保護するために特別法が制定され、現在では1994年に制定された借地借家法が重要な意義を有しており、その結果、民法における賃貸借の規定も諸々の修正を受けている。

　また、2001年の消費者契約法の制定からも分かるように、消費者法も独立の法領域を確立しており、消費者と事業者間の交渉力、情報力の格差に鑑み、民法の基本原則を修正している。かくして、近代民法典の基本原則である意思自律の原理は今や行政的規律による修正を避けられない[25]。

　以上の例は、いずれも現代社会において多く行われている取引であり、これらの取引については民法に優先して各種の特別法が適用されるため、民法の適用範囲は減少せざるをえない。そればかりか、これらの領域に関わる民法の規定は実質的な意義を失っているのである。

　さらに、ここで注意すべきはこれらの利益調整が、特別法の制定という方法

でしかなしえないという点である。特別法によって規律された問題は、いずれも特定の当事者を前提としているものであるために、これを普遍化することは困難であり、民法典そのものに手を加えるまでには至らなかったのである。

4 脱法典化の意義

あらためて脱法典化の意義を確認しておこう。脱法典化とは、近代民法典が前提としたあらゆる主体を包括的に取り扱うことの矛盾から生じた。その結果、民法典がなしえなかった個別の利益調整を特別法において図ることによって、民法典が空洞化するに至ったのである。

このことは、19世紀が民法典を中心に私法秩序を構築し得た時代であるのに対して、20世紀においては公権力がこれを立法によって解体することを意味する。19世紀において、利益を追求する者は、各人の自由な法律関係の形成によってこれを実現しようとし、公権力からの介入を免れることができた。これに対して、脱法典化の時代における利益の追求は、一定の関係当事者ないしその集団が、国家権力との交渉の末に、特別法の制定による保護を受けるという形で実現したのである[*26]。

最初は例外的かつ時限的な規範として法典の外側にあらわれた規範が、その後より強固な安定性の段階に入り、強化された法律として展開し、その中で、個々の制度または関係当事者にとっての完全かつ決定的な規範として存在するのである。こうした動きが、それぞれの領域においてみられ、このような多極化した体系においては、法典が有していた歴史的または論理的な優先性はもはや認められない。この結果、空洞化した法典には残余の規範としての意味しかなくなり、実際の社会においては関係する特別法が重要性を有することになる。こうして、近代民法典は過去のものとなったのである[*27]。

この点に関連して、特別法の枠内においてもその基本思想の修正がみられることも指摘しておこう。たとえば、労働法はもともと労働者と使用者の格差に着目し、労働者を保護するという思想のもとに生まれたものであったが、現在では雇用状況の変化、企業活動の合理化といった観点から、必ずしもこのような思想を貫徹していない。このことは、労働契約法の制定によって、あらためて労働者と使用者間の法律関係を契約において規律する方向性を示すことから

も窺い知ることができよう。労働法はもはや特別法といった位置づけにとどまらないものであるが、労働法の中でも基本原理の自律的な修正が図られているといえよう。

このように脱法典化とは、近代市民法の基本原理を貫徹することの矛盾を解消するために不可避のものであったといえる。このことは、法典化が前近代的身分制社会の矛盾を解消するために必要なものであったこととパラレルに把握することが、一面では可能である。しかし、近代民法典はブルジョワ民法典という一元的な性格づけが可能であったのに対して、脱法典化が進行した20世紀においては社会が複雑化、多元化しており、もはや法典化の時代になしえたように、人格を包括的かつ抽象的に把握することは不可能となったのである。したがって、脱法典化の時代は近代市民法の矛盾を個別に解消することを志向した時代であり、近代社会の変容を象徴する現象といえる。

Ⅳ　21世紀──再法典化の時代？

1　再び法典化の時代へ？

以上の考察からは、すでに法典の時代は終焉したようにもみえる。民法典に対する各種の特別法の制定は、複雑化した現代社会における市民間の法律関係を規律する方法として必然的なものであった。しかし、その一方で特別法が乱立することによって、現実の問題に対して、いかなる規範が適用されるのかが明確でなくなっている。すなわち、所与の問題についての法的取り扱いを知るためには、空洞化した民法に依拠できないばかりか、複数の特別法を参照しなければならないという事態が生じている。

さらに、そもそも空洞化した民法典をなお維持する必要があるのか、という問題もある。200年を超える歴史を有するフランス民法典を筆頭に、近代民法典は少なくとも1世紀以上の時を重ね、その誕生の時期とは大きく社会状況が異なっている。脱法典化の流れにみられるように、近代民法典の基本思想を維持することは困難といわざるをえない。たしかに、特別法による個別の利益調整は複雑化した現代社会において不可避であろう。とはいえ、特別法の乱立は法適用の見通しを悪くし、法典が有していた一覧性を損なうことになる。

そこで、近年、各国において民法典の改正作業が進められる中で、民法をより使いやすいものにしようという思想のもと、民法の特別法における規律のうち、新たな民法典に入れることが可能なものについてはこれを改めて民法典の中に位置づけようという、いわゆる再法典化の動きがみられる[28]。

また、ヨーロッパ各国、とりわけフランス民法典の影響を強く受けた国々においては、近時の再法典化の動向は、ナポレオン法典への依存を断ち切り、国家の法律上のアイデンティティを見出す意味もある[29]。この点は、グローバル化した社会の中で、各種の統一法および統一原則の作成が進められる中にあっても、なお各国独自の法典が必要であることを示している。

こうした背景のもと再法典化の議論が進行しているが、はたして近代民法典の限界が露呈した現代において、再法典化は可能であろうか。そして、その場合の法典はどのようなものとなるのであろうか。

2 再法典化は可能なのか？

それでは、以上のような状況を受けて、法典の復権、再法典化は可能なのであろうか。再法典化といっても、単に既存の諸法令を集積するものでないことはいうまでもない[30]。対象となる当事者についての規律を体系的に置くことで、法典を手にする者がその内容をできる限り容易に理解することが望ましい。

そこで問題となるのは、複雑化した社会において、いかなる当事者を法典における主体として想定するかである。すでにみたように、近代民法典は法的主体の具体的属性を考慮せず、抽象的に把握することによって、私人を平等に取り扱い、その自由を保障した。これに対して、脱法典化の時代にあっては、具体的な私人間に存在する非対等性を是正することを目的として、その具体的な特質に着目し利益調整を行った。そして、このような利益調整は特別法の制定といった方法でしかなしえなかったのであった。こうした流れをみる限り、再法典化は難しいようにも思える。しかし、民法典それ自体の基本原理も変容しつつあることを踏まえれば、特別法によって実現した利益調整のあり方を民法典の中で規律する可能性も否定できない。

もっとも、現在民法の外にある特別法はそれ自体が自律的な体系を確立しつつあることは前述の通りであり、これらをすべて民法典に再度位置づけること

は困難であるし、かえって異質な規律が単一の法典中に併存することになり妥当でない。また、すでにみたように、かつての民法典を中心とした私法体系は変容し、民法典も各種の特別法と同等の位置づけとなっている。そこで、再法典化を志向する際には、現状を踏まえて、法典化できる規律となお特別法の規律に委ねるものを区別する必要があろう[31]。問題となるのは民法がいかなる問題に直面しており、それらの問題をどこまで民法典で規律しうるかである。その意味では、再法典化による新たな法典は近代民法典とは異なる性格のものになることが考えられる。私法の一般法としての位置づけを失わないとしても、基本法としての性格からは離れ、各種の民事特別立法と共存していく21世紀型の法典をイメージすることができる。

3 再法典化の方向性

それでは、再法典化による新たな法典はどのようなものであるべきか。ここで現在の民法が対象とすべき領域においては、2つの異なる利益調整が必要とされていることが分かる。

まず、近代民法典が本来想定していた対等当事者間の関係である。こうした関係は、これまで検討した脱法典化の影響を直接受けるものではない。したがって、再法典化を進める上でも、対等当事者間についての規律はそのまま維持できるようにも思える。しかし、特別法が主として非対等な当事者間の関係を規律していたところ、脱法典化により空洞化した法典に残された規律が現在の取引社会における対等当事者間にそのまま妥当するともいえない。すなわち、実際に想起される対等当事者とは、商取引ないしビジネスの領域のそれであり、これまで商法の適用対象とされていたものである。こうしたことから、商法の一部の規定（商行為総則編など）については、民法の商化として民法に位置づけることが妥当であるともされている。したがって、今後は民商法の垣根をなくし、これまで商法にあった規定を民法の中に取り入れることが考えられる。実際に、わが国も含めて各国の民法改正作業においては、昨今の国際統一法ないし統一原則も大きな影響を与えているが、それらは主として国際商取引を想定しており、その規定が国内取引にも妥当すると考えられている。このように、特に債権法および契約法の領域においては、想定される対等当事者は、かつて

近代民法典が想定していた抽象的な人間像というよりも、商的色彩の強い当事者であり、近代法の基本原理である自由の尊重をさらに進めることが望まれているのである。

　他方で、すでに脱法典化にあらわれていたような、非対等当事者間に関する規律である。これらについては、近代民法典の基本原理の積極的な修正が図られてきたものであり、対等当事者間における規律とは異なる考慮が必要となる。これらの規律を民法典に再法典化することが可能となるのは、たとえば消費者法の分野における事業者の消費者に対する情報提供義務のように、かかる義務が課せられる根拠を事業者と消費者という具体的属性にとどめるのではなく、当事者間に情報格差がある場合一般に拡大することによって、消費者取引以外の場面でも非対等当事者間に妥当する規律となるからである。したがって、特別法による規律のうち、当該特別法が想定する具体的当事者以外にも一般化しうるようなものについては、これを民法典の中に位置づけることが考えられるのである。

　その上で、問題となるのは以上の２つの相反する場面を単一の法典の中で規律することの妥当性である。この点、近代民法典の基本原理をなお維持することに固執するのであれば、非対等当事者間に関する規律は民法の外に置くほかないだけでなく、対等当事者に関する規律の実質は商取引法となり、もはやそれを民法と呼べるかは疑問であろう。

　そこで、再法典化の目標を達成するのであれば、異なる２つの関係の区別を前提とした上で、両者を規律することが考えられる[32]。この方向での再法典化を是とするのであれば、これはもはや近代民法典の法典化とは異なるものであり、21世紀型の新たな法典ということができよう。民法中心の単一の私法体系による法典の時代、細分化された複数の体系が併存する脱法典化の時代に続く、再法典化の時代においては、異質なものを共存させた上で新たな体系を構築することを目指す契機となりうる。

Ⅴ　あらためて法典とは

　脱法典化から再法典化という流れは、法典の存在意義を考えさせる。20世

紀において、脱法典化の進行により民法典は空洞化したものの、特別法による個別の利益調整は可能となった。しかし、今に至り、あらためて法典を志向する動きが生まれた背景には何があるのであろうか。

　ここで法典の有する一覧性および俯瞰性の意味を再評価することができよう。たしかに、脱法典化の時代には柔軟な利益調整が可能となったが、他方で法規範の内容を一般市民が理解することは困難になった。そこで、昨今の再法典化の動きにおいては、再び一般市民に理解しやすい法典が目指されている。このことは、法典が持つ基本原理こそは根本的に変容したものの、法典が市民のためのものであることを表しているように思われるのである。近代民法典の誕生から200年、真の意味での市民のための法典を探究するためのプロセスとして、脱法典化から再法典化という流れを位置づけることができよう。

（加藤　雅之）

*1　大村敦志『法典・教育・民法学』（有斐閣・1999年）3頁。
*2　フランス民法典の日本民法への影響については、星野英一「フランス民法典の日本に与えた影響」北村一郎編『フランス民法典の200年』（有斐閣・2006年）、池田真朗『ボワソナードとその民法』（慶應義塾大学出版会・2011年）63-76頁。
*3　人格、所有、契約を基本概念とする制度思想は、近代社会科学の基本的な思考方法であるが、その起源はローマ法に遡る。笹倉秀夫『法思想史講義（下）』（東京大学出版会・2007年）144頁。
*4　笹倉・前掲注（3）141-142頁。
*5　Natalino IRTI, L'età della decodificazione, 4a edizione, Milano 1999, p. 22.
*6　André-Jean ARNAUD, Essai d'analyse structurale du Code civil français. La règle du jeu dans la paix bourgeoise, Paris 1973.
*7　IRTI, op.cit. (note 5), p. 23.
*8　Jean CARBONNIER, Droit civil, Introduction, 26ᵉ éd, n° 73, Paris 1999.
*9　IRTI, op.cit. (note 5), p. 27.
*10　シュテファン・ツヴァイク（原田義人訳）『昨日の世界Ⅰ』（みすず書房・1961年）15頁以下。
*11　大村・前掲注（1）53-56頁。
*12　Reinhard ZIMMERMANN, Codification : history and present signification of an idea, in European Review of private Law, vol. 3, 1995, p. 103.
*13　IRTI, op.cit. (note 5), p. 27.
*14　大村・前掲注（1）82頁以下。現在のフランスにおいては50を超す法典があるとされている。
*15　Jean-Lois SOURIOUX, Codification et autres formes de systématisation du droit à l'époque

actuelle, in RIDC, 1988, p. 155.
*16 大村・前掲注（1）83頁。
*17 デクレ（décret）とは、大統領または首相による命令を意味し、法律の下位に位置づけられる。このほかに、各省大臣および行政機関による命令としての、アレテ（arrêté）があり、フランスの法典は、法源の種類に応じて、法典が編纂されている。
*18 フィリップ・レミィ（吉田克己訳）「ベル・エポック期のフランス民法学──プラニオル」北大法学論集52巻5号（2002年）1632頁。
*19 Irti, *op.cit.* (note 5), p. 76. Irtiは、民法を中心とした体系から、憲法を中心に民法典その他の諸法律それぞれの細分化された体系への変容を指摘する。
*20 この点については、水林彪「近代民法の本源的性格」民法研究5号（2008年）53-62頁。
*21 Irti, *op.cit.* (note 5), pp. 40-42.
*22 労基法116条2項では、「同居の親族のみを使用する事業及び家事使用人については、適用しない」と規定する。
*23 一定の法律関係にある者が、互いに相手方の身体・生命・財産を害さないように配慮すべき信義則上の義務を指す（最判昭和50年2月25日民集29巻2号143頁）。
*24 ただし、労働契約法5条は「使用者は、労働契約に伴い、労働者がその生命、身体等の安全を確保しつつ労働することができるよう、必要な配慮をするものとする。」と規定するのみであり、その違反の効果は民法の問題となるため、必ずしも民法の適用が完全に排除されているわけではない。
*25 森田修「民法典と個別政策立法──〈支援された自律〉の概念によるエスキース」『講座現代の法〔4〕政策と法』（岩波書店・1998年）134頁以下。
*26 Irti, *op.cit.* (note 5), pp. 44-45.
*27 Frédéric Zenati-Castaing, L'avenir de la codification, in RIDC, 2011, p. 359.
*28 わが国の債権法改正に関して、内田貴『債権法の新時代』（商事法務・2009年）18頁以下。
*29 Zenati-Castaing, *op.cit.* (note 27), p. 361 ; U. Mattei, Les lings adieux. La codification italienne et le Code Napoléon dans le déclin du positivism étatiste, in RIDC, 2004, p. 847.
*30 Jean-Luc Aubert, La recodification et l'éclatement du droit civil hors le code civil, in Le Code civil 1804-2004, Livre du bicentaire, Paris 2004, pp. 123 et s.
*31 Aubert, *op.cit.* (note 30), p. 134.
*32 対等当事者間については民法と商法の統合、非対等当事者間については消費者保護ルールの統一が考えられる。北居功「法典論からみた民法改正」椿寿夫・新見育文・平野裕之・河野玄逸編『民法改正を考える』（法律時報増刊）（2008年）42頁。

第4章
法典と一般的法原則
―――法秩序の重層構造と動態的法形成―――

I　はじめに――再法典化と「一般的法原則」

　ヨーロッパを中心とした再法典化の流れの中で、契約法の分野を中心に、「一般的法原則（Allgemeine Rechtsgrundsätz, general principles of law, principes généraux du droit）」をリステートしようとする動きがあり[*1]、それは私法一般に拡大しつつある[*2]。

　ヨーロッパ私法に関する研究グループによる現時点における1つの学術的な到達点ともいえる「共通参照枠草案（Draft Common Frame of Reference: DCFR）」は、2009年の概要版（Outline Edition）において、「モデル準則（Model Rules）」に先行して、「原則（Principles）」についての説明を置いたが、そこでは、命題の形式ではなく、自由、安全、正義、効率性という4つの基底的原理に分けて記述的な説明を行うという方法が採用されている[*3]。

II　「法原則」（プリンシプル）と「法規範」（ルール）

　そもそも、「一般的法原則」とは何か？　その定義は難しいが、「契約の尊重（favor contractus）」の原則、「適合性（suitability, proportionalité）」の原則、「権利外観・表見（Rechtsschein, apparence）」法理など、それ自体が直ちに法規範（特に

65

裁判規範）として効力を持つものではないが、その背後にあって、解釈による新たな法規範を形成し、あるいは、法規範の適用をコントロールするなどの機能をもつ命題としておこう。中世ローマ法や普通法の影響を強く受けたフランスやドイツなどの法圏においては、たとえば「訴えることができないものに対して時効は進行しない（contra non valentem agere non currit praescriptio）」、「詐害はすべてを無にする（fraus omnia corrumpit）」などのラテン語表記の法諺が、一般法原則として機能してきた[*4]。わが国の民法1条の「基本原則」（公共の福祉、信義誠実の原則、権利濫用禁止）は、まさしく「一般的法原則」を実定化した法文ということができよう。

　それでは、「法原則（principl: プリンシプル）」は、たとえば民法709条（不法行為による損害賠償）などの成文規定に実定化された「法規範（rule: ルール）」とは、どこが異なるのか？　「プリンシプル」と「ルール」との関係については、ドゥウォーキン（Ronald Dworkin）の「原理（Principle）」理論、ドイツの「動的システム（bewegliches System）」論などが知られている[*5]。

　「法原則」を「法規範」と対比しておこう。法規範は、法律要件と法律効果からなり、一定の効果が発生するためには、法律要件のすべてを充たす必要がある。たとえば、民法709条は、「故意又は過失」、「権利又は法律上保護されるべき利益の侵害」（違法性）、「損害の発生」、「因果関係」の4つの法律要件に該当する事実が存した場合に、損害賠償債権の発生という法律効果を発生させるとする。4つの要件のすべてを充足することが要求されるのであって、たとえば違法性の要件が十二分に充足している場合（重大な権利・法益が侵害された場合）には、故意過失の要件の充足は不要ないし不十分であっても法律効果を発生させてよいとの法解釈・適用（要件と要件の相関的衡量[*6]）は許されない。いわゆる「オール・オア・ナッシング」の思考方法が採用される。

　これに対して、法原則は、いくつかの要素を衡量する枠組みということができよう。動的システム論の代表的論者であるヴィルブルク（Walter Wilburg）は、一定の法領域における法律効果を、複数の「要素（Elemente）」の協働作用の結果として説明し正当化する構想であると位置づける[*7]。抽象化すれば、「オール・オア・ナッシング」ではなく、ビドリンスキー（Franz Bidlinski）は、要素は「より多い／より少ない―構造（Mehr-oder-weniger-Structur）」を有し、「比較

級の (komparativ)」性格を持ち、法律効果は、損害賠償義務のように段階化可能なものであれば、「より多く (um so mehr)」、契約無効のように段階化不能なものであれば「よりよく (um so eher)」生じることになるとする[*8]。

　分かりやすい例で説明しよう。代表的な法原則として、「外観（外観信頼）法理」が挙げられる[*9]。わが国においては、民法110条、192条、478条など、第三者の表見的な信頼を保護する規定（法規範）の背後には、外観法理という「法原則」があり、占有や登記などの権利外観の存在を前提に、その外観の作出に関与した真の権利者の帰責性という要素と、その外観に対する第三者の信頼という要素の2つの要素を衡量し、後者の要素に秤が振れた場合には、第三者に権利を取得させるという法原則である。このような法原則は、2つの衝突する要素の衡量を行う枠組みに過ぎず、それ自体が一定の法律効果を直ちに導くものではない。ただ、外観法理という「法原則」は、たとえば、類推適用という解釈手法によって、94条2項という実定規定を介して、新たな「法規範」の創造を基礎づけることを可能とする[*10]。

　ヨーロッパ私法の「共通参照枠草案」が提示する自由、安全、正義、効率性[*11]という4つの基底的原理もまさしく「法原則」を構成する要素を抽出したものということができよう。そこでは、それらの原理が、「お互いに衝突すること」、たとえば、正義と安全・効率性の衝突（時効など）、自由と正義の衝突（契約など）、自由と自由の衝突（差別からの自由と異なる扱いをするという他者の自由の衝突など）、正義と正義の衝突（平等な取扱いと弱者の保護）などが想定されている。また、これらの原理は「重なり合うこと」もある。すなわち複数の原理によって説明される規定（法規範）が数多く存する[*12]。

Ⅲ　「指導的法原則」と「矯正的法原則」

　ところで、「法原則」ないし「一般的法原則」には、2つの種類が存することが指摘されている。フランスにおける説明に耳を傾けよう。

　フランスにおける「一般的法原則 (principes généraux du droit)」とは、「自然法ではなく、条文に明文化されているか否かを問わず、判例によって適用され、十分に一般的な性質を有する法規範 (règles du droit)」であると定義される[*13]。

一般的法原則は、「指導的法原則（principes directeurs du droit）」と「矯正的法原則（principes correcteurs du droit）」に分類される。前者は、「法律を知らないものとは見做されない」との原則、既判力の原則、法律の前の平等の原則、法律の不遡及の原則などの、社会秩序（ordre social）を構成する法原則であり、後者は、«*fraus ominia corrumpit*»（フロードはすべてを無にする）の原則、«*nemo auditor...*»（何人も自己の破廉恥行為を援用できない）の原則、bonne foi（善意または信義則）などの法原則であり、それがないと、法的な解決（solutions légales）が正義に反し（injustes）、または妥当性を欠く（inadaptées）場合が生じるとされ[*14]、道徳秩序の要求、諸々の社会的関係の調和の要請、正義の考慮など法の究極目標に応えるための法秩序に内在する「法の自己防御システム（mécanisme d'autodéfence du droit）」として位置づけられる[*15]。

「一般的法原則」には、すべての法的構築物の基礎としての機能があり、「法規範（règles de droit）は、一般原則（principes généraux）に従ってのみ、定立され（édicitées）、変容する（évoluer）ことができる」とされる[*16]。そこでは、法システムを変容させる機能が意識されていることが重要である。すなわち、ひとたび一般原則が判例によって具現化され適用されたならば、確立された一般原則および解決は、他の法的構築物の支柱となり、新たな法規範の創設、換言すれば法システムの変容に寄与することとなる[*17]。

Ⅳ　法認識と「法原則」

さて、以上の考察から明らかにように、「法原則」の意義は、「法規範」との相互作用により、法適用をコントロールし、かつ新たな法創造を導く点に存する。法認識論（épistémologie juridique）の視角から、その動態（ダイナミズム）を分析しておくことが有用である。この点は、フランスのジェニー（François Gény）によって、法規範の「絶え間ない再生（la constante régénération）」のプロセスとして以下のように叙述されている[*18]。

① １つの条文（un texte）または１つの条文の集合（un ensemble de textes）を獲得する。
② そこから１つの原則（un principe）を抽出する。

③　この原則から新たな具体的な適用（nouvelles applications concrètes）を演繹する。

④　これらの解決を新しい法規範（nouvelles règles de droit）の中に確立する。

ここにおいて、「一般的法原則」の法規範創設機能、法システム変容機能を確認することができる。ジェニーは、「原則（un principe）」を、「木の幹（le tronc de l'arbre）」に喩えて、「木の幹は、広範に抵抗力のある根を大地に張り巡らせることによって、たくましく、豊穣な実りを産み出す」とし、二重の営為、すなわち①法規範から上位の原則へ昇華すること、および②その原則から結果を帰結することが、法を豊かにするとしているが、①の営為においては「直感（intuition）」と「試行錯誤（tâtonements）」が必要であり、②においては、「論理（logique）」が重要であると説いている[19]。

V　「法規範」（ルール）における「例外」の許容

法認識論から、新たな法創造を動態的に把握する際に、「法規範」（広く法秩序）の中における「例外」の役割に注目することが必要となる。たとえば、フランスでは、『私法における例外（L'exception en droit privé）』と題される学位論文が公刊され[20]、その中で、著者のドゥ・モワ（De Moy）は、「原則―例外関係（la relation principe/exception）」の「動的（dynamique）」な把握とそのモデルを提示している[21]。

ドゥ・モワによれば、「例外（exception）」とは、「通常は適用されるべき法規範が、ある具体的な状況においてその目的が達成できなくなる場合に、その規範を排斥することを認めるすべてのもの」と定義される[22]。原則と例外の二項対立は、規範としての総体（ensemble normatif）が、特別な取り扱い（régulation particulière）を内包し、1つの「原則」と1つないし複数の「例外」から構成されていること示しており、そこに「例外」の動的な（dynamique）内容が見出される[23]。

裁判官が、個別のケースにおいて、「原則」規範の適用を排斥する場面として、2つの場面が想定されている[24]。

一方では、形式的には「原則」規範が適用されるべきでないケースを「原

則」規範の中に包含する場面、すなわち「擬制（fiction）」による「例外」の場面である。具体的には、外観（apparence）、虚偽表示（simulation）、推定（présemption）などが挙げられる[*25]。

他方では、形式的には「原則」規範が適用されるべきケースを「原則」規範から排斥する場合である。「詐害はすべてを無にする」、「詐害はすべての規定の例外をなす」との法諺で知れられる「詐害（fraude）」による「例外」は、その典型例として位置づけられている[*26]。

ドゥ・モワは、「例外」の機能として、規範（norms）を事実状態（situations du fait）に適応させる（場合によっては、原則規範を修正し、ある事実について競合する規範を原則と例外に振り分ける）機能があり、それが、間接的には、規範（norms）を具体的な正義（justice concrète）に適合させるという法の究極目的（finalité du droit）を実現すると分析している。すなわち、事実に規範を適用する際に、これらの事実の多くは、規範的原則によって叙述された「類似の状況（situation analogue）」にあるが、しばしば一部の事実は、「特殊の状況（situation particulière）」にあり、原則の単純な適用が「不正義（injustice）」をもたらす。ここにおいて、「例外」は、一般的な規範が内包する不完全さを矯正する適用手段として「正義（jusitice）」との架橋を果たす。「原則」が「法的安全性（sécurité juridique）」に資するとするならば、「例外」は「衡平（équité）」に資するということもできる[*27]。

ドゥ・モワは、以上の分析を経て、「原則―例外関係（la relation principe/exception）」が、「静的（statique）」なものにとどまらず、「動的（dynamique）」なものであることを指摘する。社会状況や道徳観念の変遷に伴い、「原則」とされていた価値が「例外」に凋落し、逆に「例外」とされていた価値が「原則」としての地位を獲得する[*28]。

それでは、項を改め、法規範の拡張の例として「法的擬制」を、法規範の縮小の例として「特段の事情」構成について考察を進めたい。

Ⅵ　法規範の拡張としての「法的擬制」

法典の体系を評価する上において、「法的擬制」[*29]は１つの重要な尺度となる。

ここでは、一例として、権利客体である「物」論を取り挙げよう。

わが国の民法は、第1編総則第4章を「物」にあて、定義規定（85条）において、「この法律において『物』とは、有体物をいう」と規定する。そして、通説は、「有体物」とは、「人間以外ニ存シ、空間ノ一部ヲ占ムルモノ」、端的にいえば、液体・気体・固体を指すとする（「有形物」説[30]）。これによると、いわゆる「無体物」、すなわち電気や光などのエネルギー（自然力）や、債権などの権利、著作権や特許権などの知的財産権の対象となる精神的産物、ノウハウなどは、民法上の「物」には含まれない。

このように権利客体である「物」を有体物に限定する法制は、ドイツ法および日本法など、いわゆるパンデクテン・システムを採用する一部の国の民法に見られるが、比較法的には稀である。

これに対して、フランス民法典は、講学上、「財の法（le droit des biens）」と呼ばれる第2編において、ローマ法と異なり「物（res, choses）」を直接に規定するのでなく、「財（les biens）」という視角から法典が編纂されている点に特徴がある。すなわち「すべての財産（biens）は、動産または不動産である」（フランス民法典 516 条）と規定するが、「動産」概念は、「開かれたカテゴリ」であり、民法典制定以来、今日に至るまで社会の発展に伴って生み出されてきた新たな財（無体財）、すなわち知的財産、顧客（営業財産）、有価証券ポートフォリオなどを「動産」として受け入れてきた[31]。フランス民法における「財」概念は、客体である「物」自体ではなく、主体である「人」との「関係」を示す概念であり、むしろ「権利」概念に近接している[32]。人に効用（経済的価値）を与えるモノが「財」であるので、有体財、無体財、集合財の区別は相対化されることになる。

わが国においても、すでに我妻博士は、「法律上の物を物理学上の有体物に制限することは、今日の社会的・経済的事情に適さない」とし、エネルギーの問題とともに、「いわゆる集合物を一物となしえない点でも種々の不都合を生じる」としつつ、「法律における『有体物』を『法律上の排他的支配の可能性』という意義に解し、物の観念を拡張すべきものと考える」との主張をなしていたし[33]、近時は、「現在の社会は、従来は権利の客体としては考えてこなかったような新しい『財』を作り出しており（時間・情報など）、民法もこれに対応

Ⅵ　法規範の拡張としての「法的擬制」

する理論の構築を迫られている」との指摘が有力になりつつある[*34]。

　それでは、物を有体物に限定するわが国の民法は、非有体的な財をまったく権利客体から排除してきたのか。そこで役割を発揮したのが、例外としての「法的擬制」である。刑法245条の「電気は、財物とみなす」との規定は、広く知られているが、民事においても、たとえば、事業者は、事業に用いられる固定資産について、無体的な資産も含めて、まとめて集合財として担保に供することにより資金提供を受けるニーズがある。そこで、わが国では、民法制定からほどない明治38年、工場抵当法、鉱業抵当法、鉄道抵当法が制定されて以来、徐々に各種財団抵当制度が整備・拡張され、企業が企業施設である有形無形の固定資産を一体化して担保に供し、融資を得ることが可能となった。そこで用いられた法技術が「財団」であるが[*35]、これがまさに「法的擬制」なのである。

　まずは、工場抵当権が挙げられる。工場抵当法は、付加一体物概念（民法370条）を拡張し、「其ノ土地（建物）ニ備附ケタル機械、器具其ノ他工場ノ用ニ供スル物」に工場抵当権の効力が及ぶと規定するが（同法2条1項2項）、さらに「財団」の組成を認める（同法8条以下）。工場財団は、工場に属する土地及び工作物（1号）、機械、器具、電柱、電線、配置諸管、軌条その他の附属物（2号）、地上権（3号）、賃貸人の承諾あるときは物の賃借権（4号）、工業所有権（5号）、ダム使用権（6号）の全部または一部をもって組成することができる（11条）。そして「工場財団ハ之ヲ一箇ノ不動産ト看做ス」（同14条1項）との規定を置く。この「擬制」により工場財団は1つの物（不動産）とし、所有権および抵当権の客体となり（同条2項）、1つの工場財団につき、工場財団登記簿が調製される（19条）。工場財団の保存登記によって、その構成要素（工場財団に属すべきもの）の処分が禁止される（29条、33条）[*36]。このように、工場財団は、事業を営むための有形・無形の固定資産（収益装置）を一体化するために、「擬制」によって1つの物（不動産）を観念するという法技術である[*37]。

　他方、鉄道抵当法による「鉄道財団」は、鉄道線路（その他の鉄道用地及びその上に存する工作物並びに之に属する器具機械）（同法3条1号）、工場、倉庫……その他工事又は運輸に要する建物及び其の敷地並びに之に属する器具機械（同2号）、地上権・登記した賃借権・地役権（同条5号）、車両（及びこれに属

する器具機械)(同条6号)などによって組成されるが、不動産ではなく、「一箇ノ物」と看做され(同法2条3項)、所有権や抵当権の客体となる(同法4条1項)。公示は登録である(同法27条1項)。工場やその敷地の価値が高く、不動産に集約される形で財団が組成される工場財団と異なり、建物やその敷地よりも、鉄道路線の価値が高く、広く鉄道事業のために必要な様々な財が一体として扱われる点に特徴がある[*38]。

以上、各種財団抵当法が規律する「財団」は、「不動産」財団構成と「物」財団構成とに大別されるが[*39]、いずれも事業のための有形・無形の固定資産の集合(収益装置)であり、法律上の擬制により、一物として取り扱い、経済的一体性を確保するという点に特徴が存する。

法認識論からすると、例外として「法的擬制」を多用せざるを得ないという事態は、原則としての法規範(物=有体物ルール)自体の見直し、ひいては再法典化における体系の再構成を示唆するものということができよう。

Ⅶ 法規範の縮小としての「特段の事情」

形式的には「原則」である法規範が適用されるべきケースを「原則」規範から排除するための手段は多岐にわたる。一方では、形式的には、ある法規範が適用される場合であっても、矯正的法原則である一般条項(信義誠実の原則や権利濫用禁止)や「詐害(fraude)」法理を援用することによって、法規範が予定する法的効果の発生を阻止する方法があるが、他方では、わが国の判例法理に特徴的な「特段の事情」構成がある。ここではそれを取りあげよう。

「特段の事情」構成の採用としては、古くは慰謝料の相続性に関する著名な「残念残念」判決(大判昭和2年5月30日判決)が存するが[*40]、最高裁において、はじめて「特段の事情」の肯定した例は、無断譲渡転貸を理由とする解除を制限し、いわゆる「背信行為」理論を確立した最高裁昭和28年9月25日判決[*41]である。同判決は、「賃借人が賃貸人の承諾なく第三者をして賃借物の使用収益をなさしめた場合においても、賃借人の当該行為が賃貸人に対する背信的行為と認めるに足らない特段の事情があるときは、本条に基づく解除権は発生しない」とした。すなわち、賃貸借は、長期にわたる継続的な契約であり、そも

そも人（借主）が誰かを重視して（intuitus personae）、締結されるものであるから、賃貸人にとって、賃借人が無断で他人に譲渡・転貸することは、まさしく「背信行為」にあたるので（612条1項）、民法は、賃貸人は無催告で賃貸借を解除できると規定した（同条2項）。これが「原則」である。しかしこの原則をそのまま当てはめると、当該具体的な状況によっては、妥当な解決とはいえない場合が出てくる。たとえば、同居の家族に転貸したり、賃借人が法人なりしてその法人に賃借権を譲渡したようなケースを想定しよう。このようなケースでは、賃借人の交替は形式的なものに過ぎず、実質的には賃借人に交替はないといってもよいであろう。そこで、最高裁は、「原則」は無断譲渡・転貸は背信行為ゆえ解除できるとしつつ、同時に「例外」として、背信行為と認めるに足らない「特段の事情」があるときには解除権は発生しないとしたわけである。

以上のように、最高裁の用いる「特段の事情」構成には、「原則―例外」関係を明確にすることによって、1つには、訴訟における主張・立証責任の所在を明らかにするとともに（特段の事情は、原則規範の適用を否定しようとする当事者が主張・立証しなければならない）、2つには、抽象的・形式的正義（公平）と具体的正義・妥当性（衡平）の調整を、原則と例外という形で位置づけるという意義が存する。後者に関しては、イギリス法のコモン・ロー（common law）とエクイティー（equity）の関係に類比することが可能であろう。

その後、「特段の事情」構成を用いる裁判例数は激増し、TKCのデータベース（2014年8月5日現在）によると、全裁判例―22,975件（民事21,447件）、最高裁―1,687件（民事1,494件）である。年代ごとに裁判例数を比較すると、日本社会が高度経済成長期を迎え、それにともなって判例法理が比較的に発展した昭和40年代に「特段の事情」構成を用いた最高裁判決の数が359件と傑出しているなど[*42]、社会との対応関係を知る上でも興味深い資料を提供している。

また、国際民事訴訟法の領域においては、最高裁判決の「特段の事情」構成[*43]を契機に、国際裁判管轄の決定における例外的処理の判断枠組みとして「特段の事情」論が正面から論じられ、「特段の事情からナチュラル・フォーラムへ」という形で標語化され、議論が展開されているところである[*44]。

比較法的には、裁判官の大幅な裁量を前提としたオランダ新民法典の制定をめぐる議論が参考になるが[*45]、国際的な法統一、再法典化の1つの重要なポイ

ントが、大陸法と英米法との融合にあるといわれる。この点については、大陸法（成文法）主義の下における裁判官による法創造・規範定立という視角から、わが国の裁判所が用いる「特段の事情」構成について、民法全体を視野に入れた包括的な研究がなされることが期待されるところである。

Ⅷ　むすびに代えて——法秩序の重層構造と動態的法形成

　本章では、ヨーロッパを中心に私法の再法典化が進む中で、「一般的法原則」をリステイトしようとする動向を契機として、「法原則」と「法規範」の関係、さらには「法規範」自体が内包する「原則─例外関係」にまで踏み込んで分析を行った。

　かつて筆者は、実定法規範である詐害行為取消権（民法 424 条～426 条）につき、フランス法の一般的法原則である「フロード法理（$fraus\ ominia\ corrumpit$）」との関係を解明し、①原則としての形式的規範→②例外としてのフロード→③要件緩和による客観化（objectivation）→④新たな規範（原則）の創設という「動的（dynamique）」なモデル[*46]を措定し、その法発展に内在し、法規制の基礎をなすものが、「一般的法原則」（特に「矯正的法原則」としての「フロード（fraude）」法理）であるとの仮説の提示を試みたが[*47]、このような法秩序の重層構造および原則と例外の動態的把握（「絶え間ない対話（incessant dialogue）」）が法秩序の漸次的な発展を導くことを指摘して本章の結びとしたい[*48]。

（片山　直也）

[*1]　Bénédicte FAUVARQUE-COSSON/Denis MAZEAUD/Guillaume WICKER/ Jean-Baptiste RACINE/Laura SAUTONIE-LAGUIONIE/Frédéric BUJOLI, Principes contractuels communs : Projet de cadre commun de référence, Société de législation compare, titre I : Principes directeurs du droit européen du contrat, Paris 2008.

[*2]　アクセル・メッガー（中田邦博訳）「ヨーロッパ私法における一般的法原則」川角由和ほか編『ヨーロッパ私法の現在と日本法の課題』（日本評論社・2011 年）383 頁以下など参照。

[*3]　クリスティアン・フォン・バールほか編（窪田充見ほか監訳）『ヨーロッパ私法の原則・定義・モデル準則／共通参照枠草案（DCFR）』（法律文化社・2013 年）43 頁以下。

[*4]　フランスにおける「一般的法原則（principes génénaux du droit）」につき、$cf.\ ex.$ Jean

BOULANGER, Principes génénaux du droit et droit positif, in Le droit privé français au milieu du XXe siècle, études offertes à George Ripert, t. I, Paris 1950, pp.51 et s. ; Jean-Louis BERGEL, Théorie générale du droit, 4e éd., Paris 2003, n°s 93 et s. 法源としての「原則（principes）」を整理・分析するものとして、Patrick MORVAN, Le principe de droit privé, Ed. Panthéon-Assas, Paris 1999 がある。

*5 亀本洋「法におけるルールと原理」同『法的思考』（有斐閣・2006年）125頁以下、平野仁彦「法の解釈と原理衡量」立命館法学343号（2012年）1449頁以下、桂木隆夫『自由社会の法哲学』（弘文堂・1990年）九八頁以下、山本敬三「民法における動的システム論の検討」法学論叢（京都大学）138巻1=2=3号（1995年）208頁以下、大久保邦彦「動的体系論と原理理論の関係に関する一考察」神戸学院法学31巻2号（2001年）189頁以下など参照。ヨーロッパ不法行為法原則と「動的システム論」との関係につき、山本周平「不法行為法における法的評価の構造と方法―ヨーロッパ不法行為法原則（PETL）と動的システム論を手がかりとして(1)～(5・完)」法学論叢169巻2～6号（2011年）参照。

*6 いわゆる「相関関係理論」は、1つの要件（違法性の要件）について、2つの要素、すなわち侵害行為の態様と被侵害利益の性質を相関的に衡量するものであり、要件と要件の相関的な衡量を行うものではないゆえに、「法規範」の解釈論としてかろうじて許容されているが、実質は後述の「動的システム論」の「要素」間の動的判断に近接している。相関関係理論につき、四宮和夫「『相関関係理論』に関する一考察」加藤一郎編『民法学の歴史と課題』（東京大学出版会・1982年）263頁以下、林良平「不法行為法における相関関係理論の位置づけ」加藤一郎・水本浩編『民法・信託法の展開』（弘文堂・1986年）189頁以下など参照。

*7 山本敬三・前掲注（5）219頁以下、大久保・前掲注（5）192頁以下など参照。

*8 大久保・前掲注（5）194頁など参照。「比較命題」につき、山本敬三・前掲注（5）253-256頁など参照。

*9 ドイツでは「権利外観（Rechtsschein）」法理、フランスでは「表見（apparence）」法理と呼ばれる（喜多了祐『外観優越の法理』（千倉書房・1976年）、西山井依子「フランス法における一般的表見理論との関係における表見委任制度(1)(2)」大阪経済法科大学論集4号（1980年）31頁以下、5号（1981年）37頁以下など参照）。

*10 中舎寛樹「民法94条の機能」民法の争点（2007年）65頁以下、神田英明「民法94条2項類推適用の限界」法律論叢（明治大学）80巻6号（2008年）135頁以下など参照。

*11 4つの原理が認められるといっても、すべてが同じ価値を有するわけではなく、「自由、安全及び正義」は、それ自体が「目的」であるが、「効率性」は、その目的を達成する「手段」であり、他の原理に比べると、「より実利的なものであり、基礎的なものではない」とされる。だが、法は「実用科学」であり、「効率性という考え方はモデル準則の多くの規定の基底を形成しており、これらの規定については、効率性をもち出すことなしには十分に説明できない」とされる（フォン・バールほか編・前掲注（3）43頁参照)。

*12 フォン・バールほか編・前掲注（3）44頁。

*13 BERGEL, *op.cit.* (note 4), n° 74, p. 100 ; etc.

*14 BERGEL, *op.cit.* (note 4), n° 86, pp. 108-109.

*15 *Cf. ex.* Jacques GHESTIN/Gilles GOUBEAUX, Traité de droit civil, Introduction générale, 4e éd., avec Muriel FABRE-MAGNAN, Paris 1994, n° 760, p. 746 ; Jean-Louis BERGEL, Méthodologie juridique, Paris 2001, p. 382 ; Nicolas RONTCHEVSKY, L'effet de l'obligation, Paris 1998, n° 119, p. 71, etc.

*16　Bergel, *op.cit.* (note 4), n° 84, p. 106.
*17　Bergel, *op.cit.* (note 4), n° 84, p. 107.
*18　*Cf.* François Gény, Méthode d'interprétation et sources en droit privé positif, 2ᵉ éd., revue et mise au courant, t. I, nouveau tirage, Paris 1932, n°ˢ 20 et s., pp. 41 et s. ; *surtout*, n°ˢ 22 et 23, pp. 43-47. *V. aussi*, Jean Boulanger, Principes généneaux du droit et droit positif, in Études offertes à G. Ripert, t. I, Paris 1950, n° 16, p. 63 ; Bergel, *op.cit.* (note 4), n° 85, p. 107.
*19　Gény, *op.cit.* (note 18), n° 22, p. 45.
*20　Jean-Marc De Moy, L'exception en droit privé, Collection du Centre Pierre Kayser, Aix-en-provence 2011.
*21　De Moy, *op.cit.* (note 20), n°ˢ 726 et s., pp. 337 et s., *surtout*, n° 753. ほぼ同時期に筆者も同様の動的理論を展開している（片山直也『詐害行為の基礎理論』（慶應義塾大学出版会・2011 年）参照。
*22　De Moy, *op.cit.* (note 20), n° 1, p: 17.
*23　De Moy, *op.cit.* (note 20), n°ˢ 7-8, p. 20.
*24　De Moy, *op.cit.* (note 20), n° 547, p. 238.
*25　De Moy, *op.cit.* (note 20), n° 566, pp. 253-254. 広く、裁判官によって行われる事実の法的性質決定（qualification des faits）、法規の解釈（interprétation des règles juridiques）、さらには法律によって定められている枠概念（notions-cadres — いわゆる「白地規定」の意）に関連する。
*26　De Moy, *op.cit.* (note 20), n°ˢ 388-389, p. 175.
*27　De Moy, *op.cit.* (note 20), n°ˢ 625-642, pp. 283-290.
*28　De Moy, *op.cit.* (note 20), n°ˢ 726 et s., pp. 337 et s.
*29　「法的擬制」については、末弘厳太郎『末弘厳太郎Ⅳ嘘の効用〔第 2 版〕』（日本評論社・1980 年）、来栖三郎『法とフィクション』（東京大学出版会・1999 年）など参照。末弘・前掲『嘘の効用』は、「法律発達の歴史をみると、『嘘』は実に法律進化の仲介者たる役目を勤めているものであることがわかります」（20 頁）とする。
*30　鳩山秀夫『増訂日本民法総論』（岩波書店・1930 年）239 頁など参照。
*31　*Cf. ex.* Pierre Voirin, La composition des fortunes modernes au point de vue juridique, in Rev. gén. droit, 1930, p. 103 ; etc.
*32　片山直也「財産 — bien および patrimoine」北村一郎編『フランス民法典の 200 年』（有斐閣・2006 年）181 頁など参照。
*33　我妻栄『新訂民法総則（民法講義Ⅰ）』（岩波書店・1965 年）202 頁。
*34　四宮和夫・能見善久『民法総則〔第 8 版〕』（弘文堂・2010 年）157 頁。あわせて、片山直也「財の集合的把握と財の法」NBL1030 号（2014 年）46 頁以下参照。
*35　近江幸治「日本民法の展開（2）特別法の生成 — 担保法」広中俊雄・星野英一編『民法典の百年Ⅰ全般的観察』（有斐閣・1998 年）184 頁以下、古積健三郎「財団抵当制度とドイツの法制」NBL847 号（2006 年）8 頁以下など参照。
*36　酒井栄治『特別法コンメンタール・工場抵当法』（第一法規・1988 年）86 頁以下など参照。
*37　その他、「鉱業財団」（鉱業抵当法 3 条）、「漁業財団」（漁業財団抵当法 6 条）、「港湾運送事業財団」（港湾運送事業法 26 条）、「道路交通事業財団」（道路交通事業抵当法 19 条）、「観光施設財団」（観光施設財団抵当法 11 条）が同様の性質を有する。
*38　同様に、鉄道抵当法を準用する「軌道財団」（明治 42 年法律第 28 号・軌道ノ抵当ニ関スル法律 1 条）、明治 42 年法を準用する「運河財団」（運河法 13 条）がある。
*39　近江・前掲注（35）191 頁など参照。

*40　大決昭和2年5月30日法律新聞2702号5頁（ただし正確には、「原審ハ前示ノ如ク被害者広吉ハ残念残念ト叫ヒツツ死亡セル事実ヲ認メ、而モ之ヲ以テ慰藉料請求ノ意思表示ヲシタルモノニ非スト判断シタルカ如シト雖、右ノ言語ハ自己ノ過失ニ出テタルヲ悔ミタルカ如キ特別ノ事情ナキ限リ加害者ニ対シテ慰藉料ヲ請求スル意思ヲ表示シタルモノニアラスト為シタルハ、結局理由不備ノ違法アルモノニシテ当院ニ於テ直ニ判決ヲ為スニ由ナキモノトス」として、原審判断を破棄したものである）。
*41　最判昭和28年9月25日民集7巻9号979頁。「背信行為」理論および「信頼関係理論」については、原田純孝「民法612条（賃借権の無断譲渡、無断転貸）」広中俊雄・星野英一編『民法典の百年Ⅲ個別的観察（2）債権編』（有斐閣・1998年）397頁以下、吉政知広「信頼関係破壊法理の機能と展望」NBL983号（2012年）40頁以下など参照。
*42　参考のため、最高裁（民事）における裁判例数の推移を挙げておこう。以下のとおりである。昭和20年代―25件、昭和30年代―280件、昭和40年代―359件、昭和50年代―248件、昭和60年代―98件、平成1ケタ代―198件、平成10年代―226件。
*43　最判昭和56年10月16日民集35巻7号1224頁、最判平成9年11月11日民集51巻10号4055頁。
*44　「〈シンポジウム〉国際民事訴訟法理論の現状と課題」民事訴訟法雑誌45号（1999年）132頁以下【中野俊一郎】、斎藤彰編『国際取引紛争における当事者自治の進展』【斎藤彰】（法律文化社・2005年）101頁以下など参照。
*45　この点につき、アーサー・S・ハートカンプ（曽野裕夫訳）「オランダ新民法典における裁判官の裁量」民商法雑誌109巻4=5号647頁以下（特に656-659頁）、片山直也「オランダ新民法典における消滅時効法制」金山直樹編『消滅時効法の現状と改正提言』（別冊NBL122号）（2008年）174頁以下など参照。
*46　ドゥ・モワも、非嫡出子（enfants naturels）の親子関係（filiation）に関する漸次的な法発展を5つのステップに分けて分析している（cf. De Moy, op.cit. (note 20), n°s 753-754., pp. 347-348）。
*47　片山・前掲注（21）7頁参照。
*48　法規範の重層的構造およびその動態的把握につき、片山直也「詐害行為の類型と法規範の構造―『類型論』から『重層的規範構造論』へ」森征一・池田真朗編『内池慶四郎先生追悼論文集 私権の創設とその展開』（慶應義塾大学出版会・2103年）189頁以下参照。

第5章
ドイツ民法典と法典論

I　ドイツ民法典の成立

1　自由の原理

　ドイツ民法典（Bürgerliches Gesetzbuch（BGB））は1896年8月18日に公布され、1900年1月1日に施行された。同法は、自由の原理を中核においている。私的自治の原則によれば、個人は自己の法律関係をみずからの意思によって形成することができる。その保障はとくに3つの自由、すなわち契約の自由、所有権の自由、遺言の自由にあらわれている。また、責任の原理は、自由を裏側から保障している。自己の行為に対する責任を負担するのは、自由な存在者だけである。けれども、自由は恣意とは異なる。私的自治は絶対無制約ではない。契約自由はたとえば良俗違反（138条）によって制限されるし、所有権も「法律または第三者の権利に反しない限りで」（903条）行使することができ、遺言も遺留分権（2303条）を侵害しない範囲で認められる。この体系は一般に、「リベラール（liberal）」と形容されている。

　もっとも、このようにリベラールといっても、同法がおもに念頭においていたのは有産市民層のそれであった、というのが伝統的な理解である。制定当時にすでに生じ、また生じつつあった社会的な問題には十分な対処がなされなかった。そのために、第1草案は厳しい批判にさらされた。「無産階級」への

配慮（メンガー）が求められ、「一滴の社会主義の油」の不足（ギールケ）が論難されたのはあまりにも有名である。しかし、いくらか改善されたとはいえ、法典のコンセプトは変わらなかった。こうしてヴィアッカーのよく知られた定式によると、ドイツ民法典は「古典的リベラリズムの遅れて生まれた子」[*1]であると性格づけられる。

2　編成とスタイル

　ドイツ民法典は、第1編 総則、第2編 債務関係法、第3編 物権法、第4編 家族法、第5編 相続法の全5編からなる。この編成の仕方をパンデクテン方式という。ドイツ民法典では、後述するように、法命題の抽象度が高く、厳密な概念が使用されている。他方で、基本的な概念や原則の説明は少ない。したがって、一般国民がこの法典を読んでも、それだけで民法を知り、学ぶことは非常に困難である。同法のおもな名宛人は、法律家であった。

3　「国民国家」法典

　法典編纂の歴史は、大きく3つの「波」[*2]に区分することができる。すなわち、プロイセン一般ラント法、フランス民法典およびオーストリア一般民法典は第1波、ドイツ民法典はスイス民法典とともに第2波に位置づけられる。第3波に属するのは、旧ソヴィエト民法典や旧東ドイツ民法典である。よく知られているのは、自然法的（第1波）、国民国家的（第2波）、社会主義的（第3波）法典編纂という特徴づけである。この呼び名が示すように、ドイツ民法典は一般に、統一ドイツという国民国家のシンボルであった[*3]、と理解されている。

Ⅱ　ドイツ民法典の展開

1　20世紀の民法典

　ドイツ民法典は現在にいたるまで110年以上、その生命を保っている。約1世紀の間は驚くべきことに、その容貌にもあまり大きな変化はみられなかった。大きな例外は家族法である。制定当時基礎とされていた家父長的家族像が、第

2次世界大戦後の男女同権法（1957年）によって大幅に克服され、婚姻法および家族法改正のための第1法律（1976年）や親の配慮の権利の新規制に関する法律（1979年）、そして親子関係法改正法（1997年）などによって撤廃されたことで、夫婦の同権・嫡出子と非嫡出子の平等が実現し、親子関係から権威的色彩が排除されたために、もとの姿はほとんど失われてしまった。

　これに対して、他の4編はおおむねもとの構成を維持していた。とくに目を引くのは、債務法において、旅行契約（1979年）などの現代的な契約類型に関する規律が同編に挿入されたことくらいである。総則、物権法および相続法の編成は、基本的には安定していた。つまり、全体としてみれば、前世紀の民法典は、不動とはいえないまでも、それほど変化をこうむらないまま生き続けていたわけである。

2　脱法典化とその現象形式

　しかしながら、このことから民法典の地位が安泰であったとみるのは早計である。民法典の外に目を転じれば、むしろ逆のことが明らかになる。そこでは「脱法典化」と呼ばれる現象が進行し、法典の意義がいわば裏側から掘り崩されていたからである。具体的には次の現象が挙げられている[*4]。

(1)　特別立法

　まず第1は、特別立法の数が激増したことである。消費者契約法に関しては、約款規制法（1976年）とともに、通信教育法（1976年）、訪問販売撤回法（1986年）、消費者信用法（1990年）、一時的居住権法（1996年）、通信販売法（2000年）などがおもな規律を担当してきた。損害賠償法の領域では、消費者法と関連する製造物責任法（1989年）が重要であるほか、鉄道事業者などの責任に関する賠償責任法（1978年）から環境責任法（1990年）にいたるまで、多数の特別立法が制定されている。住居賃貸借法を規律していたのは民法典のほか、とくに賃料額規制法（1974年）と社会条項法（1993年）であった。物権法の領域では、地上権令（1919年（2007年に地上権法に名称変更））、住居所有権法（1951年）などが大きな役割を演じている。家族法の分野では、ナチス期に婚姻法（1938年）が分離され、1946年には非ナチ化されたものの、離婚に関する諸規定が1976年に民法典に戻されただけで、婚姻締結に関する諸規定はなお同法

に残されていた。民法典それ自体の安定と引き換えに、その周辺では「法律の洪水」[*5]が生じていたわけである。

このように、民法典に「付属」する法律が増えれば増えるほど、それらの法律こそが「主要法律」の座をしめ、逆に法典は、もはや「補助」的法源になりさがる[*6]。また、こうした洪水状態では、現行法をよく知ることができないから、「法の認識」の付与という法典の「社会的使命」[*7]が果たされない。しかも、これらの法律のなかに、自由の限界づけと拘束におもきをおいた「第2の私法秩序」[*8]が形成されているというものや、領域によっては、制定時とは反対に「社会主義の油の洪水」[*9]が生じていると評価するものもあった。他方で、一般私法の側からも、民法の原理それ自体がいまや変質しているのではないか、という問いがたてられている。そのほか、特別立法に含まれる領域は、民法の講義や試験ではあまり触れられない。そのため、たとえば消費者法を十分に修得していない法曹が生まれているとの懸念も示された[*10]。

(2) 判例法

2点目は、判例法の重要性である。このことはとくに債務法上の法形象についてあてはまる。すなわち、契約締結上の過失、積極的契約侵害、行為基礎の障害といった制定法外の重要な概念やルールは、判例法によって形成されてきた。そのほか、不法行為法の分野では、一般的人格権や営業権が承認されている。それだけでなく、裁判所はときには民法典の建前と衝突するかのような判断を積み重ねてきた。たとえば民法典は占有質しか規定していないため、非占有型動産担保は禁止されているようにもみえるが、にもかかわらず裁判所は同じ目的に向けられた譲渡担保を有効と認めてきた。判例法の意義は、「法律の専門家でさえも法律の条文を単純に読むだけではもはや現行法を明らかにすることができないほど大きい」[*11]と評されている。

(3) 基本法

第3に、基本法（Grundgesetz（GG））の私法における役割の増大が指摘される。例としてよく知られているのは、1993年10月19日の保証決定[*12]である。父が銀行から融資を受けた際に21歳の娘が連帯保証人となったところ、父の事業の失敗によって娘が銀行から巨額の保証債務の履行を求められた事例で、連邦通常裁判所が連帯保証契約の良俗違反（138条）による無効を否定したのに

対し、連邦憲法裁判所はこれを憲法違反とした。基本法2条1項は私的自治を「法生活における個人の自己決定」として保障している。だから、契約が一方当事者にとってはもはや自己決定ではなく、「他者決定」の手段となるならば、私的自治の侵害が問題となる。「契約の内容が一方の側にとっていちじるしく負担であり、かつ利益の適正なバランスがとれていない場合には、裁判所は〈契約は契約だ〉ということを確認するだけですませてはならない」。このようにして連邦憲法裁判所は、審級制度の系列の属さない独立の裁判所であるにもかかわらず、現在では「最上級の民事裁判所」[13]になりつつあるといわれている。

(4) ヨーロッパ化・国際化

最後は、ヨーロッパ・国際的な法統一の影響である。これまでのものが内からの危機であるとしたら、ここではいわば「外から」[14]の危機が問題となる。重要なのはヨーロッパ法、なかでももっともよく用いられる、指令（Richtlinie）である。指令は規則とともに第2次的EU法に属するが、加盟国を名宛人とし、指令を受けた加盟国の立法者はその目的を達成するためにこれを国内法に転換することを要するものである。1985年の2つの指令、製造物責任指令と訪問販売指令を皮切りに、消費者保護を中心として次々と発せられた指令は、ドイツ民法典の古典的な規制領域にも影響を及ぼしかねないものであった。指令の国内法への転換の多くが法典の外で、すなわち製造物責任法と訪問販売法をはじめ、消費者信用法、一時的居住権法、通信販売法の制定、約款規制法の改正など、特別立法の改正や制定という方式で実施されてきたのは理由のないことではない。これにくわえて国際条約、とくにウィーン売買条約（CISG）や、ヨーロッパ契約法原則（PECL）とユニドロワ国際商事契約原則（PICC）をはじめとするモデル法もまた、各国の民法の統一に大きな影響力を持っている。このことは同時に、各国の民法典に対する脅威を意味しうるものである。

3　再法典化と変革の時代

20世紀の末以降になると、状況に変化がみられる。とくに注目されるのは、「再法典化」と呼ばれるべき動きである。

債務法現代化法（2001年）はドイツ民法典の制定以来、もっとも大規模な変

革をもたらした*15。同法は給付（履行）障害法、消滅時効法を現代化しただけでなく、消費者契約に関する多数の特別立法、約款規制法の実体法部分、訪問販売法、通信販売法、一時的居住権法および消費者信用法を民法典に統合した。統合の正当化の際には、民法典の強化、法認識の供与や法曹養成の観点などのほか、原理の問題もまた引き合いに出された。すなわち、消費者契約法はたしかに形式的な契約自由では基礎づけられないが、しかし私的自治を制約して後見的に消費者を保護するわけでもなく、個人の自己決定を支援することで契約自由を実質的に保障するものだから、民法典の基礎とする原理と矛盾しない。さらに、判例法の概念やルールが明文化され、積極的債権侵害（280条（「義務違反」概念））、契約締結上の過失（311条2項）、行為基礎の障害（313条）などの規定が挿入された。しかしながら他方で同法は、見方によっては、制定時の法典の構想であったとされる、国民国家法典から離れたものともみられる。そもそものきっかけは消費用物品売買指令の転換問題であったし、実現した改正内容も、問題や領域ごとに差異はあるものの、政府草案の理由書ではウィーン売買条約をはじめ、ヨーロッパ契約法原則、ユニドロワ国際商事契約原則との調和が意識されているからである。

　債務法現代化法以外ではとくに、婚姻締結法（1998年）と賃貸借法改正法（2001年）が目を引く。前者は婚姻法を、後者は賃料額規制法と社会条項法を、内容を改正すると同時に民法典に統合したものである。

　「債務法の現代化」の文脈では、さきにみた債務法現代化法と賃貸借改正法とともに、損害賠償法第2改正法（2002年）もセットで語られる。特別立法であるが、指令の国内法化として制定された一般平等取扱法（2006年）は大きな議論を巻き起こした。安定度が高いと評されてきた相続法についても、遺留分法の合理化などを目的とする相続法時効法改正法（2009年）が成立した。家族法は、はじめに挙げた親子関係法改正法やさきにみた婚姻締結法など、いまでも大きな変容を受け続けている。民法典の外に制定されたものでは、生活パートナー関係法（2001年）が重要である。

Ⅲ　ドイツ民法典の危機

1　安定と危機

「ドイツ民法典は生きている、それは以前にもまして生き生きとしている」[16]。すでにみたようにその道のりはけっして平たんなものではなかったが、ドイツ民法典はいまでもなお現役である。ドイツ帝国、第1次世界大戦、ヴァイマル共和政と続き、ナチスドイツ、第2次世界大戦を経由して、ドイツ連邦共和国のもとでは自然法の復興、社会国家原則、東西ドイツの統一やヨーロッパ統合の進展にいたるまで、ドイツが昨世紀以来経験してきた政治的、経済的および社会的変動がきわめて激しかったことを思うと、この安定性は驚くべきことである。ドイツ民法典が現在でも通用している理由は一般に、私的自治を中核にすえ、国家による介入は原則として公法的措置によって実現してきたこと[17]のほか、あとで詳しく説明するように、法律家をおもな名宛人とした同法の立法技術とこれを支えた理念に求められている。

しかしながら、ドイツ民法典ないし法典の理念が危機に瀕したこともあった。とくに記憶にとどめられているのは、次の2つの危機である。

2　2つの危機

(1)　第1の危機——国家社会主義

1つ目の危機は、ナチス政権の立法により引き起こされた。もっとも、家族法と相続法の規定が多くの変更をこうむった一方で、前3編の規定は、一般条項、とくに信義誠実原則（242条）が用意されていたおかげで、それほど多くの修正を受けなかった[18]。しかしながら他方で、ナチスの立法者は、政権崩壊によって挫折したものの、国家社会主義の原理を基礎とした民法典、「民族法典（Volksgesetzbuch（VGB））」の編纂を計画していた。

この時期の議論もまた興味深いものの、いうまでもなく文脈が特殊である。また、ここでは民族法典の構想から明らかなように、退けられたのは「ドイツ民法典」であって「法典理念」そのものではなかった。

(2)　第2の危機——法典悲観主義

現在の議論との関係では、第2の危機のほうがより重要である。これは、す

でにみた脱法典化の現象と関連している。„Dekodifikation" という単語自体は、1979年に公刊されたイタリアのイルティの書物、『脱法典化の時代（L'età della decodificazione）』に由来するが、ドイツでは、ヴィアッカーがすでに1953年に法典理念の「危機」[19] を説いており、この認識は一般にも共有されていた。このようななかで登場したのが、「法典悲観主義（Kodifikationspessimismus）」[20] と呼ばれる立場である。

　キュブラーによれば、「ドイツ連邦共和国に与えられた経済的、社会的そして政治的諸前提のもとでは、法の形成と秩序づけの道具として、法典を用いる力はもはやない」[21]。エッサーは、「歴史的―観念論的な作品としての法典」「ただしく古典的と名づけられた秩序づけのための大きな法律のコンセプト」と、「つねに〔利害〕衝突の圧迫のもとで作らざるをえない現代の社会国家的な規制のコンセプト」を対置し、現代でもなお法典を理想とみるような、「ひろく流布しているノスタルジックな模倣主義の意識から、われわれはまず第1に解放されるべきであろう」という[22]。こうしてキュブラーとこれに与するエッサーによれば、「『ながらく燻っている立法の危機』といわれるものは民主的に築かれた産業社会では通常のことにほかならない」。そこに属するのは、法典という古典的作品とは顕著に異なる、「法律の断章的・周期的性格」である[23]。この立場によると、現代では「法典」はもはや過去の遺物であり、脱法典化の傾向がむしろ推し進められるべきことになる。

　しかしながら、こうした考え方は現在では支持されていない。支配的な見解は「法典」の理念を支持し、その将来を力づよく肯定している。しかし、ここでは両陣営の論争に直接深入りするのは避けよう。むしろ、いまなお擁護されるべき「法典」とはなにか、という視点から問題を捉えることにしたい。悲観主義者が捨て去る「法典」と、批判論者が将来をみる「法典」のイメージはかならずしも一致しておらず、このことが議論を複雑にしている。そもそも「脱」法典化や「再」法典化という概念自体、よくみてみるとあまりはっきりしていない。これらは「法典」概念とコインの裏表の関係にあるから、論者が「法典」の意義をどこに認めるかによって、その捉え方は異なってくるのである。

3 法典論の課題

これまでの考察を振り返ると、あるべき「法典」の姿を探るには、次の3つの問題に論究しなければならないことがわかる。

1つは、どのような立法技術が望ましいか、たとえば国民にとってわかりやすい法典をつくるべきかという問いである。第2の課題は、私的自治とその意味、限界づけの問題を中心として、民法の原理の秩序、この意味での「体系」を、過去から現在の流れを踏まえつつ明らかにすることである。ここでは体系と法典、「民法体系」と「民法典」の関係も問題となる。民法典はつねに民法上の評価の内的一貫性と統一性を反映しなければならないのか、言い換えれば、そこから外れる諸規範はいかなる場合でも民法典の内に統合してはならないのか。さらに、憲法と民法の関係も、この文脈で論じる必要がある。3つ目は、国別の法典という構想の評価と関連する。この問いは現在、ヨーロッパ・国際的な法統一の動向との関係で重要性を帯びてきている。これらは順に、法典の形式（第1）、基礎（第2）、性格（第3）の問題に位置づけることができよう。

このうち、以下では第1の形式の問題を取り上げることにしたい。国民が読んでもわからないような法典がなぜ制定されたのか、という問いはそれだけでも興味深い。のみならず、まさにこのスタイルこそ、同法の安定性の鍵であるとみなされている。ドイツ民法典の際立った、重要な特色のひとつはその立法技術にあるといってよい。

また、この問題は、日本法との関係でも重要な意味をもっている。パンデクテン方式の採用に象徴されるように、日本民法典は、法典の編み方についてはドイツのそれを基本的に受け継いでいるからである。すなわち、「法典調査の方針」では、「法典の条文は、原則変則及び疑義を生ずべき事項に関する規則を掲ぐるに止め、細密の規定に渉らず」（11条）などとされた。こうした方針がとられたのは、ゆっくりと条文を練り上げる時間的余裕がなかったからではな・い・。同方針の草案を書いたのはおもに穂積陳重であった[24]が、穂積は『法典論』において、さきの11条に対応するドイツ民法典第一委員会の決議を引用し、社会の変遷に対応しうるその「簡短」なスタイルを称揚している[25]。つまり、日本民法典の起草者は、ドイツ的なスタイルを積極的に選び取ったわけである。この意味においてドイツの立法技術は、日本民法典の現在の姿を──

批判するにせよ、支持するにせよ——理解するうえで、避けて通れないものであるということができる。

さて、法典をどのように編むかということは、法典によってなにを実現しようと考えるのか、つまりその目的によって定まる。とくに重要なのは次の点であろう。①裁判官の裁量の排除、②法学の規制、③法認識の供与、④法教育の実施。また、せっかく法典を編み、ないし編み直したとしても、すぐに改正が必要になるのであれば意味がない。そこで、法典の「安定性」を損なわないかどうかも、よき立法技術であるかを評価する重要な尺度となる。

Ⅳ　プロイセン一般ラント法の立法技術

これらの観点のもつ意味と相互の関連性を理解するには、1794年に施行されたプロイセン一般ラント法（Allgemeines Landrecht für die Preußischen Staaten（ALR））の立法技術に学ぶのが一番である。同法は、啓蒙絶対主義のプログラムに規定されている[*26]。以下では、ひとまず「絶対主義」と「啓蒙」にわけて、立法技術との関係をみていこう。

1　法典のかたち
(1)　絶対主義

法の定立を君主が独占する、という絶対主義的契機は、①事例志向型の規制技術——「カズイスティク（Kasuistik）」にあらわれている。もっとも、同法も一般原則を知らなかったわけではない。その特徴はより正確には、一般原則をディテールにいたるまで説明し、立法者がこの原則の適用を実演してみせた点にあった[*27]。このことは、多数の、それも細部まで念入りに規定された定義についても当てはまる。抽象的な概念規定は同じく、具体的な事例による詳しい説明をともなうものであった。同法はこの手法で、想定しうるすべての問題について規制に遺漏なきよう努めている。その基礎には、「裁判官のあらゆる恣意を排除することがなによりも重要であり、それゆえ裁判官に対して〔個々の事例についての〕解決をあらかじめ厳密に規定しておかなければならない」[*28]という思想があった。これは、「市民的自由の確保」[*29]を目的としたものである。

この構想は、いわば点描画のような手法で、「無欠缺性」という意味での「完全性」を目指すものといえるであろう。こうしてたとえば、従物に関する一般規定はほぼ70条に及び、そこには「通常の鶏、ガチョウ、鴨、鳩および七面鳥は、農地の従物に組み入れられる」（第1部第2章58条）といった、おどろくほど細密な規定が配されていた。

しかしながら、この点描手法では法律の欠缺が生じかねない。列挙された鳥以外にも従物に組み入れられるべき鳥がでてくるかもしれない。立法者もまたこの事情をはっきりと自覚していた。このことは、解釈と、法律の欠缺が明確に区別されていたことにあらわれている。前者では、裁判官は法律の本来の意味に疑いが生じた場合、訴訟係属中に司法委員会に判断を仰がなければならなかったのに対して、後者の際には、立法者が法典を暫時完全なものに仕上げることができるよう、裁判官は、具体的な訴訟とは無関係に、司法大臣に欠缺を通告する義務を負っていた。そして、解釈禁止の構想がただちに放棄されたあとも、欠缺通告義務はなお維持されたのである。

また、同法は裁判と同時に、②学問をも統制しようとした。同法は「注釈禁止」をともなっていた。「教授団、裁判所または司法関係者は……、われわれの不興を頂点とし、重たい罰を受けるのを避けるのであれば、哲学的論証らしき根拠や法律の目的と意図から導かれるべき解釈なる口実に基づいて、法律の明白かつ明確な規定からあえて身勝手に離れることは、どんなにわずかでも……企てるべきではない」[30]。これは、①とともに、「〔法典に〕付添い、解釈する法学と、法を継続形成する判例を無用なものとする」[31]コンセプトであると評される。

このように裁判と学問を規制すると、いまや法典そのものが判例と学説の役割を担わなければならなくなる。同法が、既述のように詳細な定義や概念区分、ディテールを書き込んだ規則をおくとともに、他方で逆に、「家社会を構成するのは元来、夫婦と親子の結びつきである」（第1部第1章3条）といった事例への適用とは直接には関係のない一般的な命題のほか、基本原則、たとえば遺言自由の原則の宣言（第1部第12章1条）や、「契約」とは「権利を取得しまたは譲渡するための相互の同意」である（第1部第5章1条）など、基本概念の定義をも多数配しているのは、まず第1にこの絶対主義的な根拠から理解す

ることができる。つまり、プロイセン一般ラント法は、しばしば強調されるように「カズイスティッシュなだけの（nur-kasuistisch）」法典ではなく、抽象的な一般命題や概念規定も少なくないという意味で、「カズイスティッシュでもある（auch-kasuistisch）」法典であった[32]。

(2) 啓蒙

このスタイルは同時にまた、啓蒙の理念にも対応していた。啓蒙期には、③法認識の促進は国家の使命であるとみなされていた[33]。そうすると、「わかりやすさ」や「概観可能性」もまた必要になるであろう。ここで重要なのは、だれにとってのわかりやすさか、という名宛人の問題である。この文脈では、「万人が自分自身の弁護士に」（ベンサム）という標語がわかりやすい。法典によって市民が法律家の助言に頼らずに自己の権利義務を知り、みずからの行動を律することができるようにすべきである。また、市民が外からの強制ではなく、内なる洞察によっておのずとルールに従うようになることが目指される。この意味で、法典は「国民性」を備えていなければならなかった。

さらにまた、④プロイセン一般ラント法は学校の授業、子供や青少年の法教育の素材とされ、また、教会で朗読されることが予定されていた。このことから必然的に、同法には教育的配慮が織り込まれるようになったとされる[34]。法律は国民に「命じる」だけではなく、「教える」べきであるという命題[35]は同法でも息づいていた。最上位の命題や原則を表明・解説する一方で、法規範の適用の仕方を細密に書き込む方法は、入門的な「教科書」のスタイルに相応しい。換言すれば、法規範を列挙しただけでは教育効果は望めない。法学を習得していない者は、法規範と事例を結びつける能力と技術を有しないからである。定義についても同じことが当てはまるであろう。基本概念の規定と、具体例をともなう説明は、いずれも非法律家が法を学ぶうえで必要不可欠なものだからである。

2 法典のサイズ

このようにプロイセン一般ラント法の立法技術は、絶対主義と啓蒙に支えられていた。同法が、民法のみならず訴訟法を除くすべての私法と公法を統合した、1万9000条にも及ぶ大法典、判例法はもとより個別法律も排除した、現

に通用している法のすべてを統合した真に包括的な「法典（Gesetzbuch）」として制定されたのも、この二元的論拠から把握することができる[*36]。

　1つの物語は1冊の「本（Buch）」に編まれるべきである。物語を構成する各章が複数の小冊子に散らばっていてはいけない。国民が法を知り（③）、学ぶ（④）には、法が多数の個別法律によって規律されている事態は好ましくない。同じことは専門家にもあてはまるであろう。というのは、これでは全体が見渡しにくくなるからである。それだけでなく、相互の関連性が意識されづらくなる結果、無用な重複が起こりうるほか、諸々の概念や法規範の限界づけの問題、さらには矛盾すら生じかねない。そうすると、裁判官の裁量剝奪の実効性（①）も疑わしくなろう。したがうべき法律を発見し、これを判決に置換するのが困難になるからである。この難点を克服するには、学説の力を借りるのが一番である。しかし、学説もまた禁じられる（②）とすれば、なんらかの代替措置を用意しなければならない。その最良の解決が、1つにまとめられた使いやすい法典を供給することだったのである。

3　「二重の法典」の理論

　しかしながら、こうした説明には、ごく単純な疑問が生じよう。私法公法統合型とはいえ、条文の数があまりに多すぎないか。なにしろ1万9000条である。とても概観可能とはいえない。たしかに、裁判官の判断を覊束しようとすればするほど、書かなければならないことは多くなる。学説を禁じれば、それだけ多くの説明が必要になろう。しかしながら、この法典では国民が重要な内容を把握するのは困難である。いわんや教育にそのまま用いることなど不可能であろう。「法律は簡潔でなければならない」（フリードリヒ大王の草案に対するコメント）はずではなかったのか[*37]。このことは、プロイセン一般ラント法が法典の目的として、国民の教育や一般的なわかりやすさよりも、むしろ裁判官の裁量の排除、専門家にとっての使いやすさを優先させていたことを示している。そうすると、「簡潔」の公準はどこで満たされるのか。このジレンマを解決するために案出されたのが、「二重の法典」の理論[*38]であった。

　同法編纂の中心人物であるスヴァーレツによれば、法典によって裁判官の判断の余地をなくすという観点と、国民にできるだけ多くの法認識を供与すると

いう観点は衝突する。完全性と簡潔性を、同時に充足するのは困難である。そうすると、法典は1つではなく、2つ用意しなければならない。すなわち、「可能な限り大きな完全性」において、生じうるすべての事例に関する規定を含む、裁判官と法学識者に向けられた法典とともに、全法典からの抜粋、民法についていえば日常行為に関する規則をまとめた、「国民法典 (Volkskodex)」の2つである[39]。こうしてスヴァーレツは、プロイセン一般ラント法が施行されるすこし前に、後者の構想を実現するために、『プロイセン国民のための法律教育』(1793年) という小著を公刊した[40]。ここではわかりやすくなるよう、法典の体系も完全に組み替えられている。しかし、リアリストであったかれは、この作品すら、読者に一定の教養を求めるものであることを十分に認識していた。だから、その名宛人は「まったく普通の人間」ではなく、「本来の学識教育でなくても、通常の良き学校教育によってある程度思索の用意がある」[41]人であるとされていたのである。

だが、それでもスヴァーレツが楽観的にすぎたことは否めない[42]。この著作は知らぬ者がいないほど好評を博したが、皮肉なことに、それは教養ある市民たちではなく、裁判官たちの間でのことであった。法典によって非法律家にも法の認識を与えるという啓蒙の期待は、達成されなかったのである。

4 「安定性」の欠如

プロイセン一般ラント法のコンセプトは周到に考え抜かれたものであった。しかしながら、同法は、のちの立法者に「その設計においてもっとも誤りが多く、実行においてもっとも首尾をえなかったもの」[43]と断じられている。法典によって裁判所の裁量と学問の自由を奪うと、あらゆる変化に逐一法典を対応させなければならない。そうしないと、法典は法の発展にとって桎梏でしかなくなるであろう。こうして法典はただちに改正の嵐に飲み込まれる。プロイセン一般ラント法がたどったのは、まさにこの途であった。

同法の施行後、最初の10年間のうちにすでに、200を超える命令と布告が発せられた。これらはのちに浩瀚な補遺として法典にふされたが、それも1回にとどまり、その後は補遺の作成も断念された。そして、ナポレオン戦争の影響や、新たな経済的・社会的問題が増えてくると、もはや個別に対処できな

なってきた。法典の教科書的性格、生活関係と生じうる法関係のすべてを規制しようとしたことが、その第1の原因であった。全法領域を1つの法典に収めたことで、個々の規定が古びると、その影響が法典すべてに波及することになった。こうして25年もたたないうちに、法典全体の見直しに着手しなければならなくなったのである[*44]。

V　ドイツ民法典の立法技術

　ドイツ民法典の立法技術は、プロイセン一般ラント法とは明確に異なるコンセプトに依拠して組み立てられた。絶対主義的観念はもはや崩壊していたし、啓蒙の期待も楽観的にすぎると認識されていた。同法の立法技術には、プロイセン一般ラント法などの諸法典の経験と、その間の立法技術論の進展が織り込まれている。

1　法典のかたち
(1)　法典は判例学説とともに

　法典によって裁判官と学者を押さえつけてはいけない、目指すべきはむしろ両者との共存である、法典が判例学説と力を合わせ、ともに法を発展させていく——同法の基礎にあるのはこうした法典観である。

　たしかに、ドイツ民法典もまた、①限定的な意味では、「無欠缺性」を志向した法典であった。しかし、裁判官の裁量を排除しようとしたのではない。このことは欠缺をなくすための手法にあらわれている[*45]。

　第1委員会の構成員であり、第2委員会の総括責任者であったプランクによれば、欠缺の排除はカズイスティクではなく、一般化によって実現されるべきである[*46]。しかしながら他方で、「指導的な法思想」は適切でない。いわば中間にあたる「原理的な法命題」が望ましい。指導的な法思想が示すのは「目的」だけであるが、原理的な法命題は「この目的を実現するために特定された、しかし可能な限り原理の形式で定められた法命令」を意味する。個々の事例に与えられるべき規範はできるだけ原理的な法命題にまで還元されるべきであるが、しかし裁判官に可能な限り確実な判断の基礎を与えるためには、指導的な

法思想に依拠するのは適切でない。原理的な法命題によってのみ、完全性の理念を、法的安定性とのバランスを取りながら実現できるのである。「法典に体系的にまとめられた諸々の法命題の総体から、規制のルールをあらゆる生活関係について確実に導き出すことができるようにすべき——これが法典の理想であろう」[*47]と説かれている。定義は、「他人に作為または不作為を要求する権利（請求権）」（194 条）といった括弧つきのものだけでも 70 個ほど用意されており、一般の印象に反してその数はむしろ多い[*48]。しかし、定義規定のおもな機能は、裁判官の裁量の剥奪や学説の代わりではなく、不明確な概念から解釈の際に疑念が生じないように、法律用語の使い方を確定することにあった。

　以上の構想によれば、指導原則や不明確な概念は回避されるべきであるが、反対に、細密に書き込まれた具体的な規定もまた排除されなければならない。望ましいのはそのあいだ、原理的な法命題・厳密な概念である。このようにして従物の一般規定はわずか 2 条、原則規定（97 条）と営業・農業属具に関する特別規定（98 条）しか配されていない。前者では、「従物」とは「主物の構成部分ではなく、主物の経済的目的に供せられ、かつ主物とこの用途に相応する空間的関係にある動産」であるとされ、後者は、「主物の経済的目的に供せられた物」として、「農業用の器具および家畜」といった抽象的な枠を示している。「総則」の設置もまた、この命題の抽象化の要請と、判断の基礎の構築という観点のもとで理解することができよう。諸々の規則の階層的な秩序づけは、上位の規則の適用領域を担保するとともに、諸規則の適用領域を法典の位置によって明瞭ならしめるからである[*49]。もっとも、抽象度をあまりに限界づけると、法的安定性は確保されるかもしれないが、逆に、個々の事例を柔軟に解決できずに不正義が生じるかもしれない。そこで、同法は、良俗違反（138 条、826 条）や信義誠実（242 条）などの一般条項、衡平（829 条）といった不特定な概念をも部分的に導入し、裁判官により多くの裁量を与えるようにした[*50]。

　このように原理的な法命題を基礎とし、ときには開かれた規則や概念も用いると、裁判官に求められるものが大きくなる。「法律の口」ないし「自動判決機械」型の裁判官では、判決そのものができないことになろう。この問題には、いわゆる「思考する」裁判官、同法の文脈では、「学説と、学説によって展開された解釈技術を駆使する」裁判官像によって対処された[*51]。さらに重要なの

は、立法者は実際には数多くの問題につき、規制の必要を認識していたにもかかわらず、あえて規定を回避し、その解決をのちの学説と判例に託したことである。ふたたび従物の例を引けば、従物性について取引慣行に反した取扱いがなされないよう、「草案は若干の疑いのない例を挙げるにとどめ、その他については学問と実務の活動に委ねておくこととする」[52]と説かれていた。こうして同法は完全性の理念から、いっそう離れることになったのである。

　ドイツ民法典はまた、②「注釈禁止」の構想から決別した。同法はパンデクテン法学の成果を十分に取り入れた。しかし、たいていはこれを「前提」ないし「土台」とするにとどめ、表明することはしなかった。「現代では、法律と学問の間の境界が……明確に保持され、立法者に属することと学問に属することが区別されなければならない」[53]。同法では、契約自由や遺言自由といった基本原則は言及されていない。定義は先にみたように多数おかれているが、それでも契約、意思表示、損害、因果関係ないし違法性といった基本概念の規定はなお学問に開かれている。法的構成についても先取りして定められてはいない。たとえば弁済はたんなる事実行為なのか、あるいは契約を要するのかといった問題は未解決のままである。そのほかすでに強調したように、一定の問題の規律は学説に委ねられている。「ドイツ民法典はたくさんのところで、いわば法学説のテントを立てるのに必要な杭だけを含んでおり、構成のプランの詳細は用意していない」[54]。同法にあらわれているのは「全民法のひとかけら」[55]である。問題は、同法がなぜこのような自制をはたらかせたのかという点にある。この問いはドイツ民法典の性格を知るうえでとても重要とみられるから、次節（3）であらためて取り上げることにしよう。

　プロイセン一般ラント法は裁判官の裁量を排除し、学問を禁じようとした結果、判例と学説の役割も自身で引き受けなければならなくなった。きわめて具体的な概念や区分、細密に書き込まれた規則とともに、抽象度の非常に高い命題も配されたのはそのためである。そこでは基本的な原則・概念もまた数多く規定された。これに対して、ドイツ民法典は、裁判官に適切に画された判断の余地を認め、また、学問の領分を不当に侵害しないように配慮した。このことが、両法の規制技術に、対照的とすらいえる差異をもたらしている。ドイツ民法典ではカズイスティクが排除されただけでなく、逆に、指導原則の表明もま

V　ドイツ民法典の立法技術

た控えられた。基礎となったのはその中間に位置する、原理的な法命題、厳密な概念であった。ただ、同法は個別事例での正義を担保するために、一般条項や不特定な概念もまた一部導入した。しかし、基本概念や法的構成の規定は回避した。さらに、一定の問題については意識的に規制をおかなかった。

　最初に概観したとおり、ドイツ民法典は昨世紀以来、非常に激しい変化にさらされてきた。しかしながら、プロイセン一般ラント法とは異なり、高い「安定性」を誇っている。その大きな理由はこの立法技術にあるとみられている。ドイツ民法典の「抽象性と柔軟性」[56] は、時の変化に対して強い耐性を示したのである。

(2)　「国民性」「教科書性」からの決別

　しかしながら、プロイセン一般ラント法の立法技術には、限定的であるとはいえ、国民の法認識の享受や法教育にも適するという利点があった。これに対して、ドイツ民法典のようなやり方では、国民が法典から法を知り、学ぶには困難ではないか。

　けれども、同法は、③法典の「国民性」を意識的に後退させた法典であった[57]。たしかに、同法は一般的なわかりやすさを単純に放棄したわけではない。このことはとても重要である。編纂者はとくに法律の文言について、国民が理解できるものを用いるよう努力していた。もっとも、第1草案に対しては、言葉も含めて国民性の欠如を糾弾する厳しい批判が投げかけられた。そのため、最終テクストの確定までの間に多くの改良がなされた。しかし、それでもできあがった法典はけっして国民にわかりやすいものではなかった。というのは、編纂者と草案の擁護者たちが、できるだけ国民にもわかりやすい法典を作るという理念と、原理的な法命題と厳密な概念によって可能な限り法的安定性を確保するという理念を衡量し、両者が競合するところでは後者に優位を与えたからである。

　すべての国民がひとりで理解できる法典――「けれどもほんとうに可能なのか」[58]。もしそうした法典を編纂できるというのなら「欺瞞」[59]であるとすら断じられた。法典の国民性なる理念には問題が多い[60]。いまや教育水準には大きな開きがあるなかで、そもそも「国民」とは「だれ」をさすのか。社会関係がますます複雑化し、困難な法的問題が山積している状況のもとで、国民に

とってわかりやすいが、しかしまさにそうであるがゆえに紛争解決に役立たない法典を作ることに、いったいなんの意味があろうか。もちろん、私法の綱要には万人が通じていなければならない。しかし、そうした内容は法典をまつまでもなく、日常のやり取りのなかですでに知悉されているのである。わかりやすい国民法典によって法曹の権力から国民を守る、という考え方ほど大きな勘違いはない。むしろそうした法典こそが、真の意味で法曹に権力を与えることになるであろう。主要命題だけを理解しやすい文面で草した法典は、実際に直面した法的問題に答えを与えない。国民は結局法律家の助けを借りなければならない。しかし、そうした法典では法律家の判断をコントロールできないからである。

　国民にとってのわかりやすさ、という意味もよく考えてみるべきであろう[61]。定立する規範が単純であればあるほど、また具体的であればあるほど、法典は理解しやすくなる。しかし、一方で、指導原則のみを集成した法典では、国民はそもそも個々の事例について判断を引き出すことはできない。そうした法典は「法典」ではなく、いわば「法の教理問答書」である。他方で、実際に重要な事例に関するルールだけを具体的に書くなら、一般的なわかりやすさは仮象にすぎなくなってしまう。規定されていない事例のルールを引き出すのは、素人にとってはたいてい不可能だからである。「一事例についてえられた大きなわかりやすさは、他のすべての事例について完全な理解不能をもたらすのである」。

　要するに、国民的法典なるものは絵空事にすぎない。「法律が、国民的すなわち、国民みずから法をそこから学ぶことができるという意味で使えるようになることは、……けっしてないであろう」[62]。

　そうすると、④法典によって国民に教育をおこなう、という考え方も退けられることになる。では、専門的な法適用者の教育はどうか。近世の諸立法はたいていこの意味での教育を目的としていたため、「法律の力をもった教科書」（F・エーベル）[63]と特徴づけられている。しかし、すでに19世紀の後半には、立法の教育的スタイルは完全に一致して拒絶されていた[64]。たとえばコーラーによれば、「法典（Gesetzbuch）は教科書（Lehrbuch）ではない」[65]。法典は「法命題（Rechtssatz）」だけを定立すべきであり、「教説（Lehrsatz）」を含んではな

らない。前者は立法者、後者は学問の活動に割り当てられる。もし法典がこの限界を乗り越えるならば、学問に「大きな災厄」を生み出すであろう。過去の時代の教説が法典によって固定され、将来の学問の発展が阻害されてしまうからである。ここでは、教科書性の問題が、法典と学問の関係の問題と結びつけられている。

ドイツ民法典の立法過程ではすでにみたように（(1) ②）、立法と学問の間にはっきりとした限界線が引かれていた。こうして第 1 草案になお残っていた純粋な教義的要素は、帝国司法庁と第 2 委員会で徹底的に排除された。その結果、同法はこれまでに例をみないほど、教育的色彩が排除された法典になった。たとえば既述のように、契約は相対立する意思表示の合致によって成立する、といった規定はおかれていない。こうして、それ自体で理解し適用できる法典、という理念は放棄されたのである[*66]。

2　法典のサイズ

ドイツ民法典は全 2385 条からなっていた。現在でも——多数の枝番号を別とすれば——条数そのものは変わらない。プロイセン一般ラント法と対比すると、その「簡潔」さは明らかであろう。このことはすでにみたコンセプトと密接に関連している[*67]。すなわち、同法は法命題を抽象化し（①）、学問の領域について沈黙を保ち（②）、純粋な教説を取り入れなかった（④）ために、条文の数をいちじるしく削減することができた。しかし、この手法をとると、法典は一般国民にとってわかりにくくなってしまう。けれども、同法は法典の名宛人を制限し、法典の国民性を劣位においたのであった（③）。したがって、この文脈での「簡潔」は、啓蒙のそれとはまったく正反対の意味合いをもっている。法典における「簡潔」の公準のもつ意味は、その背後にある目的を抜きにしては、正しく理解できないのである。

さらに、ドイツ民法典は民法の領域についても、すべてを規制するという構想をとらなかった。すでに触れたように、委員会はしばしば、規制の必要を認識していたにもかかわらず、その解決を将来の学問と判例に託した。そのほか、同法がすでに「一般法と特別法の複線の軌道」[*68]を敷いていたことが重要である。すなわち、「社会的使命」に対応するルールや時の変遷の影響を受けやす

い事柄は、法典の外で規律された。たとえば、現代の消費者契約法につながりうる——当時は小規模事業者の保護と関連づけられた——割賦販売法（1894 年）や、危険責任を規制するライヒ賠償責任法（1871 年）がこれにあたる。個別立法は法典の「調整弁」であり、両者は「協力」すべきとみられていたのである[69]。このこともまた、同法の構想と関連づけて説明することができるように思われる。名宛人を限定し（③）、教育的機能を排除する（④）ならば、すべてを 1 冊の本にまとめる必要はひくくなる。なにしろ読者はプロの法律家なのだから。むしろ「安定性」の確保に必要な限りで、特別号の発行が認められてよい。そして、裁判官の裁量の余地（①）と、学問の自由（②）を肯定する以上、この観点からもプロイセン一般ラント法の意味での完璧な法典は求められない。ドイツ民法典は制定当初から、判例と学説のみならず、個別立法をも、みずからの伴走者と認めていたのである。この意味で、同法はむしろ意識的に「不完全」たらんとした法典であった。

3　法学と法典
(1)　「法典論争」

法学と法典の関係はどのようにあるべきか[70]。この問いの意味をよく理解するには、かの「法典論争（Kodifikationsstreit）」に立ち返らなければならない。1814 年の解放戦争の勝利によってナポレオンの支配を脱したあと、全ドイツ統一の機運の高まりを背景に、ティボーは第 1 の波（Ⅰ 3）にのって、自然法的立場から、理性に導かれたひとつの明解な法典をとおして法の分裂状態を克服するよう求めた。これに対して、歴史法学の首領・サヴィニーはティボーの主張を論難し、立法者の手になる法典編纂に反対した。

「法」は「まず第 1 に習俗と民族信仰から、次に法学をとおして」産出される。だから、「普遍的な理性法」に基づく法典編纂などは問題とならない。「法典」は「国家自身によって排他的通用力を付与された、既存の法の包括的採録」の意味で捉えられる。しかし、こうした法典もまた、法の歴史性、有機的な法生成に対する恣意的な干渉になりかねない。法の統一には価値はあるが、その「正しい手段」は法典ではなく、「有機的に進展していく法学」である。われわれに法典編纂の「使命」は存しない[71]。

(2) 歴史法学と法典編纂

このように、サヴィニーは法典ではなく、法学による法統一を求めていた。しかしながら、世紀の終わりにはドイツ民法典の編纂に到達することになる。この結末を後押ししたのは、とくに経済上の要請であった。産業化と都市化を背景に、開かれた市場・商品取引の自由を求める機運が、法典による諸国の法の分裂の克服を促したというわけである。この説明は理解しやすい。けれども、法典編纂は、歴史法学から生まれたパンデクテン法学によってもまた支持されていた。この「けっして完全には解消できなかったアンビバレンツ」[72]を、われわれはどのように読んだらよいのだろうか。

一方では、「法学」の深化が引き合いにだされる。法史雑誌の第1巻序言（1861年）は、サヴィニーの歴史法学雑誌のコンセプトの前進を約束しながらも、法の歴史的展開はいまや十分に見渡すことができ、「歴史認識の結果を立法行為に役立てる時期が到来した」という見方が広まっているとしていた[73]。しかし、サヴィニーは法典編纂それ自体に反対していたようにもみえる。

そこで、他方では、「法典」概念の再構成という手法がとられる。ヴィントシャイトは1878年、自身が民法典編纂の第1委員会に所属していた頃に、法典論の文脈で名高い講演をおこない、法典と法学の関係を示した。「歴史法学者」からみれば、「法典は発展のなかの一点にほかなりません。それはたしかに流れのなかの波よりも捉えやすいけれども、流れのなかのひとつの波にすぎないのです」[74]。法典の編纂者は、自身の法学的教養を古代から研究と取り組んできた学説に負っている。だから、法典に記された法命題の真の意味は、学説に立ち返らなければ把握できない。この意味で、法典は法学とともに歩み続けるというのである。この立場は、サヴィニーの説いた、「国家自身」による「排他的通用力」の付与という「法典」の概念を修正することで、「有機的に進展していく法学」による法形成というコンセプトの中核部分を保存しつつ法典編纂を正当化した、巧みなものと読むことができよう。

(3) ヤーコプス

ヤーコプスによれば、このサヴィニー—ヴィントシャイトの系列に、ドイツ民法典もまた位置づけられる[75]。法典化されるべき法は大部分において、「学問的な、法曹の意識のなかで生きている法」[76]であった。だから、起草者の使

命は限定的なものと捉えられ、学問を前提とし、学問と共存する法典の創設に向けられた。このことは、カズイスティクの排除、意図的な規制の回避、基本概念の沈黙、教義的規定の削除などにあらわれている。立法資料では「学問と実務」という表現にも遭遇するが、両者は対立物としては捉えられていない。実務は個々の事例の評価を、学問は抽象的な規則の形成、構成問題、概念形成を担当すべきといったような区別とは無縁である。このペアーは「理論的かつ実際的活動に従事する学問」（ゲープハルト）の意味にほかならない。両者は一体のものとして捉えられる。こうしてドイツ民法典は、「法源を自身で担うのではなく、これを生み出した法学のうちにもつ」[77]法典であったと規定される。

このように、ドイツ民法典の性格を歴史法学のテーゼに還元することについては、サヴィニーとヴィントシャイトの関係も含めて、厳しい批判がなされている[78]。学問それ自体を法源とみる見解は、すでに後期パンデクテン法学において支持されていなかった。また、これまで詳しくみてきたように、各々の立法技術の背後には様々な考慮と文脈があったからである。しかしながら、同法が学問を前提とし、これに多くを委ねた法典であることについては、まったく異論が存しない。

4　いくつかのエピソード

(1)　愛されない法典

ドイツ民法典は、予期していたこととはいえ、物悲しい経験をすることになった。フランス民法典などと異なり、「愛されない法典であり、いわんや国民の読本にはならなかった」[79]。100歳の誕生日には素晴らしい論文が執筆され、コロキアムが開かれたものの、記念論文集は出版されなかった。また、一般公衆はもとより専門家たちからも、壮麗な記念式典は催されなかったのである。

(2)　「監房」としての法典

ドイツ民法典は学問に対して自制を示していた。しかし、同法の制定は、学問にとって「監房」[80]になるのではないか、とおそれられた。法典が制定された後に、学問の関心がもっぱらその注釈に集中するのはよくみられる現象である。危機感を抱いた法史学者は、この法典に「リステイトメント」の意味しか認めようとしなかったとされる。歴史的論証はドイツ民法典の『第1草案理由

書』や『第 2 委員会議事録』に制限され、サヴィニーなどにはもはや触れられなくなった。また、イエーリングがすでに 19 世紀に、法学が屈辱的、かつ不名誉にも「国別法学」[81] に格下げされていると嘆じたことはよく知られている。ドイツ民法典が施行されると、法ドグマーティカーにとってはドイツ法はそれ自体として理解されるべきであり、フランス法の文献やイングランドのケースローにはなにもみるべきものはないとされた。

つまり、「法典編纂は垂直的のみならず、水平的にも法学の孤立化を促進した」のであり、当時の感覚では法学の「転換点」と捉えられていたわけである[82]。それでも、他の国と比較すれば、ドイツでは、法典の制定後にみられる「平板な時代」は、「比較にならないほど短い期間」であったと評される[83]。このことは、自由法運動と利益法学の台頭、第 1 次世界大戦により新たな重要な問題が生じたことから説明されている[84]。しかしながら、その理由はなによりも、ドイツ民法典が「開かれた」法典であったことに求めることができよう。

(3) 教科書性と大学教育

ドイツ民法典は、法典と教科書を区別し、法を学ぶのに適した法典という視点を取り込まなかった。しかし、そのようにして編まれた法典に、大学の法学教育を方向づける力がないかどうかは別問題である。1896 年、ドイツ民法典が公布された年にすでに、アイゼナハの会議において、ドイツ民法典を大学の講義の中心にすえる議決がなされた。それまで民法教育の基本を担っていたのはパンデクテン法であったが、これによってカリキュラムが根本的に変更されたのである[85]。

これは考えてみれば当然のことである。法学部の学生は専門家予備軍、いまは素人であるがいずれ専門家になるはずの身分に属する。一般国民と法律家のいわば中間に位置づけられる。だから、大学教師は学生に、みずから法典を自由に使いこなせるようになるよう教育しなければならない。こうして講義の中心には法典がすえられる。しかし、法典に教育的配慮がない以上、これとは別個の体系・スタイルの教科書を用いるなど、教師には独自の工夫が求められることになる。

VI 現代法典論における立法技術

ドイツ民法典の立法技術とその背後にある理念は、ナチス期に批判にさらされたものの、いまでも基本的に受け容れられている。以下では、現代法典論の議論状況を概観することにしよう。

1 判例と学説
(1) 「完全性」の誤謬

法典によって裁判官の裁量をはく奪すべきである、とのプロイセン一般ラント法のコンセプトはまったく支持されていない[86]。法典編纂の歴史を振り返ると、「法律によって裁判官を厳格に、しかも細目にいたるまで規定することができる」という期待は「幻想」であったことが明らかになった。しかし他面で、法典は編み方によっては光を放つ。すなわち、──ドイツ民法典のように──「いくつかの基本的制度をつくり出し、それをひとつの体系的かつ包括的な法律のなかで規律する」という意味での「法典」が、「その時々に変化した状況のなかで裁判所が法を慎重に発展させていくことができるための堅固な基礎となる」ことも歴史は教えてくれている。

ひとつの法典によって将来生じうるすべての事態をあらかじめ想定し、細密をきわめた規定を用いて法律の欠缺を防止する──この意味での法典の「完全性」は、いまではむしろ法典の批判者から仮想敵として引かれるのが一般である。完全な法典にはリアリティーがなく、だからそうしたものは擁護する価値がないというように。たしかに、この構想は「錯誤」であったが、だからといってこのことから法典そのものを拒否するのは「あさはかな考え」といわざるをえない[87]。他のコンセプトもありうるからである。事実、ドイツ民法典は強度の安定性を示している。この安定性は、立法技術的には、抽象化技術を用い（一般条項を含む）、学説判例との協働を予定し、そして個別立法との役割分担を前提としたからであると説明される[88]。

今日一般に受け入れられている法解釈方法論である評価法学によれば、法律の欠缺を完全に排除することはもはや目指されるべきことですらない。重要なのはむしろ、法素材の体系的配列によって法律欠缺問題を克服することである。

ここでは実定法の「評価（Wertung）」、法典の目指す「計画（Plan）」が決定的な意味をもつ。だから、立法者は法律欠缺の排除ではなく、「法欠缺」の阻止を目的としなければならない。いまなお法典の「完全性」を語るのであれば、あくまで「この意味での」完全性である[*89]。

(2) 「流れのなかのひとつの波」

法典が学問の領域に干渉すべきではない、という見方に反対するものはみあたらない。好んで参照されているのは、ヤーコプスの論文（V 3 (3)）である[*90]。学説判例との協働によって法を継続的に展開させていく、という構想はいまでもひろく共有されている。この問題と関連して、法典は法思考の展開を断絶させるものであってはならない[*91]、とも説かれている。あるいは、ドイツ民法典の性格との関係でもよく説かれるように、法典は新たな法の定立（刷新型）ではなく、既存の法の採録（採録型）を使命とすべき、という命題[*92]をここで引くことも許されよう。

この意味において、ヴィントシャイトの美しい比喩（V 3 (2)）をかりれば、ドイツにおいて法典は、「発展のなかの一点」であり、「流れのなかのひとつの波」にとどめられるべきと理解されているということができる[*93]。

2 法認識と法教育

(1) 法律家に対する情報提供機能

これに対して、法典の名宛人については、異論がないわけではない[*94]。しかし、支配的見解によれば、国民が法典を読んで自己の権利義務を理解する、という構想は支持されていない。この「今日ではいくぶん無邪気にもみえる」[*95]期待が「非現実的」[*96]「幻想」[*97]であったことは、法典編纂期の経験からすでに明らかになっている。しかも、現代では規範がいちじるしく増大し、より複雑になっているのだからなおさらである。「今日では平均的な市民が法律を理解できるはずであるといったすべての望みを放棄した」[*98]。あるいは、「民法典を一般市民のためにわかりやすくするという目的は、たしかに立派なものであるが、しかしとっくのむかしに夢物語になっている」[*99]などとみられている。したがって、われわれは、「市民の法認識は時代を超越した法典思想の基礎ではない」[*100]と確定しなければならない。

しかし、現代においては、弁護士や裁判官にとってすら、法の全体を見渡すのは容易でなくなっている。あまりにも数多くの特別法律が制定され、また、裁判官による法の継続形成が生じているからである。法律家が分岐した法を適切に探索できるよう、法典に「基本情報」[101]がまとめられなければならない。したがって、定期的な間隔で法の全体を見直し、特別立法や判例法といった法典外の法発展を法典に統合することが不可欠になる。同時に、古びてしまった規定があれば排除する必要がある。つまり、「法秩序の継続的なクリーニング」[102]が求められるわけである。

(2) 「教科書性」の不顧慮

法典は教科書でもあるべきか。この問いは、一般にはそもそも論点として意識されていないようである[103]。法典と学問の関係をめぐる議論によって処理ずみと考えられているのかもしれない。そうだとすると、ドイツ民法典制定期の論証が、いまでも生きていることになる。しかし、さきにみたように（V 4 ⑶）、法典が大学の法学教育にもたらす影響は無視できない[104]。専門家予備軍である学生には、教師は法典をもとにして教えなければならないからである。

3　ケーススタディー

以下では、近年の再法典化の実務を例にとって、おもに法典の名宛人の問題につきどのような考え方がとられているのかをみておこう。

(1) 債務法現代化法

債務法現代化法（2001 年）（Ⅲ 3 参照）は内容の現代化とともに、消費者契約に関する多数の特別立法を民法典に統合した。その際に連邦司法省がとくに強調していたのは、現行の法典が「法適用者」にとって使いにくい[105]、という点である。すなわち、契約法に関する規定が民法典と特別法律に散在している状態では、法適用者は関連規定をうまく発見できない。規定の数はますます増えており、この困難は重くなるばかりである。したがって、1900 年当時の民法典と同じように、法適用者が迅速かつ簡明に現行法の認識をえられるよう、特別立法を民法典に統合すべきである。

もっとも、統合による解決に対しては批判もあった。本章の文脈では、特別立法の具体性・点描性を理由とするものが興味深い。そうしたスタイルはプロ

イセン一般ラント法を想起させるものであり、完全性・無欠缺性の理念から意識的に離れたドイツ民法典の古典的な規制技術とは異なる、というのである[106]。この種の問題に対しては、過度に詳細な規制は、法典の外に配すればよいと提案された[107]。とくに問題となったのは情報提供義務の規律であるが、債務法現代化法の施行後には予定どおり、民法典の情報提供義務を具体化する独立の命令がだされている。この手法は、すでに旅行契約法などでとられていた解決策を踏襲したものである。

(2) **賃貸借法改正法**

これに対して、賃貸借法改正法（2001年）（Ⅲ3参照）の際に当局側が提示した論証は、ドイツ民法典の伝統とは大きく異なるものであった[108]。すなわち、かつての民法典は賃貸借法を目的物に応じて区分しておらず、また、重要なルールは特別立法に収められていた（賃料額規制法・社会条項法）。現在の住居賃貸借法は「見渡しにくく、かつ理解しにくい」状態にある。しかし、ここで問題とされたのは、専門家にとっての不利益ではなかった。賃貸借というほとんどすべての市民が日常生活上直接かかわる法領域において、平均的な賃借人・賃貸人が、民法典をみても自己の権利義務に直接アクセスできず、ごく簡単な問題すら専門家の助言をえないと解決できなくなったことが、改正を要する「疑いなき根拠」とされたのである。

しかし、この理由づけに対しては、当然のように批判がなされた。すなわち、市民が法典を読んで自己の権利義務を理解できるようにする、という構想はプロイセン一般ラント法に典型的にみられた啓蒙絶対主義的・後見的規制様式であり、ドイツ民法典が意識的に放棄したものであった。一般的なわかりやすさを追求することは、この意味で「体系破壊」につながる[109]。また、今日では、立法目的は達成されなかったと冷やかに評されている。住居賃貸借法はけっして概観しやすく、あるいは簡単にアクセスできるようにはならなかった。「BGB535条以下の『メッセージ』には、賃借人として自己の権利がなにかを知ろうとするものはまず第一に法律ではなく、賃借人保護団体や弁護士のところにいくように、と書いてある。われわれの民法典はいかなるときも、国民や市民に近い法典ではなかったのである」[110]。

Ⅶ　法典論と立法技術

1　法典論の基礎としての立法技術

　ドイツ民法典は、安定性の高い法典であると評されている。この安定性の秘密は、「抽象性と柔軟性」を備えた特徴的な立法技術にあった。法典をどのように編むべきかという問いは、一見すると、それこそ技術的なものにすぎないかのようである。しかし、歴史が教えるように、法典は、その編み方によってはただちに古びて使い物にならなくなる。事実そうなってしまっては、法典にいかなる理想を託しても意味がない。したがって、法典と法律を区別し前者に後者とは異なる、たとえば体系性や一覧性、あるいは象徴性といった意義を認めるものはだれでも、この問いに関心をもたざるをえない。この意味で、立法技術は法典論の基礎であるということができる。

2　ドイツ的スタイルに対する批判

　ドイツ民法典の立法技術は、日本民法典に対して強い影響をもたらした（Ⅲ3）。しかし、このことは、かならずしも好意的には受け止められていない。今日ではますます批判が高まっているようにみえる。そうした批判は基本的には、ドイツ民法典にもあてはまるものである。たしかに、条文数をみると、日本のほうがドイツよりも少ない（条数では1044条）。また、日本では本人訴訟が認められており、かつその割合も高い。彼我の相違には十分に注意する必要がある。しかし、投げかけられている批判をみると、その多くはドイツ的なスタイルそのものに向けられている。それらに応接することは、本章の理解を深めるうえで意味があろう。検討の視点は、立法技術を評価する際には、背後にある理念と生じうる帰結を、ともに考慮に入れなければならないということである。

　一方では、法規範の抽象性、厳密な概念の使用、基本原則の不存在などが論難されている。しかし、これらの立法技術の基礎には、確固たる理念がある。それは、法典はひとりではなく、判例と学説、そして個別立法とともに法を継続形成していく、というものである。批判者が、技術と同時にこうした理念までをも退け、法典にすべての役割を担わせるつもりなのだとしたら、加重負担のそしりを免れない。その種の法典は社会の変遷に対応できず、ただちに頻繁

な改正に巻き込まれることになろう。他方では、法律家を名宛人とし、教育の視点を欠いている点が問題視されている。しかし、国民一般の教科書のような法典を作ろうとしても、突き詰めて考えるとすでにみたように（Ⅴ1⑵）、実際にはかなりの困難がともなう。そうしたスローガンを掲げるのは「欺瞞」であると断じるものすらあった。かりにそれができるとしても、裁判との関係では、明確な判断の基礎を与えられるか、逆に、判断の自由を強く拘束しないかが問題となる。というのは、入門教科書的法典はその性質上、ごく基本的な命題や原則と、事例への適用の仕方を指示する具体的な法規範の教説を内容とせざるをえないからである。概念の定義も、例解を用いて逐一明記されることになろう。こうしたスタイルは同時に、学問の自由を強く制約する。基礎理論や解釈論に委ねられるべき事柄までもが法典に書き込まれ、再検討の余地を封じてしまうからである。全能ではないわれわれは、50年・100年先の判例と学説に未来を託すべきではないか。

　もちろん、理念、技術および作用の結びつき方はひとつではありえない。ドイツ人が抱くであろう上記の懸念はそもそも生じないし、生じたとしても別の手段で解消できる、あるいは問題があっても特定の理念を貫きたいなど、見方は様々であろう。重要なことは、諸々の観点や問題を、部分的にではなく、相互の関連性を含めて全体として考察・評価することである。

3　再法典化の問題構造

　ドイツ法典論の立法技術からは既述のように（Ⅵ2⑴）、再法典化はなによりも、法律家に対する情報提供機能を回復するためになされる。個別立法の数が増大し、判例法のルールが重要になると、法律家であっても、事例に関連する法を発見、解釈することが難しくなる。だから、一定の時間的間隔で、これらの法発展を民法典に統合しなければならない。しかし、ドイツの近時の経験を踏まえると、そのほかにも考慮されなければならない問題がある。最後にこの点に触れておこう。

　第1の問題は、「体系性」との関係である。ある法領域の民法典への統合が、法へのアクセスを回復するためにも、現時点での民法体系を反映するためにも望ましいとみられる場合には、とくに問題は生じない。しかし、前者の視点か

らは再法典化が求められるが、後者の視点からは正当化されない、すなわち当該法領域の基礎とする評価が民法典の基礎とするそれと整合しておらず、もし統合するならば評価矛盾、体系破壊が生じかねない場合、再法典化は許されるのか。ここでは法典の目的のうち、法の認識可能性と、体系性のいずれを重視するかが問われている。基本的な諸規範のみを統合するなど、折衷的解決の途も考えることができよう。2点目は、「安定性」との関係である。法へのアクセスや体系性の視点からは再法典化が要請されるけれども、問題となる法領域が時の変遷の影響を受けやすく、ひんぱんに改正されることが予定されている場合に、それでもこれを民法典に取り込むべきかが争われる。ここには、統合しないと民法典はきれいなだけの「美術館」になってしまうが、さりとて統合すると「工事現場」化してしまうというジレンマ[*1] がある。第3は、「抽象性」の問題である。ある法領域に含まれる諸規範の具体性がきわめて高い場合に、抽象性を基本とする民法典にこれらの規範を取り込んでもよいのかが問題となる。これが、たんなる技術的、ないし表面的な難点ではなく、法典のコンセプトそのものにかかわる問いであることはすでにみてきたとおりである。このケースでは、過度に具体的な諸規範は民法典の外に配し、それ以外のものを統合するという対処も考えられる（Ⅵ 3（1）参照）。

(水津　太郎)

---

*1　Franz WIEACKER, Das Sozialmodell der klassischen Privatrechtsgesetzbücher und die Entwicklung der modernen Gesellschaft (1953), in DERS., Industriegesellschaft und Privatrechtsordnung, Frankfurt a. M. 1974, S. 9-35, 22, vgl. auch S. 15. この定式に対する批判につき、水津・後掲注（20）369頁参照。

*2　法典編纂の「波」については、z. B. Franz WIEACKER, Aufstieg, Blüte und Krise der Kodifikationsidee, in Festschrift für Gustav Boehmer: Dem Siebziger von Freunden und Kollegen dargebracht, Bonn 1954, S. 34-50, 43-47. 問題に関して、水津・後掲注（20）383頁注69参照。

*3　Helmut COING, Einleitung zum BGB, in J. von Staudingers Kommentar zum Bürgerlichen Gesetzbuch mit Einführungsgesetz und Nebengesetzen, 13. Bearbeitung, Berlin 1995, Rn. 19, S. 19.

*4　Jan Peter SCHMIDT, Zivilrechtskodifikation in Brasilien: Strukturfragen und Regelungsprobleme in historisch-vergleichender Perspektive, Studien zum ausländischen und internationalen Privatrecht, Bd. 226, Tübingen 2009, S. 146-148 m.w.N.

*5 Andreas HELDRICH, Normüberflutung, in Festschrift für Konrad Zweigert zum 70. Geburtstag, Tübingen 1991, S. 811-825 m.w.N.

*6 Konrad ZWEIGERT/Hans-Jürgen PUTTFARKEN, Allgemeines und Besonderes zur Kodifikation, in Festschrift für Imre Zajtay, Tübingen 1982, S. 569-579, 575.

*7 Theo MAYER-MALY, Gesetzesflut und Gesetzesqualität heute, in Festschrift zum 125-jährigen Bestehen der Juristischen Gesellschaft zu Berlin, Berlin/New York 1984, S. 423-430, 423.

*8 Rolf STÜRNER, Der hundertste Geburtstag des BGB - nationale Kodifikationen im Greisenalter?, in JZ 1996, S. 741-752, 742.

*9 Peter ULMER, Wie viele „Tropfen sozialistischen Öls" verträgt das BGB?, in BB 2001, Heft 46, „Die erste Seite".

*10 Heinrich DÖRNER, Die Integration des Verbraucherrechts in das BGB, in Reiner SCHULZE/Hans SCHULTE-NÖLKE (Hrsg.), Die Schuldrechtsreform vor dem Hintergrund des Gemeinschaftsrechts, Tübingen 2001, S. 177-188, 178-179.

*11 Hein KÖTZ, Schuldrechtsüberarbeitung und Kodifikationsprinzip, in Festschrift für Wolfram Müller-Freienfels, Baden-Baden 1986, S. 395-407, 395.

*12 BVerfGE 89, 214.

*13 Uwe DIEDERICHSEN, Das Bundesverfassungsgericht als oberstes Zivilgericht - ein Lehrstück der juristischen Methodenlehre, in AcP, Bd. 198 (1998), S. 171-260.

*14 Joachim MÜNCH, Strukturprobleme der Kodifikation, in Okko BEHRENDS/Wolfgang SELLERT (Hrsg.), Der Kodifikationsgedanke und das Modell des Bürgerlichen Gesetzbuches (BGB), Abhandlungen der Akademie der Wissenschaften in Göttingen: Philologisch-Historische Klasse, Folge 3, Nr. 236, Göttingen 2000, S. 147-173, 147.

*15 岡孝編『契約法における現代化の課題（法政大学現代法研究所叢書21）』（法政大学出版局・2002年）、半田吉信『ドイツ債務法現代化法概説』（信山社・2003年）、潮見佳男『契約法理の現代化』（有斐閣・2004年）。

*16 直近の評価として、Michael MARTINEK, BGB aktuell 2012/2013, in Eckpfeiler des Zivilrechts: J. von Staudingers Kommentar zum Bürgerlichen Gesetzbuch mit Einführungsgesetz und Nebengesetzen, Neubearbeitung, Berlin 2012, Rn. 1, S. 3.

*17 Helmut COING/Heinrich HONSELL, Einleitung zum BGB, in Eckpfeiler des Zivilrechts: J. von Staudingers Kommentar zum Bürgerlichen Gesetzbuch mit Einführungsgesetz und Nebengesetzen, Neubearbeitung, Berlin 2011, Rn. 32, S. 71.

*18 データと一般通念の問題性につき、Bernd MERTENS, Rechtsetzung im Nationalsozialismus, Beiträge zur Rechtsgeschichte des 20. Jahrhunderts, Bd. 62, Tübingen 2009, S. 155, vgl. auch S. 6.

*19 WIEACKER, a.a.O. (Note 2), S. 47.

*20 水津太郎「現代における法典の擁護―法典悲観主義に抗して」内池慶四郎先生追悼『私権の創設とその展開』（慶應義塾大学出版会・2013年）355-388頁。

*21 Friedrich KÜBLER, Kodifikation und Demokratie, in JZ 1969, S. 645-651, 648.

*22 Josef ESSER, Gesetzesrationalität im Kodifikationszeitalter und heute, in Hans-Jochen VOGEL/Josef ESSER, 100 Jahre oberste deutsche Justizbehörde: Vom Reichsjustizamt zum Bundesministerium der Justiz, Recht und Staat, Bd. 470, Tübingen 1977, S. 13-40, 13-14.

*23 KÜBLER, a.a.O. (Note 21), S. 651 がこのテーゼを提示し、ESSER, Gesetzesrationalität (Note 22), S. 18 がこれを引き継いだ。

*24 福島正夫編『明治民法の制定と穂積文書』（民法成立過程研究会・1956年）18頁、広中俊雄編著『日本民法典資料集成第1巻』（信山社・2005年）581頁（資料②説明）。

*25 穂積陳重『法典論』(復刻版、新青出版・2008年、初版1890年) 188-191頁(さらに186頁)。そのほか、『法典調査規程理由書』14条理由も参照。
*26 石部雅亮『啓蒙的絶対主義の法構造―プロイセン一般ラント法の成立』(有斐閣・1969年)、屋敷二郎『紀律と啓蒙―フリードリヒ大王の啓蒙絶対主義』(ミネルヴァ書房・1999年)。
*27 Bernd MERTENS, Gesetzgebungskunst im Zeitalter der Kodifikationen: Theorie und Praxis der Gesetzgebungstechnik aus historisch-vergleichender Sicht, Tübinger rechtswissenschaftliche Abhandlungen, Bd. 98, Tübingen 2004, S. 289, vgl. auch S. 375, 459.
*28 H・コーイング (佐々木有司編訳)「法典編纂の理論」同『ヨーロッパ法史論』(創文社・1980年) 131頁。
*29 石部・前掲注 (26) 140頁。
*30 Patent wegen Publication des neuen allgemeinen Landrechts für die Preußischen Staaten (5. Februar 1794), in Hans HATTENHAUER (Hrsg.), Allgemeines Landrecht für die Preußischen Staaten von 1794, 3. Aufl, Neuwied ua 1996, S. 48-56, Abs. XVIII.
*31 MERTENS, a.a.O. (Note 27), S. 315.
*32 Jan SCHRÖDER, Das Verhältnis von Rechtsdogmatik und Gesetzgebung in der neuzeitlichen Rechtsgeschichte (am Beispiel des Privatrechts), zuerst in Okko BEHRENDS/Wolfram HENCKEL (Hrsg.), Gesetzgebung und Dogmatik, Göttingen 1989, jetzt in Thomas FINKENAUER/Claes PETERSON/Michael STOLLEIS (Hrsg.), Rechtswissenschaft in der Neuzeit, Geschichte, Theorie, Methode: Ausgewählte Aufsätze, 1976-2009, Tübingen 2010, S. 477-504, 484 Fn. 24.
*33 MERTENS, a.a.O. (Note 27), S. 252, vgl. auch S. 316, 392.
*34 SCHRÖDER, a.a.O. (Note 32), S. 485; MERTENS, a.a.O. (Note 27), S. 316.
*35 この考え方はプラトンやセネカに遡る。セネカは命じるだけの簡潔な法律を求めたという誤解がしばしばみられる。たしかに、セネカのテクストにはそのような記述がみられるが、これはプラトンの見解に反対するポセイドニウスの見解の引用であり、セネカ自身はプラトンに与している。以上につき、MERTENS, a.a.O. (Note 27), S. 312 mit Fn. 102.
*36 MERTENS, a.a.O. (Note 27), S. 344-346.
*37 この問題につき詳しくは、屋敷・前掲注 (26) 148-153頁。
*38 MERTENS, a.a.O. (Note 27), S. 252-257, insbes. auch vgl. S. 411. なお、スヴァーレツにプライオリティがあるわけではない (vgl. S. 254 Fn. 1102)。簡潔には、コーイング (佐々木編訳)・前掲注 (28) 127-128頁。
*39 Carl Gottieb SVAREZ, Inwiefern können und müssen Gesetze kurz sein? (1788), in Hermann CONRAD/Gerd KLEINHEYER (Hrsg.), Vorträge über Recht und Staat von Carl Gottlieb Svarez (1746–1798), Wissenschaftliche Abhandlungen der Arbeitsgemeinschaft für Forschung des Landes Nordrhein-Westfalen, Bd. 10, Köln ua 1960, S. 627-633, 630.
*40 石部・前掲注 (26) 141頁。政治的背景につき、238-240頁。
*41 Carl Gottieb SVAREZ, Unterricht für das Volk über die Gesetze (1793), Deutsches Rechtsdenken, H. 5, 2. Aufl., Frankfurt a. M. 1948, Vorrede, S. 7.
*42 MERTENS, a.a.O. (Note 27), S. 255 m.w.N.; ferner auch Vorbemerkung zu SVAREZ, a.a.O. (Note 41), S. 3.
*43 Entwurf eines bürgerlichen Gesetzbuchs für das Königreich Sachsen: Nebst allgemeinen Motiven und Inhaltsverzeichniss, Dresden 1852, S. X.
*44 Barbara DÖLEMEYER, Kodifikation und Projekte: Preußen, in Helmut COING (Hrsg.), Handbuch der Quellen und Literatur der neueren europäischen Privatrechtsgeschichte, Bd. III/2, München

1982, S. 1491-1518, 1496.
*45 MERTENS, a.a.O. (Note 27), S. 328-329, 334-335, 342-343.
*46 Gottlieb PLANCK, Zur Kritik des Entwurfes eines bürgerlichen Gesetzbuches für das deutsche Reich, in AcP, Bd. 75 (1889), S. 327-429, 419-422.
*47 PLANCK, a.a.O. (Note 46), S. 420.
*48 強調するのは、MERTENS, a.a.O. (Note 27), S. 470-471.
*49 Bernd MERTENS, Das Konzept eines allgemeinen Teils in der Zivilgesetzgebung aus methodengeschichtlicher Sicht (noch nicht erschienen).
*50 MERTENS, a.a.O. (Note 27), S. 378-379.
*51 立法技術論の角度からは、MERTENS, a.a.O. (Note 27), S. 335.
*52 Reinhold JOHOW, Entwurf eines bürgerlichen Gesetzbuches für das Deutsche Reich, Sachenrecht, Berlin 1880, S. 78, in Werner SCHUBERT, Die Vorlagen der Redaktoren für die erste Kommission zur Ausarbeitung des Entwurfs eines Bürgerlichen Gesetzbuches, Sachenrecht I, Berlin/New York 1982, S. 202.
*53 Bericht des Ausschusses für Justizwesen vom 9.6.1874, in Werner SCHUBERT, Materialien zur Entstehungsgeschichte des BGB - Einführung, Biographien, Materialien-, Berlin/New York 1978, S. 195.
*54 Reinhard ZIMMERMANN, Das Bürgerliche Gesetzbuch und die Entwicklung des bürgerlichen Rechts, in Mathias SCHMOECKEL/Joachim RÜCKERT/Reinhard ZIMMERMANN (Hrsg.), Historisch-kritischer Kommentar zum BGB, Bd. 1, Tübingen 2003, Rn. 21, S. 19.
*55 SCHRÖDER, a.a.O. (Note 32), S. 495.
*56 Karsten SCHMIDT, Die Zukunft der Kodifikationsidee: Rechtsprechung, Wissenschaft und Gesetzgebung vor den Gesetzeswerken des geltenden Rechts, Juristische Studiengesellschaft Karlsruhe, H.167, Heidelberg 1985, S. 24.
*57 MERTENS, a.a.O. (Note 27), S. 398-402.
*58 Ernst ZITELMANN, Die Rechtsgeschäfte im Entwurf eines Bürgerlichen Gesetzbuches für das Deutsche Reich: Studien, Kritiken, Vorschläge, Beiträge zur Erläuterung und Beurtheilung des Entwurfes eines Bürgerlichen Gesetzbuches für das Deutsche Reich, Bd. 7/8, Berlin 1889, S. 2.
*59 Otto BÄHR, Rezension zu „Entwurf eines bürgerlichen Gesetzbuchs für das Deutsche Reich, Erste Lesung, Ausgearbeitet durch die von dem Bundesrathe berufene Commissionm Amtliche Ausgabe, Berlin und Leipzig, J. Guttentag 1888", in Kritische Vierteljahrsschrift für Gesetzgebung und Rechtswissenschaft, Bd. 30/N.F. Bd. 11 (1888), S. 321-414, 323.
*60 以下は、ZITELMANN, a.a.O. (Note 58), S. 2-3.
*61 以下は、PLANCK, a.a.O. (Note 46), S. 419-422, Zit. S. 419 und 422.
*62 BÄHR, a.a.O. (Note 59), S. 323.
*63 Friedrich EBEL, Über Legaldefinitionen: rechtshistorische Studie zur Entwicklung der Gesetzgebungstechnik in Deutschland, insbesondere über das Verhältnis von Rechtsetzung und Rechtsdarstellung, Schriften zur Rechtsgeschichte, Bd. 6, Berlin 1974, S. 126.
*64 SCHRÖDER, a.a.O. (Note 32), S. 485-487. 詳しくは、MERTENS, a.a.O. (Note 27), S. 321-325. 法律の権威的性格と命令的性格、法命題の命令と禁止への限定をめぐる議論には立ち入ることができない。
*65 Josef KOHLER, Teknik der Gesetzgebung, in AcP, Bd. 96 (1905), S. 345-375, 358.
*66 MERTENS, a.a.O. (Note 27), S. 325.
*67 MERTENS, a.a.O. (Note 27), S. 419.
*68 石部雅亮「ドイツ民法典編纂史概説」同編『ドイツ民法典の編纂と法学』(九州大学

出版会・1999 年）52 頁。
*69　Mertens, a.a.O. (Note 27), S. 492-493, vgl. auch S. 348.
*70　全体として、赤松秀岳「歴史法学派から法典編纂へ」石部雅亮編『ドイツ民法典の編纂と法学』（九州大学出版会・1999 年）63 頁。
*71　Friedrich Carl von Savigny, Vom Beruf unserer Zeit für Gesetzgebung und Rechtswissenschaft, Heidelberg 1814, S. 14, 18-19, 26, 161. この書物については現在では、守矢健一「F.C. サヴィニ『立法と法学とに寄せるわれわれの時代の使命について』(1)(2)〔未完〕」大阪市立大学法学雑誌 59 巻 2 号（2012 年）281 頁、同 60 巻 1 号（2013 年）156 頁。
*72　Zimmermann, a.a.O. (Note 54), Rn. 8, S. 7.
*73　Zeitschrift für Rechtsgeschichte, in ZRG, Bd. 1 (1861), S. 3 und S. 2.
*74　Bernhard Windscheid, Die geschichtliche Schule in der Rechtswissenschaft (1878), in Paul Oertmann (Hrsg.), Gesammelte Reden und Abhandlungen, Leipzig 1904, S. 66-80, 76. 原文はうまく訳しにくいが、巧みに翻訳するのは、石部・前掲注（68）29 頁。
*75　Horst Heinrich Jakobs, Wissenschaft und Gesetzgebung im bürgerlichen Recht: nach der Rechtsquellenlehre des 19. Jahrhunderts, Rechts- und staatswissenschaftliche Veröffentlichungen der Görres-Gesellschaft, NF 38, Paderborn ua 1983. 詳しくは、赤松秀岳「法源としての法学・ヤーコプスのサヴィニー研究」同『19 世紀ドイツ私法学の実像（熊本大学法学会叢書 3)』（成文堂・1995 年）〔初出 1993 年〕81 頁、采女博文「H・H・ヤーコプス『民法における学問と立法― 19 世紀の法源論から』1983 年」鹿児島大学法学論集 28 巻 2 号（1993 年）83 頁などを参照。
*76　Jakobs, a.a.O. (Note 75), S. 140.
*77　Jakobs, a.a.O. (Note 75), S. 160.
*78　Schröder, a.a.O. (Note 32), S. 493-495; Mertens, a.a.O. (Note 27), S. 335 mit Fn. 203 und S. 470 mit Fn. 785. 同じく慎重なのは、赤松・前掲注（70）98-99 頁。
*79　Zimmermann, a.a.O. (Note 54), Rn. 26, S. 23.
*80　Zimmermann, a.a.O. (Note 54), Rn. 13, S. 10 が引く、Hans Wüstendörfer, Die deutsche Rechtswissenschaft am Wendepunkt, in AcP, Bd. 110 (1913), S. 219-380, 224.
*81　Rudolf von Jhering, Geist des römischen Rechts auf den verschiedenen Stufen seiner Entwicklung, Teil.1, 5. Aufl., Leipzig 1891, S. 15.
*82　Zimmermann, a.a.O. (Note 54), Rn. 15, S. 12.
*83　Ernst Rabel, Zum 25. Geburtstag des Bürgerliche Gesetzbuchs, in DJZ 1921, jetzt in Gesammelte Aufsatze, Bd. 1, Tübingen 1965, S. 389-396, 389.
*84　Coing, a.a.O. (Note 3), Rn. 105, S. 69.
*85　Zimmermann, a.a.O. (Note 54), Rn. 15, S. 11-12 und Rn. 5, S. 4-5.
*86　以下は、コーイング（佐々木編訳）・前掲注（28）132 頁。
*87　K. Schmidt, a.a.O. (Note 56), S. 20.
*88　Zimmermann, a.a.O. (Note 54), Rn. 20-21, S. 18-19, vgl. Rn. 19, S. 17.
*89　K. Schmidt, a.a.O. (Note 56), S. 21. そのほか、vgl. Reinhard Zimmermann, Codification: History and Present Significance of an Idea, in ERPL, Vol. 3 (1995), p. 95-120, 107, 110; Jürgen Basedow, Das BGB im künftigen europäischen Privatrecht: Der hybride Kodex- Systemsuche zwischen nationaler Kodifikation und Rechtsangleichung, in AcP, Bd. 200 (2000), S. 445-492, 471.
*90　K. Schmidt, a.a.O. (Note 56), S. 67-76, insbes. S. 67 und Zimmermann, a.a.O. (Note 54), Rn. 22, S. 19, Rn. 17, S. 14, insbes. Rn. 20, S. 18.
*91　Basedow, a.a.O. (Note 89), S. 468; J. P. Schmidt, a.a.O. (Note 4), S. 157.

*92　Z. B. Franz Bydlinski/Theo Mayer-Maly/Johannes Pichler, Renaissance der Idee der Kodifikation: das Neue Niederländische Bürgerliche Gesetzbuch 1992, Schriften zur Rechtspolitik, Bd. 5, Wien ua 1991, Vorwort.
*93　ヴィントシャイトを引用するのは、Zimmermann, a.a.O. (Note 54), Rn. 17, S. 15, Rn. 40, S. 33; J. P. Schmidt, a.a.O. (Note 4), S. 157.
*94　Z. B. Theo Mayer-Maly, Kodifikation und Rechtsklarheit in der Demokratie, in Werner Krawietz/Ernst Topitsch/Peter Koller (Hrsg.), Ideologiekritik und Demokratietheorie bei Hans Kelsen, Rechtstheorie, Beiheft 4, Berlin 1982, S. 201-214, 206, 214.
*95　Zimmermann, a.a.O. (Note 54), Rn. 2, S. 2.
*96　J. P. Schmidt, a.a.O. (Note 4), S. 155.
*97　コーイング（佐々木編訳）・前掲注（28）132頁。
*98　Zimmermann, a.a.O. (Note 89), p. 108.
*99　J. P. Schmidt, a.a.O. (Note 4), S. 319.
*100　K. Schmidt, a.a.O. (Note 56), S. 38.
*101　Basedow, a.a.O. (Note 89), S. 471; vgl. auch J. P. Schmidt, a.a.O. (Note 4), S. 157.
*102　Peter Noll, Gesetzgebungslehre, Reinbek bei Hamburg 1973, S. 217, 234.
*103　現代の法典の機能を整理・検討する、Basedow, a.a.O. (Note 89), S. 467-472; J. P. Schmidt, a.a.O. (Note 4), S. 154-158 では、項目に挙げられていない。
*104　前掲注（10）および対応本文も参照。
*105　Jürgen Schmidt-Räntsch, Reintegration der Verbraucherschutzgesetze durch den Entwurf eines Schuldrechtsmodernisierungsgesetzes, in Reiner Schulze/Hans Schulte-Nölke (Hrsg.), Die Schuldrechtsreform vor dem Hintergrund des Gemeinschaftsrechts, Tübingen 2001, S. 169-176, 170, und S. 169, 172.
*106　Stephan Meder, Die Krise des Nationalstaates und ihre Folgen für das Kodifikationsprinzip, in JZ 2006, S. 477-484, 483-484（ただし、改正後の批判）。
*107　Thomas Pfeiffer, Die Integration von Nebengesetzen in das BGB, in Wolfgang Ernst/Reinhard Zimmermann (Hrsg.), Zivilrechtswissenschaft und Schuldrechtsreform: Zum Diskussionsentwurf eines Schuldrechtsmodernisierungsgesetzes des Bundesministeriums der Justiz, Tübingen 2001, S. 481-525, 490; Wulf-Henning Roth, Europäischer Verbraucherschutz und BGB, in JZ 2001, S. 475-490, 487.
*108　Brigit Grundmann, Mietrechtsreform: Wesentliche Inhalte und Änderungen gegenüber der bisherigen Rechtslage, in NJW 2001, S. 2497-2505, 2497 und 2498.
*109　Siegbert Lammel, Mietrechtsreform - Zurück zum BGB?!, in ZMR 2000, S. 133-139, 136-137.
*110　この厳しい指摘は、Martinek, a.a.O. (Note 16), Rn. 6, S. 5.
*111　Reinhard Zimmermann, The New German Law of Obligations: Historical and Comparative Perspectives, Oxford 2005, p. 226.

第6章
フランスの諸法典

I　民法典の編纂・隆盛・激動

1　ナポレオン法典とは？

　フランスにおける「法典」[*1]を語るにあたっては、近代法ひいては近代市民社会のシンボルと評された『ナポレオン法典』からはじめなければならない。世界史上有名な1789年のフランス革命によって中世絶対王政の時代に終止符が打たれ、近代の幕が明けるのであるが、近代国家の樹立に向けて、同一国家に属するすべての市民の自由と権利を保障し、その社会生活関係を規律するための統一成文法の制定が求められた。この需要に応えたのが「法典編纂」である。1800年、時の第一統領ナポレオン・ボナパルトは、ポルタリス、トロンシェ、ビゴ・プレアムヌ、マルヴィルの4人を起草委員に任命して近代市民法原理を体現する民法典の編纂に着手し、1804年にコード・シヴィル（le Code civil）すなわち民法典が公布されるに至った。民法典は、第1編・人、第2編・物および財産、第3編・財産取得の諸方法の3部構成、全2281条から成り、「フランス社会における『民事憲法（la constitution civile）』」と称され[*2]、近代法典の代表的存在と謳われた。

　民法典の編纂に続いて、さらに4つの近代法典が次々と制定された。1806年に民事訴訟法典（le Code de procédure civile）、1807年に商法典（le Code de commerce)、1808 年に治罪法典〔刑事訴訟法典〕（le Code d'instruction criminelle）、そして 1810 年には刑法典（le Code pénal）がそれぞれ完成した。民法典にこの4つの法典を加えた5つの法典を指して、「ナポレオン法典」と呼ぶ。とりわけ民法典は、のちに諸外国における近代法典の編纂作業において、モデルとしての役割を果たすことになる。

そこで以下では、まず民法典について19世紀以降に展開された主な議論を通して「法典」がもつ意義および課題を概観し、次いで他の諸法典を含む「法典論」全体へと展開していくこととしたい。

2 法統一と民法典編纂

上記のような法典編纂は、全くゼロの状態から全面的に新たな規範体系を、きわめて短期間において構築することによって成し遂げられたわけでは決してない。その背景には、革命以前のフランス古法時代における法統一の要請と、それに応えるための作業の蓄積があったことを看過してはならない[*3]。

中世のフランスは、北部の慣習法地域と南部の成文法地域（ローマ法の影響下で成文法の形式を基礎として形成された慣習法）とに分かれ、各地域に固有の慣習法が発達していた。そこで、実務上の要請として、これらの慣習法を整備してフランス全土における法統一を図ることが求められ、それが王権による政治的統一と結びつくところとなった。1454年、シャルル7世は王令によって各地の慣習法の成文化を命じ、ブルゴーニュ慣習法（1459年）、オルレアン慣習法（1509年）、パリ慣習法（1510年）などに代表される成文慣習法が整えられた。とくに、1587年に最高法院長官であったブリッソンは、すべての王令を整理・統合して成文化することを命じたアンリ3世の王令に基づいて、「アンリ3世法典（le Code du roi Henri III）」を編纂した。これは、5000〜6000カ条を20部に分けて編成し、法律の適用、司法機関、民事法（婚姻、婚資、再婚、贈与、遺言など）、犯罪と刑罰、民事・刑事訴訟手続、行政手続、租税、運送、等々を包含する総合法典であった。やがてデュムラン、コキユなどによる慣習法研究が進み、各慣習法の整序および共通原則の探究を通してフランス共通法（普通法）が模索されるようになったが、これに自然法思想が基礎を与えて、さらに法の統一化・体系化が試みられるに至った。

近代合理主義的自然法思想に基づく体系化により、民法典の編纂に大きな影響を与えたのが、17世紀におけるドマ、そして18世紀におけるポティエの研究である。ドマは、キリスト教的精神と経済的実用主義の観点に立脚して、神への愛から導かれる義務の体系と相続の体系を提示した[*4]。ポティエは、各地域における慣習法の精緻な分析にローマ法研究の成果と実務上の有用性との調和を織り込みながら、これらを整理・統合して体系化し、債務法をはじめとする「概論（Traité）」を著した[*5]。こうした先人たちの諸業績が、民法典起草に重要な基礎を提供したのであった。

3　民法典の意義

　フランス民法典をはじめとするナポレオン法典は、自然法思想と実用主義との調和がとれた最も完備された規範体系であり、市民社会の担い手となるすべての国民にとって分かりやすい規範を具現化したものとして高い評価をうけた。わけても民法典は、「民事法律の体系（le corps des lois civiles）」を超えた「書かれた理性（la raison écrite）」であり真理の集大成であって、その諸規定は普遍的・絶対的な規範として適用されるべきものと評された。すなわちそれは、近代市民社会の象徴としての意義を有していたのである[*6]。

4　法解釈と法創造

　このように当時においては、市民社会を規律する諸規範は法典においてすべて完備・体系化されており、その内容は普遍的・絶対的であるから、法学者の役割は、もっぱら立法者が付与した意味内容を探究してこれらを条文ごとに明らかに示すとともに、他の条文との体系的整合性に配慮しながら論理的な注釈を加えることに尽き、裁判官はこれに忠実な法運用を行うことが求められた。これが、19世紀において主流をなした「註釈学派（École exégétique）」と呼ばれる解釈手法である。代表的なものとして、ドゥモロンブ、オーブリ＝ローなどによる民法典の注釈書が挙げられる[*7]。

　しかしながら、19世紀後半になると、急速な経済および技術的発展と社会の変容にともない、新たに生起するさまざまな問題に対して、法典のみから演繹的に妥当な解決を導くことが困難となるに至り、実用性の観点から法典万能

主義が批判されるようになった。そこで重要な役割を果たしたのが判例法（権利濫用法理、債務一般の発生原因としての不当利得法理、法人理論、附合契約論、推進的かつ決定的コーズ理論、危険責任論、安全配慮義務論など）の形成であった。法典の欠缺に対する判例の補充的機能が重要性を増すにつれ、やがて判例法が法典以外の法源として確固たる地位を得るところとなった。このような判例による法創造は、法典ないし条文の注釈的意義と論理性にとらわれず、実務上の要請に適合する柔軟な解釈と社会における生きた規範に関する「自由な法発見」の必要性を促し、これを判例研究・比較法研究などから科学的に探究する考え方の台頭をもたらした[*8]。

また、ドイツ民法典（BGB）が1900年に施行され、近代私法に関する最新かつ完成された立法モデルとして諸外国に大きな影響力を有するに至ったことが、外国法の摂取によるあるべき規範の模索という観点から、こうした潮流にさらなる刺激と活力を与えた。

こうした学術的手法を「科学学派（École scientifique）」と呼び、やがて19世紀を席巻した註釈学派に代わって支配的地位につくことになった。サレイユおよびジェニーがその代表者である[*9*10]。

民法の教科書・体系書も、註釈学派のような逐条解説でなく、著者による自由な類型化・再構成に基づく概説（Traité）の形式がとられるようになる。債務法を例にとってみよう。まず、民法典の編成は、第3編において、債務関係を「契約または合意による債務一般」（合意の有効性、債務の効果および種類、債務の消滅、債務および弁済の証明）と「合意なしに形成される約務」とに大別した上で、①契約、②準契約（quasi-contrat）〔事務管理と非債弁済〕、③不法行為責任に分類する、というものである。

これに対して、20世紀前半を代表するプラニオル＝リペールの概説書「債務法」[*11]においては、①民法典が契約に関する一般規定を置くにとどまるのに対し、序章において契約を含む債務関係一般について概説を行う、②第1部・契約法、第2部・民事責任法（La responsabilité civile）の2部構成とする、③契約法を第1編・契約の成立、第2編・契約の効果の及ぶ範囲、第3編・契約の履行、第4編・抵触法、に分類する、④第1部第1編「契約の成立」に代理（la représentation）、契約の無効一般を含める、⑤第2編「契約の効果の及ぶ範

囲」において虚偽表示、フロード（La fraude）を取り上げる、⑥第3編「契約の履行」を、契約解釈、免責事由、不予見法理（L'imprévision）〔事情変更の原則〕、危険負担、解除、同時履行の抗弁権によって構成する、⑦第2部の構成を、第1編・民事責任の根拠および適用領域、第2編・人の所為による責任、第3編・違法性阻却事由、第4編・権利濫用、第5編・複合的責任（物の所為についての責任、他人の所為についての責任）、第6編・損害賠償訴権、第7編・特別法上の責任、とする、といった多くの特色が見受けられる。

　条文の逐条解説から脱却した新たな概説書の登場は、それが民法について体系的かつ総括的に語るものである以上、教育レベルにおける民法典の再構成を示唆するものといえよう。

5　法創造・法改正と民法典改正

　法典編纂後の社会の変容は、判例法による法創造および学説の発展のみならず、立法にも大きな影響をもたらした。まず、19世紀後半から20世紀前半にかけて、身分証書、婚姻要件、離婚、非嫡出子の相続権、生残配偶者の権利、妻の能力、遺産分割など、多くの家族法改正が行われた。また、知的財産権や自動車損害賠償保障など、民法典の外においても特別立法が行われた。さらに、20世紀中葉には、養子縁組、親権、遺留分、日常家事代理権に加えて、不動産公示制度、先取特権、抵当権など財産法分野に関する特別立法が相次いで実施され、民法典の内外における改正ないし補充が進むに至った。加えて、非営利社団、共同所有権、保険、運送など、制定当時の民法典が知らなかった新たな法形態も多く登場してきた。

　このような法状況において、もはや民法典は民法上の原則の集大成とはいえず、民事法律の総体・体系たりえないのではないかとの指摘がなされ、判例法の展開と特別立法による補充・改正が固有の意義と地位を獲得していくにつれて、民法規範の統合体として民法典が維持すべき整合性・一貫性・体系性の欠如が問題視されるところとなった。

　こうした国内事情にドイツ民法典の制定とその影響力という対外的要因が加わって、民法典の意義について再考を促す動きが見受けられるに至った。以下に2つの大きな「波」について紹介しよう。

第1に、民法典制定100年を記念して論文集が公刊され、その主要テーマの1つとして民法典改正が取り上げられたが[12]、これについては賛否が分かれた。まず賛成論は、①判例や特別立法による法的手当ては個別的対応にすぎない、②判例法の発展および特別立法による個別規定の改正・補充により、民法典全体の整合性が損なわれている、③民法が多様化して民法典の外に多くの規範を見出さざるをえなくなっているのは由々しき事態であり、判例・学説の成果と特別立法さらには外国法を整備・統合しながら、市民にとって明快でアクセスしやすい完備された民法典の再編を目指すことこそが、法的安定性に資する、というものであった[13]。

　これに対して反対論は、①民法典は学術的成果の構築物ないし理論体系ではなく、その役割は実務上の要請に対して基本的な解決方針を提示し、もって判例を先導することにある、②ドイツ民法典は精緻で体系的な分類・定義などに象徴される通り学術的で高度な技術性に富むが、その抽象性と総論・定義規定の複雑さゆえに難解である上、法概念だけを持ち込んで再編すると体系的混乱を来すおそれがある、③したがって、民法典の全面改正については慎重を期すべきであり、現行法典を維持しながら判例法による補充と個別立法による法的手当てを図ることこそが、地に足が着いていて実務上の要請に適う、と説いた[14]。

　結局のところ、これらの議論は民法典改正をもたらすに至らなかった。

　第2に、第2次世界大戦直後に発足された民法典改訂委員会の報告について取り上げよう[15]。同委員会では、判例・学説の成果を取り込んで個別規定に反映させるだけでなく、新たな民法体系の起草・提案が目指された。そして、草案においては、①第1編・総則、第2編・人、第3編・財産、第4編・債務、の4部構成にすること、②現行民法典は序章において「法律の公布・効力・適用」に関する一般規定が6カ条存置されているにすぎないが、総則編では、法律の適用、法律行為（l'acte juridique）、財産権、人、物・財産に関する一般規定を設けること、②現行民法典は第3編に多くの重要規定が集中し、その対象は債務法、相続、夫婦財産制、取得時効、保証、先取特権・抵当権など多岐にわたっているが、これらを再分類・再構成すること、③商法、労働法などの特別法との関係を明らかにすること、などが検討された。この試みは、草案の一部

が未完成であったことや政治的理由などにより実現に至らなかったが、判例法のみならず、ドイツ民法の影響などによる学説の成果を存分に織り込んだ抜本的な改訂を企図したものであった。

6 民法典は今？

それでは、現在において民法典はどのような時代を迎えているのか。これまでの改正論はいずれも実現に至らなかったが、施行から200年が経過した今、民法典は「現代化」と「国際化」の要請に直面し、大きな改革期を迎えている。

すなわち、ヨーロッパでは、オランダ新民法（1992年）、ドイツ債務法改正（2001年）などに代表されるように、民法典の現代化が進められている。とりわけ、施行から100年が経過したのを機にドイツ民法典が行った一大改正は、その施行当時と同じく、フランスにも大きな影響を与えた。

あわせて、EU統合による取引社会のグローバル化は、契約法に関する国際的な法調和ないし法統一を促し、かかる要請に応えて国際統一契約法あるいはヨーロッパ統一契約法に向けた草案が相次いで起草されるに至っている。ユニドロワ国際商事契約原則（PICC）、ヨーロッパ契約法原則（PECL）、共通参照枠草案（DCFR）などがそれである[16]。これらの作業は、契約法に関する共通法（普通法）の探究を意味している。

このような動向の中で、フランス民法典も改正に乗り出した。まず、2006年に担保法改正が実施され[17]、民法典に第4編・担保編が加えられた。これにともない、第3編の第14章・保証ならびに第18章・先取特権および抵当権は削除された。また、債務法改正[18]および物権法改正[19]についても草案が起草され、このうち時効法の部分については2008年に改正が実現した[20]。

もっとも、このような改正作業は容易ではない。代表例を1つ挙げておこう。フランスでは、1999年に発令された消費財の売買および保証に関するEC・EU指令[21]の国内法化をめぐり、見解が大きく2つに分かれた[22]。同指令は、消費者取引における売買目的物の欠陥に対する売主の保証責任・買主保護の強化を図ったものであるが、これを国内法に移行するにあたり、a.民法典に導入して瑕疵担保責任（1641条～1649条）を改廃し、売買目的物の契約不適合に対する売主の責任規範につき、民法典と消費法典（Code de la consommation）を

あわせて一元化すべきか、b.消費法典に導入して消費者保護を強化するとともに、民法典中の現行規定を維持することにより売主の責任規範の二元化を認容すべきなのか、2つの方向性をめぐって激しく議論が対立したのである。ちなみに、フランスにおいては、製造物責任に関する1985年のEC指令の国内法化につき、1998年にこれを民法典に導入し、不法行為責任に追加規定を設けた経緯がある。a説（拡大導入説）の論拠は、①売買目的物の契約不適合に対する売主担保責任ひいては買主の救済手段を一元化することは、法の簡素化と明確化に資する、②消費者・事業者を問わず買主保護を統一化することが契約正義に適う、などであった[23]。これに対してb説（限定導入説）は、①消費者取引を対象とするEU指令を民法典に導入して、消費者売買・事業者売買を問わずすべての売買に適用するというのは、指令の目的を逸脱している、②民法典に加えて消費法典を有するフランスの法システムに適合する、③買主の保護手段が豊富になる、を根拠に挙げていた[24]。

この論争は最終的にb説にしたがった立法化[25]により解決をみたが、このような国際的動向の影響をうけて、フランスは現在、ヨーロッパ民法典への統合化とフランス民法典の独自性維持との間で揺れ動いている。

さて、上記のような民法典改正をめぐる動向は、法典のあり方について考えるための素材を提供する。

第1の視点は次の通りである。判例法や民法典の外における特別法の発展により民法の法源が複雑多様化すると、民法典をみただけでは民法を認識することができず、何が民法なのかが分からなくなるのではないか。民法典の使命は、民法に関する諸規範を明快に整理してアクセスしやすくすることにあるから、社会の変容と時代に即応すべく、判例・学説による法発展を反映させながら改正・再編していくべきである。そうでないと、民法典は使い勝手の悪い装置にすぎなくなってしまうであろう。

これに対しては、次のような見方もありうる。民法典は単なる関連法規の寄せ集めではなく、統一的かつ合理的な原理と私法秩序に基づいて体系化された民法規範の総体であり、一方で歴史的成果の蓄積を踏まえるとともに、他方において将来にも通じる普遍的価値を有するものでなければならない。したがって、民法典自体の安直な改正による価値体系の改変はかえって混乱を来すおそ

れがあり、慎重を期すべきである。実務上の要請に対する対応については、原則として判例法および特別法の手当てを柔軟に行うことによって図ればよい。

こうした問題視角は、つまるところ法典とは何か、どのような意義を有しているのか、法典化（法典をつくること）に際して何が求められているのか、といった基本的問題に連なる。以下に展開しよう。

Ⅱ 現代における法典化[26]

1 法律と法典

法典とは何か？　法律とはどこが違うのか？　フランスにおいては、伝統的に「法典（code）」と「法律（loi）」とは峻別されてきた。すなわち、法典とは個別の法律それ自体ではなく、法律の集大成（Recueil de loi）であり、特定の、または一般的事項に関する規範の総体である、というのが形式的な定義であるが[27]、本来の意味における法典とは、法律の集合体であるにとどまらず、同一の理念と価値に基づく豊富な規範の一貫性と統一性をもった体系であり、共通法（普通法）を体現したものである[28]、というのが伝統的な理解であった。先に紹介した近代法典が正にこの定義に相応しい「真の法典」ということになる。法典化・法典編纂（codification）とは、このような普遍性を有する統一化された法秩序および価値体系の構築を指すのであって、個別の特別立法による法律の制定（législation）を超える意味を有するものであった。

しかしながら、現代においては、法典の意義が多様化しており、特定分野に関する諸法令および判例法を集約・再構成（リステイトメント）して立法化した成果、あるいはさらに、既存の諸法令を形式的に整序・統合した集合体も含めて広く法典と称するに至っている。そのため、「法律」との区別はより緩やかなものとなっている。

こうした法典観の変容は、19世紀後半から主として20世紀における科学技術および社会生活の急速な発展・変化に起因している。以下に概観しておこう。

2 「脱」法典化と近代法典の危機

1807年に施行された商法典は、第1編・商事一般、第2編・海商、第3編・

倒産および破産、第4編・商事裁判の4編に分かれて、全648条で構成されていたが、そのうち、20世紀末において効力を有していたのは159カ条、さらにその中で原始規定が維持されていたのはわずか33カ条にすぎなかった。第2編は1966年から1969年にかけて行われた海商立法に置き換えられ、また、第3編に関しても、1967年の倒産・破産法制定を皮切りに、1984年および1985年の法改正を経て、1994年に会社更生法が編成され、第4編も1975年の新民事訴訟法に置き換えられた。さらに、会社法分野については、1867年に大改正が行われた後、1925年における有限会社法の立法を経て、1966年に会社法が制定されたが、これは第1編に設置されていた商事会社に関する諸規定の撤廃をもたらした。このほかにも、営業財産、商業登記および会社登記、株式、商事売買などにつき、特別法が制定されたが、いずれも商法典に挿入されなかった。こうして、商法典施行後における特別立法の補充・発展により、商法上の主要な制度の多くが商法典の外に独立して存置されるところとなり、商法典の「空洞化」を招くこととなったのである*29。

商法典のみならず民法典においても見受けられたように、急速な社会の変容と実務上の要請に対して、法典の外における特別立法すなわち個別の法令・規則の制定により即応する動向は、20世紀以降の現代法の特色であるといえる。それは、専門分化され、かつ流動化する個別領域における特別法の充実による、近代法典からの脱却すなわち、「脱」法典化（la décodification）を意味するものであった*30。

3 「再」法典化と現代型法典の意義

上述したような個別立法の充実化は、家族法あるいは担保法を中心とする民法分野および商法分野のみならず、労働法などの社会法分野や農地法、道路交通法などの行政法分野などにおいても認められた。ところが、こうした関連法規の増大化と加速する適用領域の細分化は、法源の多様化と拡散をもたらし、一般市民ばかりか専門家にとっても、どこにどのような制度が存在するのか、関連する諸法規相互の関係をどのように理解すればよいのか、などに関する法認識をきわめて困難ならしめるに至った。それは同時に、法システムおよび諸規範の一貫性と継続性の欠如ひいては法的安定性の危機を招いた。

そこで、このような法源および法規の過度な多様化・分散化を解消して、法へのアクセスおよび認識の確保を図るための工夫が求められた。それが、関連領域における諸法規の集約と再編成を目的とする法典化作業であった。かくしてフランスは、19世紀後半から20世紀前半にかけての「脱」法典化の時代から、20世紀中葉より「再」法典化の時代へと向かうことになった。

　まず1948年にフランス政府は、実質的な法改正をともなわない政令（décret）による法整備を行うべく、諸領域に広がる個別法令ならびに規則の集約と再編成を行うための法典編纂委員会を組織した。そして、1952年には、法典化に関する基本原則（ⅰ.公共サービスの効率を改善する、ⅱ.既存の法令・規則を維持尊重する、ⅲ.柔軟な法改正および簡易で一貫性ある運用を可能にする）を示す委員会報告書が提出された[31]。それは、現行法の抜本的改正ないし新たな規範の創設ではなく、もっぱら現存する諸規範の集成・整序を目的とする法典化作業であった。この試みは実現に至らなかったが、同委員会は、保険法、農業法、郵政通信事業法、社会保障法、公衆衛生法、都市計画法、道路交通法など多くの法分野に関する整備に取り組んだ。これらの作業は後に、租税法典（1950年）、労働法典（1973年）、保険法典（1976年）、都市法典（1976年）、司法組織法典（1978年）、社会保障法典（1987年）、行政裁判所および行政裁判手続法典（1987年）、道路交通法典（1989年）に結実した。

　さらに時を経て、1989年の政令[32]に基づいて新たに法典審議会（la Commission supérieure de codification）が組織され、各法分野における関連法令を可能なかぎり簡素化して統合するための法典化に着手し、1996年から2000年までの5ヵ年計画として42に及ぶ法典整備に臨んだ。その概要は、①「脱」法典化された既存の法典につき、その施行後に制定された関連法令を反映させながら再生を図る類型（後掲）、②関連法令を整序して新たな法典を創設する類型（司法組織法典（Code de l'organisation judiciaire）、行政法典（Code de l'administration）、防衛法典（Code de la défense）、運送法典（Code des transports）、社団および財団法典（Code des associations et fondations）、情報通信法典（Code de la communication）、スポーツ法典（Code du sport）、など）、③既存の法典に新条文を挿入して補充するにとどめる類型（民法典、刑法典）に分類された。そして、1999年12月16日法[33]により、上記の①類型に属する都市計画法典（Code rural）、教育法典

(Code de l'éducation)、公衆衛生法典 (Code de la santé publique)、商法典、環境法典 (Code de l'environnement)、行政裁判組織法典 (Code de justice administrative)、道路交通法典 (Code de la route)、会社・組合訴訟法典 (Code de l'action)、通貨金融法典 (Code monétaire et financier) の 9 つの法典化が宣言された。

　このような法典化作業は、一般的領域を統合する「大法典 (maxi-codes)」のみならず、特定の領域・事業・活動について限定的に規律する「小法典 (mini-codes)」を数多く生み出した。こうした法典の専門分化に対しては、法典相互間の諸規定の重複・抵触の調整が求められるが、法典審議会は、諸法典を「主たる法典 (code pilote)」と「付従的法典 (code suivre)」に分けて、同一の問題について規律する諸規定が重複した場合、後者の規定が前者の規定にしたがう旨の方針を採用した。

　このような、すぐれて行政上の観点に基づく実用主義的な法典化 (la codification administrative) とは、多岐にわたる個別法令を整理して関連分野ないし領域ごとに再分類して統合し（法源の統一化）、さらにその枠組みの中で諸規定相互の関係を整序して再編成（諸法規の体系化と全体的調和の実現）を行う作業であった。こうした法規の整備と集成による法典化は、現存する諸規範を整序して明確化するだけでなく、将来において生じうる法発展に対しても安定的な枠組みを提供し、かかる法典の枠内における改正・補充によって対応することを可能ならしめる。そこで、かかる意味における法典化ないし法典編纂は、「法の維持安定化のための法典化 (la codification à droit constant)」と呼ばれるところとなった[34]。

　上記のような現代型法典化は、抜本的な改正を行わずして、現存する関連法令の再整備・統合を行うことを旨としており、新たな規範創設によって社会を先導することを目的とするものではないため、近代型法典化とはタイプを異にしているが、その目的が、法へのアクセスを確保するとともに、その内容を簡明化して集約し、それらを全体において一貫性を有する統一体として構成することによって、法的安定性を確保することにある点[35]においては共通している。

　そこで、以上のような現代における「再」法典化 (la recodification) に関する法状況の概観を踏まえながら、「法典」とは何かについてさらに分析してみよう。

Ⅲ 法典、法典化そして「再」法典化とは何か？

1 法典化に関する分類

　かつて穂積陳重は、法典編纂の目的を次の5つに分類した[36]。すなわち、①乱世において国民の不平を鎮め、治安を維持することを目的とする「治安策の法典編纂」、②国難の後における社会秩序の回復を目的とする「守成策の法典編纂」、③国家統一に向けて、国内各地域の法律・慣習を統一して中央集権化を図ることを目的とする「統一策の法典編纂」、④社会の進歩とともに複雑化する諸規範の整備を目的とする「整理策の法典編纂」、⑤社会を刷新するにともない、新たな法秩序の創設を目的とする「革新策の法典編纂」がそれである。そして、ナポレオン法典は②③⑤を兼ねた類型に属すると説いた。

　フランスにおいては、先に概観した近代型法典モデルおよび現代型法典モデルをうけて、①改革型法典化（les codifications-innovations）と②集成型法典化（les codifications-compilations）の2類型が提唱されている[37]。①は文字通り、新たな規範体系の確立または、これに類する抜本的改正と現行法の整備との複合による法典編纂を指し、②に相当するのは、実質的な法改正をともなわない（関連規定相互間の均衡・調整あるいは法典全体の調和を保つために必要最低限の修正にとどめる）、現行法令および規則の集約・整序・再編成による「法の維持安定化のための法典化」である。①を本来の意味における「真の法典化（la codification réel）」、そして②を「形式的法典化（la codification formelle）」として区別する理解もある[38]。また、上記の①②に加えて、判例法の成果と共通する問題に関する施行後の法令を再構成した上で既存の法典に挿入する、補強型法典化を加える見解も提唱されている[39]。

　①の典型が民法典を中心とするナポレオン法典であるが、現代型法典の中では、民事訴訟法典（1975年）および、刑法典（1992年）の改正などが挙げられている。また、②に属する法典は、「法の維持安定化のための法典化」の成果として先に挙げたもののほか、1993年の消費法典もここに分類されている。もっとも、ここにいう集成型法典化は、現代に至って初めて現れた法典類型ではない。古くはローマ法におけるテオドシウス法典あるいはユスティニアヌス法典も、先述したフランス古法時代のアンリ3世法典も、いずれも実用主義的

な観点に基づく判決・慣習あるいは王令の集大成であり、集成型法典化に属する。そのため、歴史的にみれば、集成型法典化こそが法典化の原型であり、改革型法典化は、革命期ないし近代合理主義的自然法思想の所産であったといえる。そればかりか、改革型法典化の典型と目されるナポレオン法典でさえも、それまでのローマ法およびフランス慣習法の総括としての意義にかんがみれば、集成型法典化の要素がうかがえないわけではない。

2　何のための法典化・「再」法典化か？

　法典化の目的およびタイプがどのようなものであれ、法典化のメリットとして、少なくとも次のような要素が挙げられる[*40]。第1に、理論的に体系化された編成に基づく法源の統一化により、法の明確性が得られる。第2に、一貫した構想にしたがって諸規定が関連づけられていることにより、法の安定性が築かれる。第3に、法典化による関連法規の集約・統合化が、権利と義務そしてサンクションといった規範内容の効率的な認識をもたらし、法への高度なアクセス可能性が確保される。改革型法典化についてはさらに、あるべき理念に基づく価値体系の提示により社会変革を先導する、という役割がこれらに加わるであろう。

　このような法典化の意義はすでに本章でも再三にわたって取り上げたところであるが、それでは、21世紀に向けて法典化ないし「再」法典化を推進するにつき、さらに留意すべき点は何であろうか。以下に、法典化および「再」法典化が内包する課題について指摘されている点を挙げてみよう。

3　誰のための法典化か？

　すべての国民にとって「明快で分かりやすい法典」とは何か[*41]。ここにいう「国民」とは、法的素養のない一般市民を指すのか。それとも、実際に法の解釈運用に携わる法律家を主として想定しているのか。この点に関するフランスの伝統的な考え方は、前者である。すなわち、法典の使命は、平凡な市民たちに対して、法律を可能な限り明快かつ簡にして要を得た形で提示することにある。それは、法律家のための学術的作品であってはならず、誰もが共有しうる理性と道理であり、親しみやすい書物でなければならない。なぜなら、法律は、

専門的素養の助けなくして、すべての家父、商人、農夫、労働者、職人たちが理解しうるものでなければならず、彼らにとって法律を有用ならしめるのが法典であるといえるからである。そのためには、難解な専門用語で埋め尽くされたものではなく、一般市民が共有しうる言葉で語られた法典であることが求められる。万人にとって分かりやすい法典とはこのことを意味しており、それが革命思想と相まって近代法典編纂の基本方針となった。この考え方は、複雑多様化が進む現代法においても多くの支持を得ている。「法の維持安定化のための法典化」において目指されたのも、すべての国民がアクセスしやすい簡明な法典編纂であり、法文の現代化とは、このような意味における分かりやすさの実現を指しているからである。

これに対して、法典は法規の運用に直接関わる法律家に向けたものであり、したがって、法技術的に卓越した作品でなければならない、という反対の見方もある。これはドイツ民法典の起草において基礎となった見解とされている。複雑かつ多様な事象を簡潔に規律するためには、技術的に高度な専門用語を用いた定義を法律家たちに提供する必要があり、かかる定義から演繹される規範の体系化が求められる、というのである。なお、定義規定を法典に盛り込むことの是非については見解が分かれるところであり、不明確な定義は紛争の要因となるばかりか、解釈の発展を妨げるとの批判もある。

4 法典化・「再」法典化は難しいか？

新たな理念に基づく価値体系の提示によって社会の変革を目指す改革型法典化が難事業であることについては論を俟たないであろうが、集成型法典化に対しても、次のような疑問ないし問題点が指摘されている。第1に、このような諸法規の再分類・再編成は、それ自体有用であることについては疑いがないとしても、「法典化」とよぶに相応しくないのではないか、という疑問が提起されている[42]。「理論的基礎に欠ける体系」という指摘[43]もこれに準じよう。改革型法典化をもって真の法典化ないし本来の意味における法典化と称することが多いのは、集成型法典化は実用的観点に立脚した形式的な分類・編成作業にすぎない、という見方の裏返しであり、それは、法典の意義をその時代における価値の象徴化に求めることを意味している。

第 2 に、こうした法典化方式は、現行法規の整備にとどまるため、将来に向けて一貫性ある解決を示すことにはならず、また、判例法のリステイトメントまでを含むものではないことから、有効期限がごく短期に限られるという内在的限界がある、と評されている*44。

　これと関連して第 3 に、実務上の要請に迅速に応接して時宜を得た法典化を実施することに意義があるとしても、単に関連法令を法典という枠組みの中に詰め込めば足りるというものではなく、拙速な「再」法典化は、法典を全体としての一貫性を欠いた「雑多な収納箱」に陥らせることとなり、かえって法的安定性を損ねるおそれがある、という指摘もある*45。

　さて、現代における法典化は、それが抜本的改正であれ、特別法の集成・再編成であれ、あるいは判例・学説の到達点の集約であれ、その多くが「再」法典化として具現化している。その方法には、①既存の法典に新規定を挿入して再編成する方式と、②新たな法典編纂を行う方式とがありうる。先に取り上げた「法の維持安定化のための法典化」においては、法典の増大化・専門分化をもたらした②の方式が主であった。

　いずれの方式によるとしても、いかなる事項をどの法典においてどのような形で規律すべきか、が問われるところとなる。たとえば、証券に関する規定は、会社に関する基本的の立法事項として商法典に織り込むべきなのか、あるいは、証券取引市場に関わる金融商品のように、通貨金融法典において扱うのが適切なのか、といった問題がそれである。

　このような問題提起は、法典相互間の規定配分のあり方を含めた法典化の基本構想にも反映される。これについてさらに例を挙げると、民法典施行 200 年においては、①民法典と消費法典の関係につき、消費法典における民事法規定を総括した上で、民法典に消費者保護にも通じる一般規定を盛り込むべきか、②契約法に関する一般規定を設計するにあたり、今日における主要な契約が商行為であるという実態をどのように反映させるべきか、商行為と民事契約との区別はいまだ意義を失っていないのか、商事性の有無より「事業性」の有無を基軸として規律することが有益なのではないか、③不動産の売買、建設、管理、公示に関する異なる契約・行為を統合して不動産法典を編纂してはどうか、等々が検討課題として取り上げられた*46。

Ⅳ 結びにかえて

　ここまで概説してきたフランスにおける法典論の特色をまとめると、次のように集約することができよう。

　第1に、伝統的に法典（code）は法律（loi）とは区別されてきた。すなわち、法典とは法律の集大成であり、特定または一般的事項に関する規範の統一体を指す。したがって、法典編纂と個別の特別立法ないし規則の制定とは意義を異にする、と解されている。そこで、フランスにおいては、法典そのものにとどまらず、法典化つまり「法典をつくること（codification）」に関する研究が行われている。

　それでは、法典化において何が求められるのか。ナポレオン法典に代表される近代法典編纂以後、フランスにおいては、①象徴性（新たな理念に基づく価値体系を提示して、社会変革の象徴としての役割を果たすこと）、②普遍性（その価値体系が、醸成された歴史的成果に現実的妥当性と将来的通有性を織り込んだものであること）、③体系性と一貫性（制度設計に関する明確な基本構想に基づき、条文相互間に「縦の整序」と「横の整合性」が保たれ、全体の調和がとれていること）、④統合性（対象とする事項に関する規範が集約・完備されていること）、⑤簡明性（可能な限りシンプルにして明快な規範体系を提示すること）、⑥高度な認識可能性（関連法規へのアクセスが容易であること）、が挙げられている。

　第2に、近代から現代にかけて法典タイプが変容した。近代法典は合理主義的自然法思想に基づく改革型法典であったが、その後の社会の急速な変化に対応すべく、19世紀後半から20世紀中葉にかけて「脱」法典化（法典から判例法そして特別法へ）が進み、法源の多様化と個別法令の増化および拡散による混迷が問題となるに至った。そこで、20世紀中葉から近年にかけて、法典の枠外において制定された多岐にわたる特別法令につき、それらの集約・再分類・再編成による「再」法典化（特別法から法典へ）が実施され、法の認識可能性確保が目指された。このような再法典化の特色は、それが近代法典のような象徴性を帯びていないばかりか、実質的な法改正を目的とするものでさえなく、もっぱら現行法令の整備と統合による規範の維持安定化という、行政目的のための集成型法典化である点に求められる。具体的には、①新商法典や新環

境法典のような既存の「基本法典・特別法典再生型」、②消費法典のような「新特別法典創設型」、③民法典のような基本法典に新条文を挿入する「基本法典補充型」に分かれる。多いのは①さらに②類型であるが、特別法典の充実化は法典の増化・専門分化を意味している。このような「再」法典化への動きは、関連法令の整備・統合によるアクセスの確保という実務上の要請もさることながら、立法の最終形態ないし理想形態としての法典の意義を示しているように思われる。

また、こうした現代型法典の活発な編纂は、民法典と商法典・消費法典の関係など、法典相互間の「再」体系化をさらに促すところとなっており、基本法典における共通法（普通法）の示し方が問われている。それは、関連法典を統合する基本構想と価値体系モデルの提示を通して、真の意味における法典への回帰が要請されていることを表わしているのではなかろうか。

第3に、法典化に際しては、高度な学術的価値を有する理論体系の構築より、問題解決のための指針と判断枠組みの簡明な提示という、実用主義的な観点が重視されているように見受けられる。それは、誰のための法典化か、という問題提起に連なる。

第4に、現代型法典においては、労働法典、消費法典、都市法典、情報通信法典、環境法典、スポーツ法典などのように、民事・刑事法・行政法あるいは実体法・手続法の複合型ないし分野横断型の法典が多く編纂されている。このような、適用対象となる社会問題ないし事象類型に応じた再分類は、分かりやすい法典とは何か、という問いに関わり、ひいては法学教育のあり方にも影響を及ぼすものと考えられよう。

（武川　幸嗣）

*1　フランスにおける「法典論」に関する主要な邦語文献として、野田良之『フランス法概論（上）〔再版〕』（有斐閣・1970年）、山口俊夫『概説フランス法（上）』（東京大学出版会・1978年）、滝沢正『フランス法〔第2版〕』（三省堂・2002年）、大村敦志『法典・教育・民法学』（有斐閣・1999年）、同『20世紀フランス民法学から』（東京大学出版会・2009年）189頁以下、北村一郎「作品としてのフランス民法典」北村一郎編『フランス民法典の200年』（有斐閣・2006年）1頁以下、金山直樹『法典という近代』（勁草書房・2011年）、などがある。

*2 Jean CARBONNIER, Le Code civil, Les Lieux de mémoire, sous dir. P. Nora, t. Ⅱ, Paris 1986, La notion, pp. 293 et s. 大村・前掲注（1）『20世紀フランス民法学から』198頁は、「民事憲法」の意味につき、「フランス市民社会の構成原理」と理解する。
*3 北村・前掲注（1）『フランス民法典の200年』21頁以下。
*4 Jean DOMAT, Les lois civiles dans leur ordre naturel, nouv. éd, 2 vol, Luxenbourg 1702. ドマについては、野田良之「ジャン・ドマとフランス民法典―特に民事責任の規定を中心として」比較法雑誌（中央大学）3巻2号（1956年）1頁以下、など。
*5 Ouevres de POTHIER, Contenant les traités du droit français, nouv. éd, 11 vol, Paris 1827. ポティエについては、金山・前掲注（1）『法典という近代』113頁以下、中野万葉子「ジャン・ドマ（一六二五～一六九六）の私法理論」法学政治学論究（慶應義塾大学）101号（2014年）135頁以下、など。
*6 Louis VOGEL, Recodification civil et renouvellement des sources internes, La Code civil 1804-2004, in Livre du Bicentenaire, Paris 2004, p. 163.
*7 Charles DEMOLOMBE, Cours de Code Napoléon, 31 vol, Paris 1845-76 ; Charles AUBRY et Charles RAU, Cours de droit civil français, 8 vol, 4e éd, Paris 1869-79.
*8 Jean-Louis HALPÉRIN, Histoire du droit privé français depuis 1804, Paris 2001, pp. 171 et s.
*9 Ferdinand LARNAUDE, Le code civil et la nécessité de la Révision, in Le Code civil, Livre du centinaire, t. Ⅱ, Paris/Frankfurt 1969, p. 911 ; G. CORNU, La lettre du Code à l'épreuve du temps, Mélanges Savatier, Paris 1965, p. 165.
*10 François GÉNY, Méthode d'interprétation et sources en droit privé positif, Essai critique, 1re éd, 1899 ; Raymond SALEILLES, École historique et droit naturel d'après quelque ouvrages récents, in RTD civ, 1902, pp. 80 et s. 野田良之「註釈学派と自由法」『法哲学講座』第3巻（有斐閣・1956年）、など。
*11 Marcel PLANIOL et Georges RIPERT, Traité pratique de droit civil français, t. VI, Obligation, Paris 1930.
*12 La question de la révision, Le Code civil 1804-1904, Livre du centenaire, t. II, 4e partie.
*13 Raymond SALEILLES, Le Code civil et la methode histrique, Livre de centenaire, t. I, pp. 97 et s. ; LARNAUDE, art. préc. ; Eustache PILON, Réforme du Code civil par voie de Révision générale, Livre de centenaire, t. II, pp. 935 et s.
*14 Marcel PLANIOL, Inutilité d'une Révision générale du Code civil, pp. 955 et s. ; Eugène GAUDEMET, Les Codifications résentes et la Révision du Code civil, Livre de centenaire, t. II, pp. 967 et s.
*15 Léon Francis JULLIOT DE LA MORANDIÈRE, Travaux de la Commission de Réforme du Code civil, Paris 1945-46. フランス民法典改正草案翻訳委員会「フランス民法典改正草案（1）～（3・完）」比較法雑誌（中央大学）4巻1=2号（1958年）、3=4号（1959年）、5巻2=3=4号（1960年）。
*16 ペーター・シュレヒトリーム編『ヨーロッパ債務法の変遷』（信山社・2007年）、オーレ・ランドー／ヒュー・ビール編（潮見佳男・中田邦博・松岡久和監訳）『ヨーロッパ契約法Ⅰ・Ⅱ・Ⅲ』（法律文化社・2006-2009年）、マリー＝ローズ＝マクガイヤー（大中有信訳）「ヨーロッパ契約法原則から共通参照枠へ(1)(2・完)」民商法雑誌140巻2号（2009年）137頁、3号（2009年）306頁、など参照。
*17 平野裕之・片山直也訳「フランス担保法改正予備草案」慶應法学9号（2008年）203頁。
*18 債務法改正草案は司法大臣に提出されたものが複数存するが、先陣を切ったのは2006年の「カタラ草案」である。ピエール・カタラ（野澤正充訳）「フランス―民法典

から債務法改正草案へ」ジュリスト1357号（2008年）136頁、上井長十「資料／フランス債務法及び時効法改正草案構想（avant-projet）—カタラ草案—試訳(1)(2)」三重大学法経論叢26巻2号（2009年）145頁、27巻1号（2009年）21頁。

*19 フランス物権法研究会（代表・金山直樹）「フランス物権法改正の動向」民商法雑誌141巻1号（2009年）134頁、ユーグ・ペリネーマルケ（平野裕之訳）「アンリ・カビタン協会による物権法改正提案」民商法雑誌141巻4・5号（2010年）443頁、門広乃里子「資料／フランス民法典第2編『財産』法改正準備草案の紹介と試訳」国学院法学47巻1号（2009年）1頁。

*20 金山直樹・香川崇「フランス新時効法」金山直樹編『消滅時効法の現状と改正提言』（商事法務・2008年）165頁。

*21 Dr. n° 1999/44/CE, 25 mai 1999 : JOCE n° L 171, 7 juill. 1999, p. 12.

*22 指令の概要およびこの問題に関するフランスの議論の紹介・分析として、馬場圭太「EU指令とフランス民法典—消費動産売買指令の国内法化をめぐる動向」川角由和・中田邦博・潮見佳男・松岡久和編『ヨーロッパ私法の展開と課題』（日本評論社・2008年）405頁以下参照。

*23 Geneviève VINEY, Quel domaine assigner à la loi de transposition de la directive européenne sur la vente?, in JCP, 2002, I, 158.

*24 Gilles PAISANT et Laurent LEVENEUR, Quelle transposition pour la directive du 25 mai 1999 sur les guaranties dans la vente de biens de consommation?, in JCP, 2002, I, 135 ; Patrice JOURDAIN, Transposition de la directive sur la vente du 25 mai 1999, D, 2003, p. 4 ; Olivier TOURNAFOND, La nouvelle « garantie de conformité » des consommateurs, D, 2005, p. 1557 ; Laurent LEVENEUR, La nouvelle garantie légale de conformité des biens vendues aux consommateurs, Libre droit, Melanges Le Tourneau, Paris 2008, pp. 647 et s.

*25 Ordonnance du 17 fév 2005.

*26 フランスにおける現代型法典化については、大村・前掲注（1）『法典・教育・民法学』75頁以下が詳しい。

*27 Gérard CORNU, Vocabulaire juridique, Paris, v° Code ; Amédée BEAUJEAN, Dictionnaire de la langue française, Gallimard, v° Code ; P. ROBERT, Le nouveau Petit Robert, nouv. éd, Paris, v° Code.

*28 Jean CARBONNIER, Droitcivil, Introduction, Paris, p. 199 ; Jean GAUDEMET, Codes, Codifications, Complications, Droits, n° 24, 1996, p. 4.

*29 Bruno OPPETIT, La décodification du droit commercial français, in Mélanges R. Rodière, Paris 1982, pp. 197 et s. ; Roger HOUIN, La dé codification du droit commercial en France, in Rev. juridique et politique, Indépendance et Coopération, 1986, pp. 701 et s.

*30 Bruno OPPETIT, Essai sur la codification, Paris 1998, p. 12 ; Philippe RÉMY, La recodification civile, Droits, n° 26, 1997, pp. 10 et s.

*31 Gabriel ARDANT, La codification permanente des lois, décrets et circulaires, in RDP, 1952, p. 35.

*32 Décret n° 89-647 du 12 septembre 1989.

*33 Loi. n° 99-1071 du 16 décembre 1999, JO 22 déc. 1999, p. 19040 ; D.2000, legislation, 20.

*34 OPPETIT, op.cit. (note 30), p. 63.

*35 Jean-Louis GAZZANIGA, Rédaction des coutumes et codification, Droits, n° 26, 1997, p. 72.

*36 穂積陳重『法典論』（復刻版、2008年・新青出版）43頁以下。なお、同書末尾の北居功「穂積陳重『法典論』解題—現行民法編纂事業から眺めた法典論の意義」も参照。

*37 Jean-Louis SOURIOUX, Codifications et autres formes de systématisation à l'époque actuelle, Le droit français, Journée de la Société de législation comparée, in RID comp, 1988, p. 145.

*38   Gérard Cornu, Droit civil, Introduction au droit, 13ᵉ éd, Montchrestien 2007, p. 125.
*39   Oppetit, *op.cit.* (note 30), p. 18.
*40   Guy Braibant, Unité et difficultés de la codification, Droits, n° 24, 1996, pp. 64 et s.
*41   Rémy Cabrillac, Les codifications, Paris 2002, pp. 218 et s.
*42   Jean Foyer, Le Code civil est vivant. Il doit le demeurer !, in JCP, I, 2004, 120.
*43   Sourioux, *op.cit.* (note 37), pp. 153-154.
*44   Dominique Bureau, Remarques sur la codification du droit de la consommation, in Recueil Dalloz, 1994, p. 293.
*45   Rémy Cabrillac, Recodifier, in RTD civ, 2001, pp. 843 et s.
*46   Jean-Luc Aubert, La recodification et l'éclatement du droit civil hors le Code civil, in Le Code civil 1804-2004 Livre du Bicentaire, Paris 2004, pp. 123 et s. ; Jacque Mestre, Les difficultés de la recodification pour la théorie générale du contrat, in Le Code civil 1804-2004 Livre du Bicentaire, Paris 2004, pp. 231 et s. ; Jacques Béguin, L'affirmation de l'autonomie du droit commercial, Le discours et le Code Portalis, deux siècles après le Code Napoléon, Paris 2004, pp. 73 et s.

第 7 章
英米法における法典化運動

I　はじめに

　イギリス（ここではイングランドとウェールズの法を指す）、アメリカ合衆国、また、インドをはじめとして、イギリス法を継受したコモンウェルス諸国（カナダ、オーストラリア、ニュージーランド、インド、マレーシア、ケニア、南アフリカ共和国など）において、法典化運動はどのように展開されてきたのだろうか[*1]。

　これらの英米法系諸国では、判例法を第 1 次的な法源とし、制定法を第 2 次的な法源としている。すなわち、主要な法原則は判例法により形成され（判例法主義）、制定法は、主として判例法のルールを修正、補完する役割を担うのである[*2]。法典化運動についても、このような判例法と制定法との関係を踏まえて理解する必要があり、「法典（Code）」とは、一般的には、判例法の「部分的法典化（partial codification）」を指し、それを具体化させたものを「法典化された制定法（codifying statute/act）」と呼ぶ。

　ところが、20 世紀以降、アメリカ法を中心に、後述する統一商事法典（UCC）やリステイトメントに代表されるように、従来とは異なる法典化運動が展開されるようになり[*3]、その傾向は、私法、とりわけ、契約法やその周辺領域において顕著である[*4]。さらに、そこで培われた法典化の手法や思考様式が、近時、

国際取引法の統一化、また、イギリスを含むヨーロッパ私法の統一化・法典化運動にも影響を与えている。

そこで、本章では[*5]、英米私法・契約法の領域を中心に、20世紀以前の伝統的な法典化運動と、20世紀以降の新たな法典化運動を対比させることで、改めて、英米法における法典の意義と特徴を明らかにしよう。検討の順序としては、まず、16世紀から19世紀にかけて、イギリス、インド、また、アメリカ合衆国において、いかにして法典化が要請され、かつ実践されてきたかを明らかにする（Ⅱ）。次いで、20世紀以降のアメリカにおける新たな法典化の動き、また、イギリスにおける法改革の動きに言及する（Ⅲ）。最後に、これまでの叙述を踏まえて、英米法における法典化の特徴を挙げよう（Ⅳ）。

Ⅱ　法典化の要請とその実践

1　法典化の要請

(1) コモン・ローの形成

（ⅰ）コモン・ローの意味　　ドイツやフランスなどの大陸法系諸国では、ある特定領域の法原則を体系的に編纂し、法典化するという政治的・社会的要請があったのに対して、イギリスでは、そのような要請が存在しなかったといわれている。大木雅夫は、その著書『比較法講義』において、以下のように指摘する。

「大陸では、フランスでもドイツでも『国民』の形成は非常に遅く、無数の地方的法に分裂していたために法典編纂によってこれを解消する必要があったが、政治的統一の早いイギリスは、強力な国王権力とその裁判所のもとで早くから一元的なコモン・ローを形成していた。法典編纂による法統一の問題は起こり難いのである。」と[*6]。

ここでいう「コモン・ロー（common law）」という言葉は多義的な意味を有しているので、確認をしておこう。コモン・ローは、①法体系上の違いを表す言葉として、「大陸法（civil law）」との対比で「英米法」を意味することもあれば、②法源上、「制定法（statute）」との対比で「判例法（case law）」を意味することもある。また、③判例法の体系の1つとして、「コモン・ロー」と称さ

れる領域がある。大木のいう「コモン・ロー」はこの意味で理解される。イギリスの判例法は、今では一元化されているが、異なる種類の裁判所（国王裁判所、大法官裁判所、海事裁判所、教会裁判所）により形成されてきたという歴史的な経緯があり、それに応じて、コモン・ロー、エクイティ（衡平法；equity）、商慣習法（law merchant）、また、教会法（canon law）といった異なる判例法の体系が存在した。

　(ⅱ)　コモン・ローとエクイティ　　一般に「コモン・ローの法典化」という場合には、前述した②の意味、すなわち、判例法の法典化を意味するが、そこで法典化の対象とされるのは、③でいう（狭義の）コモン・ローやエクイティに他ならない。そこで、この2つの判例法体系の成り立ちについて簡単に説明を加えておこう[7]。

　コモン・ローとは、1066年のノルマン征服（Norman Conquest）以降、国王裁判所が、裁判を通じて、各地のゲルマン慣習法を統一化した結果、生み出された判例法体系である。その特徴は、令状に応じた訴訟方式（forms of action）に従って訴訟手続がとられたことにある。請求に応じた令状がない場合には、訴えを提起できず、救済を受けることができなかった。

　エクイティの役割は、令状がないことにより、国王裁判所の下で救済されないことから生じる不正義を解消することにあった。15世紀後半に設置された大法官裁判所では、訴訟令状は必要とされず、大法官は、個別の事件ごとに裁量によって救済を与えた。やがて同様の事案には同様の救済が与えられるようになり、ここに、コモン・ローの存在を前提としつつ、それを補完することを目的とした、新たな判例法体系（エクイティ）が確立したのである。

　その後、コモン・ローとエクイティの二重体制は19世紀後半まで続くが、最終的には、「1873年および1875年最高司法裁判所法（Supreme Court of Judicature Act 1873 and 1875）」が制定されたことで、それぞれの裁判所は統合され、一元的な裁判制度の下、訴訟手続も統一化された。それに応じて、別個に存在した判例法体系についても（商慣習法や大半の教会法を含む）、この一元的な裁判制度に統合されている。

(2)　法典化の理論
　(ⅰ)　16世紀から17世紀にかけて　　イギリスでは、国家的・政治的統一の

ための法典編纂は必要とされなかったが、別の理由から法典化が求められた。前述したコモン・ロー（判例法）の法典化である。その要請は16世紀に遡ることができる。「コモン・ローを総覧（digest）または法典（Code）に圧縮させるという考えはイングランドにおいて目新しいものではない」といわれ[8]、ヘンリー8世の治世（1509-1547）、エドワード6世の治世（1547-1553）、ジェームズ1世の治世（1603-1625）、また、クロムウェルの治世（1653-1658）においてもコモン・ローの法典化の必要性は繰り返し主張されてきた、といわれる[9]。

　その背後には、当時から問題視されていた膨大な数の判例法と、場当たり的に制定された多数の制定法の存在があった。法典化を求める唯一の動機は、法典が有するとされる確実性と簡便性という優れた利点を生かして、形式面でコモン・ローの改革を目指すことにあった[10]。もっとも、この時代の法典化の要請が何か具体的な成果に結びつくことはなかったようである[11]。

　(ii) 18世紀から19世紀にかけて　その後、イギリスにおける法典論の発展を論じる上で欠かせないのが、18世紀後半に登場したブラックストーンと、18世紀末から19世紀初めにかけて活躍したベンサムという2人の著名な法学者の存在である。

　ブラックストーン（William Blackstone, 1732-1780）は、1765年の『イギリス法釈義（Commentaries on the Laws of England）』において、当時の乱雑なイギリス法を完全かつ体系的に概観することを試みた。同書は全4巻から成り、序説、第1編（人の権利）、第2編（物の権利）、第3編（私的不法行為）、および、第4編（公的不法行為）により構成されている[12]。もっとも、彼は、既存の法制度（コモン・ロー）を克服しようとしたのではなく、コモン・ローにおいて見出したことを秩序立て、そして体系化することを試みたのである。彼は、法がいかに存在しているか（How the law is）を問うたのであり、法がいかにあるべきか（How the law ought to be）を問うたのではなかった。その意味で、ブラックストーンの取組みは、直接には法典化には結びつかなかったが、それでもなお、コモン・ローを体系化しようとしたことには大きな意義があった。彼の『イギリス法釈義』は、長らくイギリスやアメリカで基本書として参照され、また、この後に登場するベンサム（Jeremy Bentham, 1748-1832）は、ブラックストーンの業績に対抗する形で、自らの法典論を展開していくのである[13]。

そのベンサムの主張は、当時のイギリス法に対する不満と批判から始まる。ベンサムにとって、コモン・ローとは不確かで、擬制（fictions）と同義語反復（tautologies）に満ちており、そして、司法は緩慢で、不当なものに映った[14]。そのために、彼は、コモン・ローを肯定し、かつ、それを体系的に概観したブラックストーンを激しく批判したのである。ベンサムが試みたのは、「最大多数の最大幸福（the greatest happiness of the greatest number）」の言葉に代表される、彼が信奉する功利主義の見解を法実務に反映させることにあった。彼にとって、功利主義の原則を実践し、社会政策の中でこの目標を達成する方法は「立法（legislation）」であった。もっとも、彼が念頭に置いたのは、コモン・ロー（判例法）を補完、修正する従来型の立法、すなわち「制定法」ではなく、コモン・ローに置き換わる新たな立法、すなわち「法典」であった。彼の目標は、既存の法源として法的拘束力をもつコモン・ロー（判例法）や慣習法を排除して、それに代わる諸々の法典を立法化することにあったのである。

ベンサムの弟子、オースティン（John Austin, 1790-1859）もまた、コモン・ローの法典化の考えを支持した。しかし、オースティンにとっての法典化は、ベンサムのそれとは異なり、法の実質や内容を改革するのではなく、既存のコモン・ローを体系づけるという、法の形式に関する改革を意味した[15]。すなわち、本章の冒頭で述べた「判例法の部分的法典化」である。そして、このオースティンの考え方が、その後の英米法系諸国における「法典」の意味として定着していくことになる[16]。

以上のように、法典化の理論は、ベンサムやオースティンを中心にイギリスから発信されたわけだが、法典化の実践という側面では、イギリス法を継受したアメリカ合衆国、また、インドにおいて著しい進展が見られた。以下では、19世紀におけるアメリカ、インド、そして最後に、19世紀イギリスにおける法典化の動向を見ていこう。

2 法典化の実践

(1) 19世紀のアメリカ

(i) 合衆国の建国と法典化運動　　まず、アメリカ合衆国の建国の成り立ちを確認しておこう。イギリスの北アメリカ大陸進出は1607年のジェームズタ

ウンにおける植民地建設に始まり、1733年には13の植民地が成立したが、1776年にそれぞれの植民地が独立国家となる。その後、イギリスとの独立戦争を経て、1788年に制定された合衆国憲法の下、各国（現在の州）が有する主権のうち、同憲法に列挙された部分を委譲して「アメリカ合衆国」が成立した。

このようにアメリカ合衆国は連邦国家であり、連邦と各州（現在は50州で構成）は、それぞれに行政部（大統領、州知事）、立法部（連邦議会、州議会）、および、司法部（連邦裁判所、州裁判所）をもつ。当然のことながら、単一のアメリカ法というものは存在せず、連邦法と50の州法とが併存している。

そのアメリカ合衆国では、19世紀に入ると法典化運動の機運が高まる。1820年代から、すでに判例報告の洪水は手におえないものと感じられていたようであり[17]、それを打開する唯一の方策として、州レベルでの法典化を促進する運動があらゆる州で主張されるようになる[18]。しかし、その後、合衆国を2つに分断する南北戦争（1861-1865年）が勃発したこともあり、その運動は頓挫してしまう。19世紀アメリカの法典化運動において、一定の成果が現れたのは、ルイジアナ州とニューヨーク州である。

もっとも、大陸法の系譜を汲むルイジアナ州の法典化は、例外的なケースと捉えてよい[19]。ルイジアナは、18世紀初めにはフランス領、1769年からはスペイン領となり、そして、1803年に再度フランス領となった後に、すぐさま合衆国に売却され、1812年に18番目の州となる。同州では、ベンサムの法典化の思想の影響を受けたリヴィングストン（Edward Livingston, 1764-1836）が中心になって、フランス民法典を模範とした3522条から成る民法典のほか、民事訴訟法典が起草され、1825年にそれぞれ採択されるに至った。

ニューヨークでは、フィールド（David Dudley Field, 1805-1894）が、1847年に州議会に任命されて、ニューヨーク州法の法典化に着手した[20]。フィールドもまた、ベンサムの法典化の思想に共鳴した一人であった。フィールドは、合衆国のコモン・ローを「混乱と無秩序に満ちた」ものとして批判し、法における混沌と不確かさの問題を解決する唯一の策は包括的な法典化にあると主張した[21]。

彼が最初に手がけたのは手続法であり、1848年に民事訴訟法典案を完成させ（同年に採択）、1849年に刑事訴訟法典案を完成させた（1881年に採択）。こ

のうち、全391条で構成された民事訴訟法典は、裁判手続をより分かりやすく、より確実に、より迅速に、そしてより安価にすることを意図しており、また、コモン・ローとエクイティにおける訴訟方式の違いを除去した結果、二元的な裁判制度を1つの統合された体制に置き換えた。その影響力は大きく、約半数のアメリカの州が、1900年までにフィールドの民事訴訟法典に依拠した法典を制定している。

　民事訴訟法典の成功を受けて、次に、フィールドは実体法の法典化に着手する。1857年に、ニューヨーク州議会は、実体法の諸法典を起草することを任務とする委員会の長にフィールドを任命した。同委員会は、同州の実体法を、「公法典（Political Code）」、「民法典（Civil Code）」および「刑法典（Penal Code）」の3つの部分で構成される体系的な法典に移行させるように指示したが、実現に至ったのは刑法典だけであった（1882年に採択）。民法典に関しては、1865年にフィールドがその草案を完成させ、州議会に提出し、1879年に、ニューヨーク州議会の両議院がその民法典を採択するべく当該草案を可決したが、州知事によって拒絶された。1882年にも、再度、当該草案は州議会により承認されたが、やはり州知事によって拒絶された。

　(ⅱ)　**法典化の意味**　　フィールドの民法典（草案）が拒絶された背景には、やはりコモン・ロー（判例法）の存在があった。その経緯をやや詳しく論じよう。

　フィールドは、民法典とは「私法の一般原則に関する表明」であると考え、大陸法系諸国における民法典と同様のものをイメージしたようである。実際に、彼が起草した民法典草案は、ルイジアナ民法典とフランス民法典を模範とし、人、財産、義務、および、これらの主題に共通する総則規定から構成されていた。

　しかし、周囲はそのような全面的な法典化に応じる用意はなかった。フィールドの民法典が失敗した主たる理由は、法律専門家、特にニューヨーク州弁護士からの強い反対によるものであった。反対派の急先鋒に立ったニューヨーク州弁護士カーター（James C. Carter）は、「法典化は法の真の本質、特にコモン・ローと、そしてその柔軟性の伝統と成長と根本的に調和しない。」と主張している[22]。

143

以上のような経緯もあって、フィールドの民法典草案はニューヨーク州では採択されなかったが、同草案を模範またはそれに依拠した民法典が、ダコタ準州（Dakota Territory）（現在の北ダコタ州と南ダコタ州）、カリフォルニア州、アイダホ州、および、モンタナ州で可決された。当時、これらの州では、法律専門家が不足し、書籍の入手が困難であったために、法典化に対する要請が高かったのである。ところが、これらの州では、大陸法的色彩の強い民法典が立法化されたにもかかわらず、結局、それがコモン・ローに置き換わることはなかった。それを端的に示したのがカリフォルニア州である。

1884年に、カリフォルニア大学バークレー校ロー・スクールの院長、ポメロイ（John Norton Pomeroy, 1828-1885）が、「民法典を解釈するための正当な方法（The True Method of Interpreting the Civil Code）」と題した一連の論文を公表した[23]。そして、彼は、「裁判官が創った法（judge-made law）のみが、急速に発展する社会の要請を満たすのに十分なほどの発展性と柔軟性をもつ」との考えの下[24]、カリフォルニアの裁判所はカリフォルニア民法典がコモン・ローを叙述したものとして理解し、状況に応じて「コモン・ローの先例や慣習を用いつつ」それらの諸規定を解釈すべきであると論じた[25]。

その後、1888年のSharon v Sharon州最高裁判所判決を契機に[26]、カリフォルニアの裁判所は、法典の解釈についてポメロイのアプローチを採用した[27]。その結果、同民法典は、カリフォルニア州では、第1次的な法源としての意義を失うこととなる。他の州における民法典の運命も、カリフォルニア州のそれと同様であり、フィールドの大陸法的な色彩の強い民法典はどの州においても主たる法源となることはなかったのである。

(2) 19世紀のインド

(i) インド法律委員会　次に、イギリス最大の植民地といわれたインドにおける法典化運動を見てみよう。イギリスのインド進出は1600年の「東インド会社（East India Company）」設立に始まるが、イギリスのコモン・ローやエクイティを「法典化」した法律（act）がインドに導入されるようになるのは19世紀以降である[28]。その背景には、当時のインドにおける法制度の混乱状態があった。

18世紀のインドでは「イギリスの国王裁判所─市長裁判所（Mayor's Court）」

と「東インド会社の裁判所」の二元体制が確立され、前者は、ボンベイ、マドラス、カルカッタという総督管区都市（Presidency towns）を管轄し、後者はその他の地域（Muffassil）を管轄した。いずれの裁判所でも、インド土着の慣習法、ヒンドゥ法、イスラム法が尊重された。他方で、イギリス法については、前者の裁判所では直接にイギリスのコモン・ロー、エクイティ、制定法が適用され、後者の裁判所では、裁判官が「正義、衡平、および良心」に従って裁判を行うことが求められ、その過程で間接的にイギリス法が導入された。その結果、19世紀に入ると法源が錯綜し、混乱状態となったため、1833年に「インド法律委員会（Indian Law Commission）」が設立され、同委員会の下、イギリスのコモン・ローやエクイティを法典化した法律が次々とインドに制定されることとなる。代表的なものとして、「1858年民事訴訟法典（Civil Procedure Code 1858）」、「1860年刑法典（Penal Code 1860）」、「1861年刑事訴訟法典（Code of Criminal Procedure 1861）」、「1865年相続法（Succession Act 1865）」、「1866年会社法（Companies Act 1866）」、「1872年契約法（Contract Act 1872）」、「1872年証拠法（Evidence Act 1872）」、「1877年特定救済法（Specific Relief Act 1877）」、「1882年信託法（Trusts Act 1822）」、また、「1882年財産権移転法（Transfer of Property Act 1882）」などがある。

　(ⅱ)　法典化の意味　　もっとも、これらの法律もコモン・ローに代替するほど包括的なものではなく、コモン・ローを部分的に法典化したものにすぎなかった。「1872年契約法」を例にとろう[*29]。同法は、実質的に9つの章によって構成されているが、その前文（preamble）は、同法が「契約に関連する法律の特定の部分を定義し、かつ、修正する」と定める。そして、インドの裁判所は、この前文の解釈を踏まえて、同法が網羅的ではないと結論づける傾向にある。

　例えば、1891年のIrrawaddy Flotilla Co Ltd v Bugwandass判決では[*30]、「1872年契約法」が、運輸業者（common carries）に関する法を余すところなく包含しているのか、その結果、コモン・ロー（判例法）を適用することができないかが争点となった。インドからの上訴に基づき枢密院は、「1872年法は、契約に関連する法律を取り扱う完全な法典であるとは明言していない。それは、その法に関する特定の部分を定義し修正する以上のことを意図してはいない。」と

Ⅱ　法典化の要請とその実践

＊「1872年インド契約法」の構成

	序文（§§1-2）
第1章	申込の伝達、承諾、および撤回（§§3-9）
第2章	契約、取り消しうる契約、および無効な合意（§§10-30）
第3章	条件付契約（§§31-36）
第4章	契約の履行（§§37-67）
第5章	契約により生じる関係と類似する関係（§§68-72）
第6章	契約違反の結果（§§73-75）
第7章	物品の売買（§§76-123：削除）
第8章	補償および保証（§§124-147）
第9章	寄託（ベイルメント）（§§148-181）
第10章	代理（§§182-238）
第11章	商事組合（§§239-266：削除）

（注）　第7章と第11章の諸規定は、その後、別の法律（「1930年物品売買法」、「1932年商事組合法」）として独立したため、削除されている。

して[*31]、コモン・ローの適用を認めている。

　以上のように、同法でいう「法典化」の意味は限定的である。それは、同法の限られた章の下で分類された契約法の各側面の法典化を意図しているにすぎず、契約法のあらゆる側面を規律するものではない。1872年契約法は、あくまでも、契約に関する一般法（コモン・ロー）を補完する制定法にすぎないのである。

　(3)　19世紀のイギリス

　(i)　商事法の法典化　　最後に、19世紀のイギリスにおける法典化運動の展開を見てみよう。法典化の実践という点では、イギリスにおけるその歩みは遅く、また具体的な成果という点でも、これまでに見てきたアメリカ・ニューヨーク州やインドにおけるそれと比べて、小規模なものにとどまった。

　19世紀前半には、財産法の法典化計画が浮上したが議会はこれを拒絶し、また、刑法典の草案も貴族院に提出されたが、裁判官らの支持を得られず、これも結局は挫折することになる[*32]。しかし19世紀末になると、商事法の領域を中心に、一定の成果が現れ始める。それが、「1882年為替手形法（Bill of Exchange Act 1882）」、「1890年商事組合法（Partnership Act 1890）」、「1893年物品売買法（Sale of Goods Act 1893）」、および、「1906年海上保険法（Marine Insurance

Act 1906)」である。

　(ⅱ)　**法典化の意味**　これらの商事法は「法典化された制定法」(codifying statute) であり、従来の判例法の準則に取って代わられる。従って、この場合の制定法の解釈に関する基本ルールは、その制定法の文言を検証し、その本質的な意味が何であるかを決定することにある。

　例えば、「1882 年為替手形法」が争点となった 1891 年の Bank of England v Vagliano Brothers 判決において[33]、ホールズベリ卿（Lord Halsbury）は、「法典化された制定法」を解釈する際に、裁判所が負う義務につき、「その制定法の文言を検証し、その本質的な意味が何であるかを問い、その意味は、以前の法状態から引き出されるあらゆる考慮によって影響を受けることがあってはならず、そして、いかに法がそれ以前に対処したかを探求し、その結果、おそらくはそれを変更させないことを意図したと想定することから始めてはならず、その立法の文言が、このような見方と矛盾しない解釈に耐えるかどうかを検討する」ことにあると述べている[34]。

　もっとも、その制定法が、①ある事柄について沈黙している（法の欠缺がある）場合、②曖昧である場合、または、③ある文言が既に専門的な意味を獲得しているような場合には、その限りにおいて過去の判例法を参照することが許容される。前述のホールズベリ卿もまた、「無論、その法典の諸規定の解釈を補助する目的で以前の法状態に頼ってはならないと主張するものでは決してない。例えば、そのような規定の意味が不確かである場合には、それに頼ることは完全に正当なものである。」という[35]。このような手法が正当化されるのは、第 1 に、制定法の条項の文言の起源は過去の諸判決の中から発見することができ、第 2 に、その文言の意味を探究するにあたって、それを構築した判例法を無視することができないためである。ここでもやはり判例法の存在を抜きにしては、制定法の解釈はできないのである。

Ⅲ　新たな法典化の展開

1　アメリカにおける新たな法典化の動き

　20 世紀に入ると、アメリカ合衆国では、新たな法典化運動が展開されるよ

うになる。その成果として、①統一州法（Uniform State Law）、②リステイトメント（Restatement of the Law）、および、③統一商事法典（Uniform Commercial Code；UCC）が挙げられる[*36]。以下、順に見ていこう。

(1) 統一州法

「統一州法」とは、連邦法と50の州法とが併存しているアメリカ合衆国において、各州で異なるコモン・ローが実施されることから生じる不便を解消することを目的とした法案である。この統一州法は、各州の州議会により採択されることで、はじめて法律（各州の議会制定法）としての効力が生じる。そして、統一州法を採択する州の数が多ければ多いほど、「州法の統一化」という本来の目標に近づけることになる。

統一州法を作成しているのは、1878年に設立された「アメリカ弁護士協会（American Bar Association）」の下で、1892年に創設された「統一州法全国会議（National Conference of Commissioners on Uniform State Laws；以下NCCUSLという）」という部会である。

当初、NCCUSLは、「1896年流通証券法（Negotiable Instruments Act 1896）」や「1906年統一売買法（Uniform Sales Act 1906）」など、商事法の領域を中心に7つの統一州法を作成し、各州にその採択を促した[*37]。その後も、100年以上に及ぶ歴史の中で、数多くの統一州法を起草してきた。その対象となる法領域は、養子縁組（adoption）、子の監護（child custody）、区分所有（condominiums）、宣言的判決（declaratory judgments）、電子取引（electronic transactions）、他州判決執行（enforcement of foreign judgments）、詐害的譲渡（fraudulent transfers）、後見（guardianship）、公証手続（notarial acts）、パートナーシップ（partnership）、営業秘密（trade secrets）、犯罪被害者（victims of crime）など、多方面に及んでいる。

(2) リステイトメント

(i) 立法措置によらない法典化　「リステイトメント」は、判例法主義をとるアメリカ法の最大の欠点とされる「不確実性と複雑性」を改善・緩和することを目的として、各分野の第一人者（学者・裁判官・弁護士）が重要だと思われる判例法準則を「条文」の形にまとめ、──この部分が「法の基本原則」を表しており、「ブラック・レター（black letter）」と呼ばれる──、それに「解説（commentary）」と「設例（illustration）」を付したものである。

*リステイトメントの種類と刊行年

Restatement of the Law（リステイトメント）	First（第1次）	Second（第2次）	Third（第3次）
Agency（代理）	1933	1957	2006
Conflict of Laws（抵触法）	1934	1971	
Contracts（契約）	1932	1981	
Employment Law（雇用法）			草案段階
Foreign Relations Law（外国関係法）		1962	1987
Judgments（判決）	1942	1982	
Property（財産）	1936-1940		
Property-Landlord & Tenant（賃貸借）		1977	
Property-Donative Transfers（贈与）		1983-1992	
Property-Wills and Other Donative Transfers（遺言と贈与）			1999-2011
Property-Mortgages（譲渡抵当）			1997
Property-Servitudes（地役権）			2000
Restitution（原状回復）	1937		2012
Security（担保）	1941		
Suretyship and Guaranty（保証）			1996
The Law Governing Lawyers（弁護士法）			2000
Torts（不法行為）	1934-1939	1965-1979	
Torts-Apportionment of Liability（共同不法行為）			2000
Torts-Products Liability（製造物責任）			1998
Torts-Liabilty for Physical and Emotional Harm（財産的および精神的損害に対する責任）			2012
Trusts（信託）	1935	1959	2003-2012
Trusts-Prudent Investor Rule（分別ある投資家準則）			1992
Unfair Competition（不正競争）			1995

　1923年に設立された「アメリカ法律協会（American Law Institute；以下ALIという）」がこのリステイトメント事業を進めている。ALIの設立目的は「法を明瞭かつ単純化し、法をより確実なものとならしめるための第一歩として、コモン・ロー……の整然たるリステイトメントを作成すること」にあった[*38]。

　このリステイトメントは立法ではなく、法源としての拘束力を有さない。しかし、実際の訴訟において裁判所が意見の中でそれを引用することも多々あり、間接的に裁判所の意思決定に影響を与える。リステイトメントを実際に引用し

た判決の要旨をまとめた「補遺（Appendix）」と呼ばれる刊行物も存在する。その結果、リステイトメントで示されるルールや原則は、説得的な権威（persuasive authority）をもつとされる。そのため、リステイトメントは、立法措置によらない法典化（non-legislative codification）を実践しているといわれる[*39]。

(ⅱ) リステイトメントの種類　リステイトメントは主として、判例法によって大部分を規律されている私法の領域に関係しているが（代理、抵触法、契約、財産、原状回復、保証、不法行為、また、信託など）、私法以外の領域をも対象としている（判決、外国関係法、および弁護士法など）。

リステイトメントはまた、これまでに第1次、第2次、第3次と版を重ねている。元々のリステイトメント事業は、1923年にALIが設立されたときに開始した。最初に完成したのが1932年刊行の契約法リステイトメントであった。第2次リステイトメント事業は1951年に開始し、1980年代までに主要なリステイトメントが出揃う。その後、1990年代以降、特定の領域について、第3次リステイトメントが刊行されて現在に至る。

(ⅲ) リステイトメントに見出される思考様式　リステイトメントは、一般的に受け入れられている判例法準則を抽出して、それをブラック・レターの諸規定にまとめることを試みているが、その抽出（再述）方法やその背後にある思考様式は、時代に応じて、変化が見られる[*40]。

第1次リステイトメントの起草者らは、「法は科学である」と唱えたラングデル（Christopher C. Langdell, 1826–1906）の影響の下[*41]、コモン・ローを一貫した統一体として理解できると信じて、膨大な量の判例法から注意深く選択を行い、一貫したシステム（体系）を構築しようと試みた。それは、結局のところ、コモン・ローのありのままの姿を再述したものではなく、（起草者らの考える）コモン・ローのあるべき姿を示したものであった。例えば、1932年に成立した第1次契約法リステイトメントは、一般契約法に関する判例法準則を抽出して、「形式的、外在的および客観的な基準に基づく一元化された契約体系」を構築しようとする試みであった[*42]。その思考様式はリステイトメントの構成にも反映されていて、法の基本原則を表した簡潔な「ブラック・レター」の後に、「設例」と呼ばれる2、3の短い仮定的な事例、それに簡単な「解説」が続くというシンプルなものとなっている。

第 2 次リステイトメントの起草者らは、リーガル・リアリズムの影響の下、もはや多数の判例法を首尾一貫したシステムに移行できるとは考えていなかった。その起草者らは、矛盾、相対立する判例法準則をリステイトすることを躊躇わず、かつ、それらを調和させる試みも放棄している。最終的な判断は、リステイトメントを引用しようとする裁判所に委ねるわけである。例えば、1981年に成立した第 2 次契約法リステイトメントには、制度趣旨や目的を異にする諸要素がパッチワークのように組み込まれている*43。その思考様式の変化は、やはりリステイトメントの構成にも現れている。第 2 次リステイトメントでは、数多くの「設例」が新たに追加され、「解説」もより長くなった。さらに、各章・各規定の末尾に「レポーターズ・ノート (reporters notes)」が付されることとなり、ブラック・レターや設例の裏付けとなる判例や学説が列挙されることとなった。この点につき、第 2 次リステイトメントでは、「ブラック・レター」と「解説」の相対的な重要性が逆転したとの指摘がある*44。「ブラック・レター」は「解説」に対する索引的な機能しか有さなくなった一方で、「解説」の方は、個別の論点における様々な立場を紹介し、紛争解決のための判断材料を提供する役目を担うことになったのである。

(3) 統一商事法典

(i) UCC の沿革　UCC は、各州の法律の統一化を促進するために作成された統一法の1つである。UCC はすべての州議会により採択され、アメリカ商取引法の基本ルールとして機能している。その沿革を見てみよう*45。

まず、1940 年代に、新たな商業的ニーズに対応するため、また、商事法の領域における州法の統一化という目的が初期の統一州法では達成されなかったために、大規模な商事法改革の機運が高まる。当初は、前述の「統一売買法」(同法のモデルはイギリスの「1893 年物品売買法」である)の改訂を目指していたが、その後、それに限定することなく、代わりに、「単一の、新しい、包括的な商事法典」を作成する方向へと転換する。

1944 年には、統一州法を手がけてきた NCCUSL と、リステイトメント事業を進めてきた ALI が UCC プロジェクトの共同スポンサーとなった。そして、ルゥエリン (Karl Llewellyn, 1893-1962) を代表起草者とする「編纂委員会」(Editorial Board) が設立され、1951 年に最初の UCC が公布されるに至る。UCC

151

もまた、前述の統一州法と同じく、各州の州議会により採択されることで、はじめて法律としての効力が生じる。

その後、1968年までにルイジアナ州を除く49州でUCCは採択され、1974年には同州も部分採択するに至る。ここに至って、UCCは州法の統一化という当初の目的をほぼ達成する。また、1961年にはUCCに対する統一的な改訂を継続していくことを目的とした「常設編纂委員会（Permanent Editorial Board）」が設立され、1980年代には、新たに第2A編「リース」（1987年）、第4A編「資金移動」（1989年）が新設され、1990年代に入ると、大規模な改正作業が多くの編で実施された[*46]。

(ⅱ) UCCの構成　　現在のUCCは13の独立した編に分かれている。第1編は「総則」であり、UCC全体を通して用いられる一般的定義や解釈原則を規定している。それに続く10編は、物品の「売買」（第2編）、「リース」（第2A編）、「流通証券」（第3編）、「銀行預金・取立」（第4編）、「資金移動」（第4A編）、「信用状」（第5編）、「一括売買」（第6編）、「権原証券」（第7編）、「投資証券」（第8編）、および、動産の「担保取引」（第9編）を規律する。残る2編は、「発行日・廃止規定」（第10編）と「発行日・経過規定」（第11編）である。

(ⅲ) 「統一・商事・法典」の意味　　UCCは「統一（Uniform）・商事（Commercial）・法典（Code）」と訳されるのが一般的だが、それぞれの言葉の意味について確認しておこう。

① 統一性　　UCCが州法の統一に寄与してきたのは事実である。しかし、実際には、州法の統一化を阻む幾つかの問題が存在する。第1に、UCCに起因する問題である。各編は、多数のブラック・レター規定で構成されており、それに公式コメントが続く。その諸規定の幾つかは、異なる代替案を提供し、制定を行う州議会によって採択可能とさせている。UCCはまた、州議会が金額、期間、または州制定法の引用を挿入できるように、あえて空白（blank）にしている箇所がある。第2に、UCCを採択する州サイドの問題がある。前述のように「常設編纂委員会」が存在することもあって、UCCの各編は定期的に改訂されている。しかし、最新版、改訂版のUCCを各州が採択するとは限らない。その結果、異なる版のUCCが、各州で効力をもっていることになる。

② 商事性　UCC はまた、大陸法の意味における商法典ではない。大陸法系では商法典は一般的には、商人間の取引を規律する特別法という位置づけである。それに対して、UCC は、一般市民と商人による取引の両方を規律する。当事者の一方または両方が商人である場合の特別ルールを別個に定めているケースもある。さらに、物品売買を規律する第 2 編、担保取引を規律する第 9 編では、個別の消費者保護規定も存在する。

③ 法典の意味　UCC の法典としての理解をめぐっては、それが「真正な法典（true code）」なのか、それとも、「コモン・ロー型の法典（common law code）」なのか、という 2 つの見解が対立している[*47]。これは UCC1-103 条の(a)項と(b)項のいずれの立法趣旨を重視するかの違いに起因する。

UCC1-103 条〔UCC の目的および方針を実現させるための解釈：補充的に適用される法〕
(a) UCC は、その目的および方針を実現するよう柔軟に解釈しなければならない。
　(1) 商取引を規律する法の単純化、明確化、近代化、
　(2) 商取引、商慣行および当事者間の合意に基づく商取引の一層の発展を助長すること、および、
　(3) 各法域間の法の統一
(b) UCC の特定の条文で排除されていない限り、コモン・ローおよびエクイティの諸法理は UCC の諸規定を補充する。このコモン・ローおよびエクイティの諸法理には、契約能力・代理・禁反言・詐欺・不実表示・強迫・強制・錯誤・破産その他、行為の有効・無効に影響する事由に関する法および商慣習法が含まれる。

1-103 条(a)項によれば、①商取引法の単純化・明確化・近代化、②合意に基づく商取引の発展の促進、および、③州法の統一という目的に照らして、UCC の諸規定を柔軟に解釈することが求められている。従って、この点を重視すれば、裁判所は、法の欠缺に際して、法典の目的・方針に照らして拡張・類推解釈を行うことが推奨されよう。これは、UCC が、既存の制定法とは異なり、「真正な法典」として自律的に法形成を営む機能を有していることを示唆し、さらには、アメリカ商取引法の分野における UCC の（法源としての）優位性を意味しよう。

他方で、同条(b)項は、コモン・ロー、エクイティの諸法理がUCCの諸規定を補充する旨を規定する。UCCは、法典化以前の法を排除しているわけではなく、また、UCCの各編は、ある特定領域の諸ルールを網羅的に定めているわけではない。この点を重視すれば、UCCも、既存の制定法と同様の機能しか有さず（「コモン・ロー型の法典」）、判例法を第1次的法源とし、制定法を第2次的法源とする判例法主義は揺るがないことを意味する。

　この2つの方法論のうちでは、UCCを「コモン・ロー型の法典」と捉える考え方が優勢である。しかし、UCCを「真正な法典」と考える立場が重視する点、すなわち、法典が制定された当時には予期しなかった法的問題が登場しても、それに対応できるだけの自律的な法形成を促す機能をUCCが有していることも事実である。この点をもう少し詳しく論じてみよう[*48]。

　(iv)　UCCに見出される思考様式　　UCCには、裁判官に広い裁量を認める諸規定が数多く見られる。例えば、UCC1-304条〔信義誠実義務〕は、UCCの対象とするあらゆる取引または義務につき、それを誠実に行う義務を課す。また、UCC2-302条〔非良心的契約または条項〕は、「契約締結時」に非良心的と認定された契約または契約条項を全部または一部無効としうる旨を定める。さらに、「売買」を規律するUCC第2編の諸規定に顕著に見られることだが、「合理性（reasonableness）」を基準として、例えば、契約の成否（2-204条）、確定申込の撤回できない期間（2-205条）、詐欺防止法上の書面・記録要件の効力（2-201条）といった具体的な問題を判断することをも許容している。

　以上のように、法典に含まれる一般条項（スタンダード）の積極的な運用を促し、そして、法典の解釈を通じて、判例法の役割に大いに期待するという姿勢は、従来の英米法系諸国における法典（法典化された制定法）には見出されなかったことであり、これはUCC特有の思考様式だといえる。もっとも、別の見方をすれば、UCCは、合理性、信義誠実、非良心性といった一般的な指針だけを提供し、実質的な判断は裁判所の裁量に委ねているわけであり[*49]、UCCそれ自体は、個別の紛争局面に対する具体的な解決基準（策）を提示していない[*50]。これは、前述した第2次リステイトメントの思考様式と共通するところである[*51]。

2 イギリスにおける法改革の動き

(1) 法律委員会の発足

(i) 「1965年法律委員会法」の制定　以上のように、20世紀に入ったアメリカでは新たな法典化運動が展開されたわけだが、イギリスでも、この間、法改革の動きは見られた[*52]。「1922年および1925年財産権法（Law of Property Acts 1922 & 1925）」や関連諸法の制定がその例として挙げられよう。もっとも、これらの諸法は、過去のコモン・ローの諸概念とも連続性、継続性が見られ、また、財産法を完全に体系化させたものではなかった。それは、コモン・ローを部分的に法典化したものにすぎなかった。

1960年代に入ると、法改革は新たな局面を迎える。「1965年法律委員会法（the Law Commissions Act 1965）」が制定され、イングランドおよびスコットランドにそれぞれ「法律委員会（Law Commission）」が設立された[*53]。その設立目的は、「両委員会がそれぞれに関係する、法の体系的な発展と改革、特に、法の単純化と現代化をも視野に入れた、……、法の法典化という観点から、あらゆる法を再審査し、また、再審査し続けること」にある[*54]。

(ii) 「契約法典」の起草とその挫折　この2つの法律委員会が最初に着手したのが、契約法の法典化であった。委員会は以下のように述べている。「契約法は、取引と他の多くの法的関係の基礎となる。それゆえに、その明快さと容易さには最も重きが置かれる。契約法の一般原則は今や十分に構築され、そして、本委員会は法典化のための機が熟したと考える。」と[*55]。スコットランドは、ローマ法を継受した歴史的経緯もあって、大陸法の影響が強く残る法域であったが、両法律委員会は、共同作業の下、英米法と大陸法の垣根を越えて、イングランドとスコットランドに共通する新しい契約法典を求めたのである。

イングランド側の委員会は、マクレガー（Harvey McGregor）に「契約法典（Contract Code）」の起草を命じ、1972年までに最初の草案が完成した。同草案は[*56]、序文と以下の3つの部から構成されている。すなわち、第1部「有効な契約」（成立、内容、履行、違反、救済）、第2部「不完全な契約」（公序、方式の欠如、能力の欠如、自発的な同意の欠如、完全なる同意の欠如、共通錯誤、契約目的の達成不能）、および、第3部「第三者の立場」（多数当事者による契約、代理人により締結される契約、契約における第三者の権利・義務の創出、契約上の権利・

義務の移転）である。

　条文は合計で 193 条あり（序文（2 条）、第 1 部（102 条）、第 2 部（56 条）、第 3 部（33 条））、各条文の後に詳細な解説が掲載されている。その特徴としては、イギリス契約法に特有の諸概念、例えば、契約の拘束力の基礎に関わる「約因（consideration）」や契約の相対効に関わる「契約の直接関係（privity of contract）」が排除され、また、一般的な契約違反に対する救済手段として「損害賠償」と並んで「特定履行」が認められているなど、コモン・ローの契約法原則を修正し、大陸法系諸国の契約法との調和を意識した内容となっている[57]。

　しかし、このマクレガーの労作が報われることはなかった[58]。スコットランド側の委員会は早々に協力から手を引く旨を表明し[59]、イングランド側の委員会もまた、マクレガーの契約法典草案を公表することなく、最終的には、一般契約法全体を法典化することは困難であると結論づけたのである[60]。マクレガーの契約法典草案は、その後、1993 年に、イタリアのパヴィア大学教授ガンドルフィ（Giuseppe Gandolfi）の強い勧めによって、イタリアで出版されることになる。これは、ちょうどヨーロッパ契約法の法典化が議論された最初の時期と重なる（1990 年 10 月、イタリアのパヴィアにおいて「ヨーロッパ契約法典の将来性」と題するシンポジウムが開催された）。

　現在、契約法典構想は失敗に終わったとの評価が定着している。オックスフォード大学教授カートライト（John Cartwright）は、「法典化はコモン・ローにおいて実践してきたことではないために、我々が進むべき道ではない」、「コモン・ローの一般原則は判例法によって発展し、制定法の介入は的を絞った訂正にすぎない」、そして、「契約法の法典化は、複雑な生態系の上に成り立つイギリスのコモン・ローを混乱させる」と述べている[61]。

　(iii)　**現在の活動状況**　　なお、現在の法律委員会の活動は、主として、特定の法領域において個別的、単発的な法改革案を提言し、各種の報告書を公表することに向けられている。それらの提言を踏まえて、幾つかの重要な法律が制定されているのも事実である（例えば、「1977 年不公正契約条項法（Unfair Contract Terms Act 1977）」など）[62]。

(2)　**現代イギリス法を取り巻く状況**

　最後に、「ヨーロッパ」という文脈の中で現代イギリス法を取り巻く状況に

ついて触れておこう。

（ⅰ）EU 法との調整　　イギリスは、1973 年に「ヨーロッパ共同体（EC）」への加盟を果たし、その EC は 1993 年に「ヨーロッパ連合（EU）」に発展したわけだが、加盟国として、各種の「EU（EC）指令（EU/EC Directive）」を国内法化することが義務づけられている[63]。

加盟国は、それぞれの国内法と EU（EC）指令との調整を余儀なくされ、その調整にはしばしば困難を伴う。しかし、イギリスに関していえば、同国が、大陸法的な意味での法典を有さないがゆえに、形式面、手続面では、各種指令を履行するのは（大陸法系の加盟国に比べて）容易である、との指摘がある[64]。第 1 次的な法源が判例法（コモン・ローとエクイティ）であるために、国内法化された EU（EC）指令は、判例法を補完する 1 つの制定法として位置づければよいわけである。

（ⅱ）ヨーロッパ民法典構想　　さらに、イギリスも含めて、ヨーロッパに共通する民法典（European Civil Code）を模索する動きも出てきている。そこで問題となるのは、ヨーロッパ各国の国内法の相違を踏まえて、いかにして共通の民法典を構築していくかである。

その際、大陸法系における法典の伝統を踏まえて、私法の領域におけるルールを体系的に統合することを求めていくのであれば、それは時期尚早だけでなく、実現が困難な作業だといえる。他方で、20 世紀のアメリカで展開されてきた法典化を参考にするならば、ヨーロッパ民法典の法典化は可能であるばかりか、ヨーロッパ各国の国内法に見出される独創的な多様性を強調する結果にもなって有益であるとの指摘がある[65]。

アメリカの経験が示唆するのは、法典化によって法律上の困難な問題をあらかじめ解決しておく必要はないということである[66]。第 2 次リステイトメントに見るように、法典の主たる役割は、個別の論点における様々な立場を紹介し、紛争解決のための判断材料を提供することにある。すでに、このようなアメリカ型の法典の影響を受けたともいえる成果（モデル法）が現れている。ヨーロッパ私法・契約法の領域では、「ヨーロッパ契約法原則（Principles of European Contract Law；PECL）」や、「共通参照枠草案（Draft Common Frame of Reference；DCFR）」などが存在する。また、国際取引法の領域では、「ユニドロワ国際商

事契約原則（Principles of International Commercial Contracts；PICC）」が存在する。

Ⅳ　おわりに

　以上のように、英米法系諸国における法典化運動は一枚岩ではなく、国や時代によってもその動向は異なる。もっとも、そこでは2種類の法典が観念されている[67]。

　1つは、伝統的な意味で用いられてきた法典である。判例法を第1次的法源とする英米法系諸国において、法典とは、あくまでも判例法の「部分的法典化」を意味する。無論、これを克服しようという動きも古くから存在し、例えば、ベンサムやフィールドは、コモン・ロー（判例法）に代わる体系的、包括的な諸法典の立法化を目指した。しかし、19世紀のアメリカ、インド、また、イギリスで実践された法典化運動を見るかぎり、そこで法典化された制定法はあくまでも判例法を補完、修正する機能しかもたなかった。現代のイギリスでも、コモン・ロー（判例法）に代替するような法典化には否定的である。1965年に法典化という観点から法改革を促進させる目的で「法律委員会」が設立されたものの、新たな法原則を生み出すことを意図した「契約法典」の構想は挫折した。最近の法律委員会の活動は、主として、特定の法領域において個別的、単発的な法改革案を提言することに向けられている。

　もう1つは、アメリカにおいて発展してきた新たな法典化の手法である。20世紀以降のアメリカでは、州法の統一化を目的として、様々な「統一州法」が生み出され、また、商取引法の領域では非常に強い影響力をもつ「統一商事法典」が存在する。さらに、「リステイトメント」という立法措置によらない法典化の手法も発展してきている。これらは、英米法系諸国における新たな法典化の動向として注目に値する。UCCには、それが制定された当時には予期しなかった法的問題が登場したとしても、それに対応できるだけの自律的な法形成を促す機能がある。すなわち、UCCは、法の欠缺に際して、法典の目的・方針に照らして拡張・類推解釈を行うことを推奨し、また、合理性、信義誠実、非良心性といった一般的な指針を提供するが、実質的な判断はそれを適用する裁判所の裁量に委ねるわけである。このような姿勢は、従来の英米法系諸国に

おける法典には見出されなかったことである。次に、リステイトメントの経験が示唆するのは、法典は、様々な法律問題に対してあらかじめ明確な紛争解決基準を提示する必要はなく、個別の論点に対する様々な立場、多様な考え方を紹介し、紛争解決のための判断材料を提供すればよいということである。ここに法典の担う役割について発想の転換が見られるのである。そして、そのような新たな法典化の手法が、近時、ヨーロッパ私法・契約法の統一化、国際取引法の統一化という局面でも参考にされているわけである。

最後に、本章で取り上げた英米法における2つの法典の違いはどこに見出されるであろうか。英米法の多くの法域において、判例法を部分的に法典化するという、伝統的な法典の位置づけは揺らいではいない。ここでは、法典は、判例法を前提としつつ、「法がいかに存在しているか」を提示する機能を果たしているのである。他方で、UCCやリステイトメントに見られるような、新たな法典化の手法は、「法がいかにあるべきか」を提示するものとして評価できよう。

(木原　浩之)

*1　英米法における法典化運動全般を論じるものとして、MAURICE EUGEN LANG, CODIFICATION IN THE BRITISH EMPIRE AND AMERICA (1924, Reprinted 2005); Bruce Donald, *Codification in Common Law Systems*, 47 Austr. L. J. 160 (1973); Gunther A. Weiss, *The Enchantment of Codification in the Common Law World*, 25 Yale J. Int'l L. 435 (2000) など。邦語文献としては、水田義雄『法の変動と理論―英米法における法典化』（成文堂・1969年）、内田力蔵『法改革論（内田力蔵著作集第2巻）』（信山社・2005年）が詳しい。
*2　英米法における判例法主義、また、判例法と制定法との関係につき、田中和夫『英米法概説〔再訂版〕』（有斐閣・1981年）122、198頁。
*3　アメリカ法における新たな法典化の動きを指摘するものとして、Mark D. Rosen, *What has happened to the Common Law? – Recent American Codifications, and their Impact on Judicial Practice and the Law's Subsequent Development*, 1994 WIS. L. REV. 1119 (1994) がある。
*4　イギリス法、インド法、アメリカ法を視野に入れつつ、「契約法」における新たな法典化の動向を論じたものとして、Aubrey L. Diamond, *Codification of the Law of Contract*, 31 Mod. L. Rev. 361 (1968) がある。
*5　本章の内容は、拙稿「英米法における新たな法典化運動の展開―契約法およびその周辺領域を中心に」横浜国際経済法学20巻3号（2012年）109頁をベースに、一部加筆修正の上で、本書の企画にあわせて改稿したものである。
*6　大木雅夫『比較法講義』（東京大学出版会・1992年）269頁。

*7 詳しくは、田中・前掲注（2）252頁以下。
*8 LANG, *supra* note 1, at 28.
*9 Id. at 28-30.
*10 Id. at 5.
*11 Weiss, *supra* note 1, at 473.
*12 ブラックストーンの『イギリス法釈義』につき、内田・前掲注（1）49頁以下が詳しい。
*13 ベンサムにつき、内田・前掲注（1）83頁以下、戒能通弘「J・ベンサムの法典化論―パノミオン（総合法典）の限界と可能性」同志社法学48巻1号（1996年）212-276頁、同『世界の立法者、ベンサム―功利主義法思想の再生』（日本評論社・2007年）など。
*14 Weiss, *supra* note 1, at 476.
*15 内田・前掲注（1）84、130頁。Weiss, *supra* note 1, at 481.
*16 内田・前掲注（1）84頁。
*17 GRANT GILMORE, THE AGES OF AMERICAN LAW 26 (1977).
*18 Weiss, *supra* note 1, at 502.
*19 ルイジアナ州の法典化運動につき、LANG, *supra* note 1, at 102-105; Weiss, *supra* note 1, at 499-501 など。
*20 ニューヨーク州の法典化運動につき、CHARLES M. COOK, THE AMERICAN CODIFICATION MOVEMENT: A Study of Antebellum Legal Reform 185 (1994); LANG, *supra* note 1, at 114; Weiss, *supra* note 1, at 503; John W. Head, *Codes, Cultures, Chaos, and Champions: Common Features of Legal Codification Experience in China, Europe, and North America*, 13 Duke Journal of Comparative and International Law 1, 76-85 (2003) など。
*21 Head, *supra* note 20, at 76.
*22 Mathias Reimann, *The Historical School Against Codification: Savigny, Carter, and the Defeat of the New York Civil Code*, 37 AM. J. COMP. L. 95, 106 (1989).
*23 JOHN NORTON POMEROY, THE "CIVIL CODE" IN CALIFORNIA (1885).
*24 Id. at 52-55; Lewis Grossman, *Codification and the California Mentality*, 45 HASTINGS L. J. 617, 619-620 (1994).
*25 POMEROY, *supra* note 23, at 51; Id. at 619.
*26 16 P. 345 (Cal. 1888).
*27 Grossman, *supra* note 24, at 620; Weiss, *supra* note 1, at 515.
*28 インドにおける法典化の経緯につき、香川孝三「インドの法制度」山崎利男・安田信之編『アジア諸国の法制度』（アジア経済研究所・1980年）267-269頁。
*29 詳しくは、木原浩之「『マレーシア契約法』の系譜・構造・解釈」『東南アジアのグローバル化とリージョナル化』（アジア研究所・アジア研究シリーズ）73号（2010年）181、189頁以下。
*30 ［1891］18 1A 121.
*31 Id. at 129.
*32 Weiss, *supra* note 1, at 486-488; LANG, *supra* note 1, at 40.
*33 ［1891］AC 107.
*34 Id. at 144-145.
*35 Id. at 144.
*36 統一州法、リステイトメント、および、UCCの詳細や参考文献については、木原浩之「契約の拘束力の基礎としての『意思』の歴史的解釈とその現代における再評価(1)

(2)(3)(4・完)―第一次契約法リステイトメント・UCC 第 2 編・第二次契約法リステイトメントをマイル・ストーンとして」明治学院大学法科大学院ローレビュー 1 巻 1 号（2004 年）、1 巻 2 号（2005 年）、亜細亜法学 40 巻 1 号（2005 年）、40 巻 2 号（2006 年）を参照されたい。
*37 詳細は、木原(2)・前掲注（36）55 頁を参照されたい。
*38 Restatement (First) of Contracts, Introduction, at viii.
*39 NILS JANSEN, THE MAKING OF LEGAL AUTHORITY: Non-Legislative Codifications in Historical and Comparative Perspective 50 (2010).
*40 リステイトメントの思考様式の変遷につき、以下の文献が参考となる。Richard Hyland, *The American Experience: Restatements, the UCC, Uniform Laws, and Transnational Coordination*, in TOWARDS A EUROPEAN CIVIL CODE (Arthur Hartkamp et al., Third Fully Revised and Expanded Edition, 2004) 59, 66-67.
*41 ラングデルとリステイトメントの関係につき、木原(1)・前掲注（36）86 頁参照。
*42 第 1 次契約法リステイトメントにつき、木原(1)・前掲注（36）84 頁以下。
*43 第 2 次契約法リステイトメントにつき、木原(3)・前掲注（36）175、183 頁以下。
*44 Hyland, *supra* note 40, at 66-67.
*45 UCC の沿革につき、詳しくは木原(2)・前掲注（36）55 頁以下。
*46 UCC の改正作業の経緯につき、木原浩之「改正 UCC 第 2 編における『合意』を基礎とする契約法理(1)」亜細亜法学 44 巻 2 号（2010 年）206 頁。
*47 法典としての UCC の位置づけにつき、HAWKLAND, UCC SERIES (2002)、[Rev]§ 1-103, at 14-17、また、関連学説の紹介につき、吉田直『アメリカ商事契約法―統一商事法典を中心に』（中央経済社・1991 年）81-141 頁を参照されたい。
*48 UCC の思考様式につき、詳しくは木原・前掲注（46）195 頁。
*49 木原(3)・前掲注（36）191-192 頁。
*50 Hyland, *supra* note 40, at 67-68.
*51 Id. at 68.
*52 20 世紀イギリスの法改革につき、Weiss, *supra* note 1, at 493-497 など。
*53 法律委員会の概要につき、下山瑛二「イギリスにおける最近の法典化―Law Commissions の構成・機能およびその問題点」比較法研究 31 号（1970 年）180 頁。
*54 Law Commission Act 1965, s.3.
*55 Law Commission, First Programme of Law Reform (Law Com No.1, 1965), at 6.
*56 HARVEY MCGREGOR, CONTRACT CODE: Drawn up on Behalf of the English Law Commission (1993).
*57 Id. at ix.
*58 マクレガー契約法典草案の顛末につき、John Cartwright, *The English Law of Contract: Time for Review?*, 17 European Review of Private Law 155, 168-169 (2009).
*59 Scottish Law Commission, Seventh Annual Report 1971-1972 (Scots Law Com No.28, 1973), at 16.
*60 Law Commission, Eighth Annual Report 1972-1973 (Law Com No.58, 1973) at 2, 4.
*61 Cartwright, *supra* note 58, at 170.
*62 Weiss, *supra* note 1, at 494-495.
*63 EU（EC）指令の位置づけにつき、庄司克宏『EU 法 基礎篇』（岩波書店・2003 年）111 頁以下。
*64 Simon Whittaker, *Form and Substance in the Reception of EC Directives into English Contract Law*, 3 European Review of Contract Law 381, 397 (2007).

注

*65　Hyland, *supra* note 40, at 70-71.
*66　Id. at 70.
*67　Diamond, *supra* note 4, at 372.

第8章
ラテンアメリカと法典化

I　はじめに

1　「ラテンアメリカ」の地理的・文化的範囲

　ラテンアメリカとは、地理的に、アメリカ大陸の北半球中緯度から南半球にかけて広がる、33の独立国と13の非独立領土から成る広大な地域を指す。キューバ、ドミニカ共和国といったカリブ海域の島嶼部のほか、大陸部ではリオ・グランデ川を挟んでアメリカ合衆国と国境を分かつメキシコから南米大陸最南端のアルゼンチンやチリまで大小18のスペイン語圏独立国と、ポルトガル語を公用語とするブラジルが存在する。面積の広大さや独立国の数の割に高い言語的統一性は[*1]、コロンブスのインディアス発見に始まる300年に及んだスペイン・ポルトガルによる支配の遺産である。このようにラテンアメリカに受け継がれた共通文化としてのイベリア半島文化は、言語にとどまらず、宗教[*2]、価値観と行動様式[*3]、建築、都市計画、行政組織そして法律にまで影響を及ぼしている。

　「新世界」、「新大陸」と呼ばれたこの地域が、「インディアス」[*4]から「アメリカ」[*5]へ、そして「旧スペイン領アメリカ」、「南アメリカ（南米）」から「ラテンアメリカ（Latin America）」という呼称を獲得していく過程には、1850年代半ばのアメリカ合衆国の拡大と[*6]、「ラテン性」の救済を口実にそれと対峙し

たフランスならびにその帝国主義の旗印たる「汎ラテン主義（Pan-latinism/ panlatinisme）」が関わっている[*7]。また、当時の旧スペイン領諸国の知識人らのフランスへの傾倒ぶりは著しく[*8]、自分たちが文明国フランスとつながることを示す呼称——ラテンアメリカ[*9]——を喜んで受け入れ、この文明国の帝国主義的意図には目をつぶった。こうしてラテンアメリカの範囲は、1960年代に独立したカリブ海域の旧イギリス領（12）・旧オランダ領（1）の13カ国を除いた[*10]、ラテン文化の伝統を引き継ぐ20の共和国、すなわちスペイン語圏の18カ国とブラジルそしてハイチである[*11]。

2　独立期法典化の歴史的範囲

ラテンアメリカ史における時代区分は、先コロンブス時代、植民地時代、独立国家時代の3つに大別されるのが一般である[*12]。1960年代以降に独立したカリブ海域の13カ国にはこの時代区分が当てはまらないため[*13]、独立国家時代の法典化を論じるに際しては、これらの13新興独立国を別扱いとした上で、20世紀初頭に独立したキューバとパナマまでを含めた20カ国を文化的・歴史的な「ラテンアメリカ」の範囲として措定する。多数の独立国家の存在は、形式的にはその数だけの異なる法典の存在を意味するが、この地域を貫くいくつかの共通軸により、文化的・歴史的な点で一括りの「ラテンアメリカ」法と呼ぶにふさわしい法体系が存在する[*14]。

西半球の南北アメリカ大陸において、初めて近代法典を公布したのは、アメリカ合衆国に属すルイジアナ州であり、1808年、民法概要（Digeste de la loi civile）という名称の法典を公布した[*15]。ラテンアメリカの独立期の法典化は、このルイジアナに続いて1826年に法典化を達成するハイチを皮切りに、1916年のブラジル民法典制定をもって終了する。この約100年間のうち、本章では、ハイチ民法典から1855年チリ民法典までの約30年間を捉え、フランス民法典への依存が次第に希薄化し、翻って植民地時代のカスティーリャ＝インディアス旧法が見直されていく過程を素描する。本章の締め括りとなるチリ共和国民法典は、1855年に制定されたにもかかわらず今なお現行法であり、ラテンアメリカの7カ国で包括採用（継受）され、これ以降に法典化を達成した国々の起草過程にも多大な影響を及ぼした。そして、その起草者アンドレス・ベリョ

(Andrés BELLO) の多分野に亘る学術的名声とともに[*16]、独立期のラテンアメリカにおいて金字塔を打ち立てた民法典である。

Ⅱ 政治的独立と法的依存――フランス民法典への隷属的法典化

1 フランス民法典の採用（adopción）としての法典化

(1) 1826年ハイチ共和国民法典

(i) 独立から民法典公布へ　ルイジアナ法典に続き、アメリカ大陸2番目の法典化を達成したのは、西半球ではアメリカ合衆国についで2番目の独立国家ともなった、ハイチ共和国である[*17]。フランスでは、ハイチ独立宣言の年に民法典が公布されたが、独立宣言は1月、民法典公布は3月であったため、独立後のハイチでは施行されず、独立前のフランス旧法が効力を持ち続けた[*18]。ハイチでフランス民法典の効力が正式に認められたのは、ハイチ（南部）[*19]大統領ペティオン（Alexandre PÉTION）が司法官に向けて発したハイチにおけるナポレオン法典の使用に関する1816年3月22日公式文書であり[*20]、「……共和国における現行法により規定されていない法の不確かな全ての事例において、また、一民法典がこの国のために特別に起草されるまで、ナポレオン法典が司法判断の基礎として参照される」とした。

ペティオン文書では、「一民法典がこの国のために特別に起草されるまで」として、ハイチ固有法典の発布にも言及していた。同国1816年憲法37条では、さらに直接的に、「共和国全土に共通の民事、刑事、訴訟および商事の各法典が作成されるものとする」と規定していた[*21]。これを受け、ペティオンに続き大統領に就任したボワイエ（Jean Pierre BOYER）の1818年10月6日教書により、10名から成るハイチ法典起草委員会が組織された[*22]。同委員会は民法典の起草を1820年から1821年の1年足らずで終了し、完成草案は立法府により条文ごとに承認された[*23]。1825年3月4日から26日にかけ立法府は新法典を最終承認し、翌27日に「ハイチ共和国民法典」として法典全体が一括公布され、1826年5月1日から施行された[*24]。

(ii) フランス民法典との同質性　1826年ハイチ民法典は、僅かに条文の削除や修正はあるものの[*25]、1804年フランス民法典の完全な複製である[*26]。

目次上の比較では異なる法典のように見えるが、これは、ハイチ民法典において、法典全体を一括して承認するのでなく、編（Titre）ごとに承認するというフランス式手続を踏襲した際に[27]、承認された条文をそのまま順に並べて編纂し全35法条の形で体系化したのに対し、フランス民法典は、承認された35編をその上位の分類体系である巻（全3巻）（Livres）ならびにその下位の分類体系である章（Chapitre）、節（Section）、款（Paragraphe）に分割編入するという新たな体系化の方法を採ったためである[28]。この体系的違いを除けば、ハイチ民法典はフランス民法典の条文どおりの順番である[29]。

(2) 1827-1829年メキシコ・オアハカ州民法典

(i) 法典化概念の導入――1812年スペイン・カディス憲法　ヌエバ・エスパーニャ副王領は、独立革命（1810年9月16日から1821年9月27日）を経てメキシコ帝国として独立するが、革命中にスペインの1812年カディス憲法が発効した[30]。同憲法258条は、「民事および刑事の法典ならびに商法典は、個別の諸状況により王国議会（コルテス）が行い得る改変を害することなく、王国全土にとって同一とする」と規定し、これにより初めて同副王領に「法典」化という概念がもたらされた[31]。このカディス憲法の規定は、1791年フランス憲法の第1編「憲法によって保障される基本的諸措置」の最後に置かれた、「王国全土に普く適用される民事法典が作られるであろう」を範とし、もとより「王国全土にとって同一とする」という部分に力点が置かれていた。つまりカディス議会の関心は、当時の王国法令に見られた顕著な法的多元性に対して、王国領内における法統一を果たすことであった。ところが、このカディス憲法の規定は、アパチンガン憲法として知られる1814年メキシコ・アメリカの自由のための憲法211条において、力点の位置を変えて再現されることになる。すなわち、「国家主権が、旧諸法令に代替することになる新たな諸法令の大全を作成する間は、本憲法および他の各旧デクレトが廃止した諸法令ならびに今後廃止される諸法令を除き、（スペインの）旧諸法令がその効力を存続する」という規定であるが、ここで強調されたのは、領内における法統一ではなく、近代的意味における法典化計画の方であった。こうして、独立後間もなく開始された法典化の動きは、暫定政府議会の1822年1月22日デクレトにより、民事、刑事、商事、鉱業、農業、芸術の各法典草案の準備委員会設置まで進む

が、1824年憲法によって誕生するメキシコ連邦共和国に向かう動乱と国家形態（連邦共和制か中央集権制か）をめぐる論争の中に埋没した。

(ii) **オアハカ州政府のための民法典** 1824年連邦憲法が公布されると、法典化の主導権は、同憲法により州として制度化された各地方へ移ることになる[32]。こうして、法典化を初めて達成したのがオアハカ州であった。同州は1823年に、メキシコの正式な連邦制採用前に、その主権を確認する手段として、メキシコ連邦に属す州であることを早々と宣言した。続いて、1827年から1829年に、「オアハカ州政府のための民法典」を世に送り出した[33]。同法典は、同州憲法議会により巻ごとに承認され[34]、1827年11月2日に序編および第1巻「人」、1828年9月4日に第2巻「財産および様々な所有権修正」、1829年1月14日に第3巻「様々な所有権取得方式（未完）」という順で、同州知事により公布された[35]。

(iii) **フランス民法典との関係** アメリカ大陸3番目の法典化となるオアハカ法典は、フランス民法典の包括的採用（包括継受）――完全な複製――にあたるもう1つの事例であった。オアハカの起草者らは、フランス語の法文を非常に忠実に文字どおり翻訳しただけであり、その体系や条文の配置に至るまでフランス法典との同一性を保持した。フランス法典が全2281条文であるのに対し、オアハカ法典が全1415条文であるのは、オアハカ法典が、フランス民法典では分かれていた各項目を融合することで、フランス民法典が小見出しを付けた大量の細区分の多くを削除したためである。いくつかの主要な修正点として、序編では、法律およびその他の規範の公布に関する部分が多少変更され、第1巻では、国籍の部分が省略され、また、既婚・未婚の法的身分につき主任司祭による管理に対応するよう要約された。婚姻制度についてもカノン法に適合させるために修正された。第2巻では、無遺言相続に関すること以外では重要な修正は存在しない。第3巻では、夫婦財産制に関する全ての条文が削除されている。加えて同巻は未完であり、組合（会社）の編で終わっているため、フランス民法典ではその後に続く貸借、寄託、委任、保証、和解、質権、先取特権、抵当権および時効に関する規定があるがそれらを欠く[36]。

2 フランス民法典の適応（adaptación）としての法典化
　　——1830年サンタクルス民法典
(1) カウディーリョによる示威的法典化
　アメリカ大陸4番目の法典化を達成するのは、第3代大統領サンタクルス（Andrés de SANTA CRUZ）政権下（1829-1839）のボリビアである。ただし、「法典化」という概念自体は、独立を達成した1825年すでに、第2代大統領スクレ（Mariscal Antonio José de SUCRE）の12月21日デクレトにおいて、「民事および刑事の法典が整う間は、司法裁判所は、訴訟において、1812年10月9日のスペイン王国議会（コルテス）の法律ならびに司法行政に関して同コルテスにより発せられたその他のデクレトに従う」[37]という規定の中で表明されていた。このデクレトを受け、1826年、ボリビア制憲議会は、1822年のスペイン王国議会（コルテス）の刑法典を包括的に採用する決定をなし、同刑法典は翌1827年、スクレにより公布された。

　続いて政権についたサンタクルスは[38]、公布されたばかりの刑法典の改正と併せて、デクレトを連発しながら民法典制定を強力に推し進めた。まず1829年7月16日デクレト3条では、「この国の状態ならびに法令過多による実務上の不都合という現状が、それらの法令のいくつかにおいて行うことを義務付ける改正や変更を政府は行う」[39]とし、抽象的な言い回しで法改正に言及した。これを受け、内務大臣カルボ（Mariano Enrique CALVO）は、1829年9月17日、最高裁判所に文書を送り、同裁判所から2名、チュキサカ高等裁判所から2名を出して[40]、「正当で、我々の現在の解放領に調和しかつ適応可能な事柄を須く現行諸法典から取り入れて、可能な限り短期間で、民事に関する完全な法典」を提示することを任務とする委員会の組織化を命じた[41]。この判事4名から成る起草委員会は、草案作成におよそ9カ月、校正におよそ6カ月、合計15カ月という短期間で作業を終え、1830年12月11日、完成草案を政府に提出した[42]。この間も、法典導入を焦るサンタクルスはその強大な権限を行使して、1830年10月28日（第1）デクレトにより草案を公布し施行日を1831年1月1日と定め、次の1831年3月22日（第2）デクレトでは施行日を約3カ月遅らせて同年4月2日とし、さらに同年3月26日（第3）デクレトでは諸地方の首府における公布について定めた。この後まもなくボリビア制憲議会は、

1831年7月18日法により、サンタクルスの1830年10月28日（第1）デクレトによる草案公布を追認し、正式名称を「サンタクルス民法典」とすることを定めた*43。

(2) フランス民法典との関係

先のカルボ文書に示されたとおり、起草作業は、「正当で、我々の現在の解放領に調和しかつ適応可能な事柄を須く現行諸法典から」取り入れることを軸とした。ここにいう「現行諸法典」とは、当時のボリビアで効力を有したスペイン諸立法を指し、ゆえに新法典は（スペイン）旧法を基礎とすることが予定されていた。

こうしたスペイン旧法を基礎とするという計画は、財産に関する第2巻と契約・債務に関する第3巻の一部については、完全には実現されなかった。第3巻の一部分に至っては、フランス民法典をモデルとして、その文字どおりの翻訳──いくつかの明らかな誤訳さえ伴う*44──と、その各条文の要約に限定された*45。これに対し、人に関する第1巻と第3巻のその他の部分では、婚姻や相続につきカスティーリャ法やカノン法が採用された*46。最終的に、全2281条文のフランス民法典に対し、サンタクルス民法典は全1556条文に縮小され、そのうちフランス民法典由来でない規定は全476条文を数える*47。

サンタクルス民法典は、序編「諸法令の公布、諸効果および適用」に続いて、第1巻「人」、第2巻「財産および様々な所有権修正」および第3巻「様々な所有権取得方式」から構成され、各巻における編や章の編成を含め*48、フランス民法典の体系の忠実な複製である。

大臣カルボから「可能な限り短期間で」作業を命じられ、また、法典の早期公布を目指したサンタクルスの執拗な威圧の下、たった15カ月で起草作業を終えた委員会にとって、全く新しいオリジナルの作品は事実上不可能であった。当時、即入手可能な権威あるモデルはフランス民法典であり、またサンタクルス自身がナポレオンの崇拝者であったことも影響したかもしれない。とはいえ、ボリビア・サンタクルス民法典は、これまでのフランス民法典の単純な包括採用をやめ、これを改訂し伝統法たるスペイン旧法と再統合するという新しい法典化スタイルを切り開いた点で、以前の時代とは一線を画す。

(3) 他国への伝播

1836年にペルー＝ボリビア連合国（Confederación Perú-Boliviana）が結成されると[*49]、1830年サンタクルス民法典に軽微な変更を加えた形で、南ペルー州サンタクルス民法典および北ペルー州サンタクルス民法典が制定された[*50]。さらに、1836年北ペルー州サンタクルス民法典をモデルとして、そのほぼ完全な複製版として、1841年コスタリカ共和国一般法典民事部が制定された。なおサンタクルス民法典は、本国ボリビアでは1845年11月18日まで効力を有した後、1846年11月11日から再び発効し、現行ボリビア民法典と入れ替わる1976年4月2日まで延べ145年の長期にわたり効力を有した。

Ⅲ　ラテンアメリカ内因性の自立的法典化 ——フランス民法典からの脱却へ

1　内因性法典化の萌芽期——1852年ペルー民法典

(1) 憲法に基づく法典化

サンタクルス民法典が、政治的資質を持ったカウディーリョの短期かつ強権的な法典化であったのに対し、1852年ペルー民法典は同国憲法に法典化の根拠を見出す。解放者ボリーバル（Simón BOLÍVAR）は1823年9月からリマに定住し[*51]、同年11月、ペルー初代憲法が公布された。同憲法106条は、「民事および刑事の法典は、司法の形式を予め確定する」と規定し、また同121条では、「民事、刑事、軍事および商事の法典の組成まで」（スペイン）旧法の有効性を確認した[*52]。1824年2月、国会はボリーバルに独裁権を付与し、1826年には、終身大統領制を盛り込んだいわゆるボリーバル憲法が公布され、同憲法46条1項でも、「民事、刑事、訴訟および商事ならびに教会規則に関する諸法典を作成する」権限を上院に付与することが規定された[*53]。さらに、1828年憲法131条ならびに1834年憲法11条でも同様の規定が置かれた[*54]。

(2) 法典化への胎動と挫折、1852年法典への再始動

憲法に体現されたボリーバルの政治的衝動と推進は、法律家ビダウレ（Manuel Lorenzo VIDAURRE）の知的努力と結合し、1825年頃から起草委員会指名などの形で具体化し始めた。1834年末から1836年にかけ全3巻のペルー民法典草案が編纂されたが、1836年、ペルーはサンタクルスの侵略を受け、政局事変

に屈する形で同草案は挫折した。

　ペルー＝ボリビア連合国が消滅し、ペルー独自の法典化の動きが再開するのは、改めて法典化推進法案が上院議員から提出され、大統領カスティーリャ（Ramón CASTILLA）により1845年10月9日法として公布されてからである。1845年12月20日デクレトにより指名された起草委員7名の内訳は、1名の改革主義者のほか、自由主義者と保守主義者が半々であった。同日発せられた委員会規則に基づき設置された起草委員会は、最初に取りかかった民事訴訟法典の起草を1846年末に終えると、直ちに民法典の起草に取りかかり、1847年中頃にはその作業を終えた。起草に際して最も議論が白熱したのは、婚姻の法的性質に関してであり、それは宗教的かつ世俗的な性質を有するのか、それとも世俗的性質のみかというものであった。最終的な完成草案は、1847年にペルー共和国民法典草案としてリマで出版された[55]。ところがこの草案は、1847年から1849年の間に国会の審議にかけられ、最終的に立ち往生してしまう。

　1851年初頭、カスティーリャに続き大統領に就任したエチェニケ（José Rufino ECHENIQUE）は[56]、同年6月7日法で、両院議員をメンバーとする民事訴訟法典および民法典改訂委員会の組織化を命じた。同委員会は、法律家マルティネス（Andrés MARTÍNEZ）を委員長とし、2名の上院議員と5名の下院議員から構成され、1851年12月まで改訂作業を行った。1847年民法草案に対する改訂は、婚姻、養子、相続、物権および（諸）契約に関して行われ、条文の文体についても議論された。また、同業組合、修道誓願および手形に関する部分が民法の範囲を超えるとして削除された[57]。改訂委員会の作業が終了すると、国会はそれ以上の議論を行わずに1851年12月23日法で草案を承認し、大統領は1852年7月28日に民法典および民事訴訟法典を公布すること、そして、両法典は公布の翌日から施行されることが定められた。

(3)　1852年ペルー民法典の体系

　1852年ペルー民法典は全2301条文を有し、序編に続いて全3巻に分かれ、それらは、第1巻「人およびその権利」、第2巻「物、その取得方式およびそれに関して人が有する権利」および第3巻「債務および契約」から成る。各巻（libro）はさらに部（secciones）に、部は編（títulos）に分割され、そのいくつかは番号のない見出しによる細区分を伴う。この体系はガイウス＝ユスティニア

ヌス方式を採用しており[58]、これがフランス民法典由来でないことは[59]、生存者間の所有権移転に関し、契約によってではなくそれに続く引渡し（tradición）によって権利が移転する（1852年ペルー民法典571条以下）[60]というローマ＝カスティーリャ法原則の採用から明白である[61]。また各巻内の各項目の順序についても、スペインの実務家の体系に着想を得た。例えば、タピア（Eugenio de TAPIA GARCÍA）の『Febrero novísimo』（1828年）[62]や『Febrero novísimamente redactado』（1845年）[63]であり、時にその用語さえ酷似する。

(4) フランス民法典からの乖離とカスティーリャ法への回帰

起草委員会は、利用された法源や出典に関する情報を何ら公的記録として残しておらず、比較研究からそれを分析し得るのみである。1852年ペルー民法典とフランス民法典の違いが明白な例として、浪費、不在者、聖職者、奴隷、婚約、婚姻概念、別居、扶養、後見、親子、家畜、占有、発見、動産取得時効、消滅時効、贈与、公正証書遺言の容易性と私署証書遺言の厳格性、メホーラ[64]、相続欠格・廃除、相続人の補充指定、婚姻共通財産制[65]、夫婦の共有財産、妻の特有財産、法定留保、レジオン、買戻権などがあり[66]、家族法と物権法がその大多数を占める。これに対し、ペルー民法典第3巻第1部第3編「契約の主要な諸要件（1235条以下）」は、フランス民法典第3巻第3編第2章「合意の有効性のための諸要件（1108条以下）」を範とし[67]、このように章全体や個別規定がフランス民法典から着想を得たのは圧倒的に債権法の分野である。

実際、1852年法典は、カスティーリャ法的な伝統主義に大きく立脚した法典であった[68]。例えば、奴隷制度に関する諸規定（第1巻第2部第5編「生来自由人、農奴および解放奴隷（95条～110条）」および第6編「奴隷解放（111条～119条）」）の存在がそれを示す。1852年当時、ペルーはいまだ奴隷制を廃止しておらず、その廃止自体を法典化により達成し得るはずもなかった。同様に、聖職者に関する規定（第1巻第2部第4編「聖職者（83条～94条）」）が民法典中に設けられたことからも、近代法典の特徴である法主体の単一性（権利能力平等の原則）は、1852年ペルー民法典とは無縁であった。このほか、大農場主などに対して不動産担保融資を行ったカトリック教会関連の伝統主義的な諸規定として、カペリャニーア（第2巻第7部第1編）やパトロナート（同巻同部第2編）ならびにセンソ（第3巻第5部第4編）がある。

(5) 他国への伝播

　1847年ペルー民法典草案は、グラナダ連合（現コロンビア共和国）に属すマグダレーナ州にて、グラナダ連合内初の民法典である1857年マグダレーナ民法典のモデルとなった。

　1852年ペルー民法典の包括採用と評価し得るケースは、1877年グアテマラ共和国民法典である。1877年時点では、後述する1855年チリ民法典がすでに存在し、しかも2つの隣国すなわち1859年にエルサルバドル、1871年にニカラグアがチリ民法典を採用したのに、グアテマラは1852年ペルー民法典を採用した。これは、当時のエルサルバドルとニカラグアの両政府が保守主義であり、その一方でグアテマラ大統領バリオス（Rufino BARRIOS）とその政府は自由主義であったためである。チリ民法典は一種の保守派のシンボルとなり、実際ペルー民法典がチリ民法典以上に伝統主義であっても、バリオスは隣国の辿った道を同じように辿ることはできなかった[69]。

2　内因性法典化の成熟期——1855年チリ共和国民法典とその伝播

(1) 法典論争（1822-1833年）

　チリにおける法典化は[70]、最高指導者のオイヒンス（オヒギンス）（Bernardo O'HIGGINS）から、立法議会として機能していた準備集会へ宛てた1822年7月23日書簡で法典化の提案がなされたことを発端とする。ただ、同書簡においてオイヒンスは、ナポレオン五法典の包括採用を推奨したにとどまり、それとの対比でスペイン旧法の未開さを嘆いた[71]。このオイヒンス書簡をきっかけにチリでは、これまでのラテンアメリカにかつてなかった数と分量で一連の草案や起草計画が提起され[72]、ビアル（Manuel C. VIAL）の草案が下院に提出される1833年まで法典論争が続いた。当時の争点は、第1にスペイン王国から受け継いだ法の状態についての批判、第2にスペイン法を自国法・祖国法により代替するという理念の表明、第3に自国法典とカスティーリャ＝インディアス旧法との関係性に集約される。第1点は、チリで効力を有していたカスティーリャ私法の本質的良さについて一定のコンセンサスが生じていた。第2点は、スペイン旧法をスペインで生成された諸法により代替する点にコンセンサスが形成され、ナポレオン法典を翻訳しチリ民法典として公布するというオ

イヒンスの提案は全く受容されなかった。ゆえに第3点は、自国法・祖国法（良きカスティーリャ私法）に基づく起草案であることを前提とした。ビアル草案では、平易で明解な文言での起草と最も信用された注釈者の諸規則からの追加ならびに各条文の法源明示をその具体的内容とした現行自国法・カスティーリャ法の編纂・編集（compilación）、言うなれば祖国法の明解化・インデックス化を第1段階の編集作業とし、その先に一大法典の作成すなわち時代が必要とする抜本的な全面改正——ビアル草案の第2段階——を企図していた。ビアル草案の革新性は、その第1段階と第2段階を通して、法典の「作成（formación）」と「改革（reformación）」の両概念を同時に結合した点にあった。

(2) ベリョの法典化思想——狭義の法典化から広義の法典化へ

ベリョがその法典化思想を初めて表明したのはビアル草案を契機とした。1833年6月28日付アラウカーノ紙146号の論稿において[73]、ベリョはスペイン旧法を代替すべき必要性の再確認から始め、ビアル草案における「法典化」と「法改正」という2つの主題を区別した。「法典化は、改正と注意深く区別されなければならない。最初から2つを結合することは、同時に全ての諸困難と立ち向かって戦うことであり、また、暗礁に乗り上げる危険が非常に高い恐るべき思索の広い海原に漕ぎ出すようなものである」。法典化とは、「……すでに適用されなくなった諸項目を除外し、また、今日の混乱の源となる……重複文の無駄を取り、多数の……使用されていない慣用句を省いて、各民事法令を整序された大全に縮減したもの」と定義した。ベリョにとって法典化とは、現行法令に依拠しつつ、その不完全性を浄化する技術的作用、言い換えれば既存法令の統合（consolidación）であり、そこには本質的な「改正」の概念は不在である。改正とは、より抽象的な作用として理解され、「この大作が身をゆだねる者の理論的諸原則と合致していない現行体系の全ての部分を修正して、諸法令の新体系を作る」こと、および、立法のいくつかの部分を簡略化し、その間隙を埋め、また、「わが国の政治体制の転換」により要請され、あるいは、「人文または哲学」により推奨された変革を導入することである。簡潔に言えば、「一人の哲学者たる立法者の小室」で形作られた1つの「理想的な立法」のことである。こうして当初のベリョは、法典化と法改正の同時実現を批判し、法典化の後に改正する考えを称揚した。

ところがベリョは大臣ポルタレス（Diego PORTALES）から民法草案の起草を命じられ、既存法令の統合（＝狭義の法典化）の過程でいくつかの改正も必要とすることを痛感した。当時利用可能であったヨーロッパ諸法典の参照に至り、必要な改正がすでに運用された形でそこに存在したことは明らかであった。こうして新法典は、統合と同時に改正された現行法を基礎として構成されるべきものとなった。その統合と改正それぞれの程度に関し、1839年12月6日付アラウカーノ紙でベリョは次のように論じた。「諸変更が相当量であってはならず、新法典は新たに導入するもの以上に除外するものによって旧法令と区別され、……諸規則は他の多くの手本のように存続しなければならない。……我々の民事法とりわけ七部法典は、ローマ法の最良のものを内包する。……欠ける点や修正の必要な点については、解説者の著書に有り余る資料を我々は有する。彼らの論争、彼らの矛盾、彼らの逸脱それ自体が、あたかも指で指し示すように、立法者が明確化すべき文言、解決すべき問題、……を我々に示す。ドゥムラン（Dumoulin）、ドマ（Domat）、とりわけポティエ（Pothier）の大作が、その貴重な民法典起草のためにフランスの立法者に役立たなかったことがあろうか？　注意深く熟考され相互に比較された、ゴメス（Gómez）、アセベド（Acevedo）、マティエンソ（Matienzo）、コバルビアス（Cobarrruvias）の著作もまた、チリ民法典起草のために同様の援助を与えるであろう。わが立法の基本的諸原則の少なくない部分が維持される、かの近代立法をあれほど冷静に説き明かしたフランスの法律家らの著作は、非常に価値ある資料をも提供するであろう」[*74]。以上から分かるように、チリの新民法典は基本的にカスティーリャ法とりわけ七部法典に基づくべきであり、その統合はスペイン法の注釈者らを参照することで達成される。この統合体には多くの修正を導入する必要はないが、修正がなされる場合にはフランス民法典とその注釈者らを参照して行う[*75]。つまりベリョにとって新法典は、改革・改正よりも統合であることが予定されていた。

(3) 1855年チリ共和国民法典の体系と法源

チリ民法典の体系は[*76]、序編と全4巻から成る。第1巻「人」、第2巻「財産およびその所有、使用および収益」、第3巻「死亡を原因とする継承および生存者間の贈与」および第4巻「債務一般および契約」であり、全2524条文

に法典遵守に関する1条文が加わる。この体系はガイウス＝ユスティニアヌス方式を踏襲し、ベリョ自身、『ローマ法提要』[77]を数冊シリーズで執筆し親しみがあった。

1840年から1855年まで国会立法委員会で審議された5つの部分草案のいくつかは注釈付で公表され、また、法典公布後にベリョ自身が最初の76条項について注釈を書いた[78]。これらの資料から、紛れもなく優位であった法源は、グレゴリオ・ロペス（Gregorio LÓPEZ）の欄外注釈付七部法典である[79]。これは、ベリョが1839年の論説で「我々の民事立法、とりわけ七部法典は、ローマ法の最良のものを内包する」と述べていたこととも一致する。しかし市民法大全もまた、ロマニストであったベリョが直接参照した法源であり[80]、それよりも少ないが、フエロ・レアル、トロの諸法、スペイン最新法令集成といった七部法典以外のカスティーリャ法源も見られる。ベリョは当時知り得た外国法典も利用し、サン＝ジョセフ（Anthoine de SAINT-JOSEPH）の『諸外国民法典とナポレオン法典との一致』[81]を通じて、19世紀後半のほぼ全ての法典を網羅した[82]。1853年草案には、ガルシア＝ゴイェナのスペイン民法草案（1851年）および1852年ペルー民法典も反映された。

(4) フランス民法典との関係

フランス民法典がチリの法典化において重要な位置を占めたこと自体は否定されない[83]。例えば、債務および契約（チリ民法典第4巻）に関する多くの規定ではベリョの着想の源泉となった。ただしベリョが、フランス民法典の規定をそのまま模倣することは稀であり、ポティエ（Robert-Joseph POTHIER）やドゥルバンクール（Claude-Etienne DELEVINCOURT）を参照し、それらを基に新たな法文を起草した。起草作業を通じたベリョの恒常的な懸念は、形式的には外国法から着想を得た規範と対応する資料と内容が、祖国法とりわけ七部法典に存在するか否かであった。その結果、「今日行われる改革は全く多くない、というのも創造ではなく修正と簡略化を志向するからだ」[84]と述べるように、非常にローマ的・伝統的法典として仕上がった。

実際、この伝統主義は、自由主義イデオロギーの産物たるフランス民法典の思想を反映し得ない[85]。フランス民法典第3巻第3編「合意の有効性のための諸要件」と密接に対応する、チリ民法典第4巻第2編「意思表示」[86]は、むし

ろ例外といえよう。ベリョの法典は、本質的にはローマ＝カスティーリャ旧法に依拠しつつ、それに対する一連の技術的作用により、外形的には近代法典の体系に再構成された[87]。ただ意思表示規定のように、自由主義原則に従いその時代の精神に調和して改良された点もある[88]。

最後に、ベリョがフランス民法典と意図的に変えた点として、各巻の構成を挙げなければならない。チリ民法典の各巻は原則として編（títulos）のみに分割され、下位の分類体系である款（párrafos）まで置かれるのは非常に限られた場合である。ベリョは、法律の正確な機能、つまり、法律と学術目的の教科書との違いを明確に理解し、学理主義を排除して、条文の展開における調和を保った。付言すれば、言語学者としても著名であったベリョは、起草に際して、文学・文芸的文体にも大いに配慮した。

(5) チリ共和国民法典の包括採用としての法典化

チリ民法典は、外交ルートや個々人の私的ルートにより、ラテンアメリカ全土に急速に伝播した。この地域を貫く共通文化と高い言語的統一性がその助けとなったことも疑いない。新民法典は、その当時チリが享受していた国際社会における政治的信望や起草者ベリョの名声とともに、法典化を切望していた諸国において関心をもって見られ、多くの場合、それらの国々において、チリ民法典の包括採用を推し進める結果となった[89]。チリ民法典の包括継受により法典化を達成したのは、エクアドル（1858年法典および1860年法典）、コロンビア（1887年法典）、エルサルバドル（1859年初代法典）、ベネズエラ（1862年初代法典）、ニカラグア（1867年初代法典）、ホンジュラス（1880年初代法典および1906年法典）、ならびに、パナマ（1860年から1903年まで有効であった法典）である。

IV 結びに代えて——独立期法典化の諸要因

1 法典化以前の法状態への批判

ラテンアメリカの全ての法典にとっての共通背景として、フランス民法典（*Code Civil*）は、大なり小なりの強度をもって作用した。ヨーロッパでも1804年の公布以後、1811年オーストリア法典を除き、多くの国が法典化に際しフ

IV 結びに代えて——独立期法典化の諸要因

ランス民法典を参照した[90]。わが国への影響も知られるとおりであり[91]、フランス民法典という立法モデルの循環は世界共通の現象であった。この現象には2つの疑問を提起し得る。第1になぜ現行の自国法を代替する必要があったのか、第2になぜ選択されたのがフランス法典であったのか、ということである。

第1点は、現行法の有様それ自体に対する批判の存在である。ヨーロッパでは、法典化以前に通用していた「共通法」に対して、法律が雑多にすぎること、その内容が首尾一貫していないこと、法学者による注釈の過剰により混同が生じていること、使用される言葉の古めかしさ、法の大部分の不使用、これら全てが法の認識の困難さ、その適用における不確実性・不安定性、終局的には劣悪な司法行政を生み出しているというのが諸批判の通常至る結論であった。ラテンアメリカにおいては、その批判の対象が共通法ではなくカスティーリャ＝インディアス法であったことがヨーロッパとは異なる点であった。法典化の端緒として、ボリビアのサンタクルスは「法令過多による実務上の不都合という現状」を指摘し、チリのオイヒンスも「旧諸法令の野蛮さ」を嘆いたのは既述のとおりである[92]。

これに対し、ヨーロッパとラテンアメリカでその事情を大きく異にするのが、法典化以前の法状態としての法的多元性の存否である。約300年間の植民地時代に独立以前のラテンアメリカが共有した法は、全土を通じてインディアス法と呼ばれた旧スペイン帝国の法であり[93]、特にインディアス私法については内容面でカスティーリャ私法とほぼ共通であった[94]。つまり、独立による政治的多元化にもかかわらず法的単一性は存続した[95]。したがって、ヨーロッパのように領土内の法統一や法の創造・解釈に関する立法者の大権強化といった法典化の要因は、ラテンアメリカには型どおりに当てはまらなかった。ゆえに、翻って現行法の有様それ自体に対する批判が主因となり、とりわけ私法に関しては、ベリョの言葉を借りれば「法律が雑多に散らばり相互に矛盾している」ことが所有権の確定その他の問題を生ぜしめており、私法の法的安定性を法典化により保障することこそ、法典化の目的となり得た。法典化とは、つまり、法の固定、統合あるいはインデックス化と同義であった。

それでは、法の整序を目的としたラテンアメリカの法典化に際し、包括継受や部分継受の対象として選択された法典がなぜフランス民法典であったのか

(第2点)。この背景をナポレオンの名声やフランス法典の卓越性のみで説明することは難しい。むしろ、具体的理由の1つとして、当時フランス法典以上に簡便にアクセス可能な他のモデルが存在しなかったことが挙げられる。旧支配国であったスペインの法典は、絶対王政への度重なる回帰や地域法との緊張関係により編纂が遅れていたし*96、プロイセン法典やオーストリア法典は、その言語および両法典が追随する伝統により、「ラテンアメリカ文化」からはフランス法典以上に遠ざかっていた。

他方で、他に参照すべきモデルがなかったという消極的理由のみでは、ハイチやメキシコ・オアハカの例のような包括継受や、おそらくボリビアの例についても説明がつかない。また、ハイチとメキシコ・オアハカの法典はフランス民法典の完全な複製である点で、両法典におけるフランス民法典の影響は同程度かつラテンアメリカ諸民法典内で最大といえるが、両民法典においてフランス民法典が果たした役割・機能は同一ではない。

2　ナショナリズムなき独立と法典化

19世紀初期のラテンアメリカ諸国の独立は、国民国家形成を意味せず、植民地生まれを理由に本国人（イベリア半島人）と差別されてきた一部のエリート層クリオーリョが*97、独立によりそれまで本国人が享受していた特権を握ったにすぎず、人口の圧倒的多数を占めた農村人口は蚊帳の外に置かれた、「ナショナリズムなき独立」と評される。

独立国家時代の幕開けとともに迎えた政治経済の混乱期に台頭したカウディーリョは*98、独立の達成に伴う法整備に際し、その最も急進的な形式として、植民地時代の遺産であるインディアス旧法の総入替えの手段に代えて、ナポレオン法典の単純な採用または移植という形式を試みた。独立戦争を経てクリオーリョの知識人が消耗する中*99、カウディーリョは政治的独立に続き法的独立を急いだ。独立してなおインディアス旧法に従うことは、独立が未完成であるのと同義とされた。独立は、遺産たる旧法が完全に廃止されて、新国家の新権限により承認され新社会構造と合致した新法により代替されたときに初めて完成する。それは必然的に法典という概念に導き、カウディーリョの目標があくまで「総入替え」*100であったのは、旧法体系を廃止して代替し得る唯一の

可能性が法典化と目されたからである。独立の完成という概念は、目的・手段の両面で、近代的方法による法典化への諸努力と結合した。ここには、ナポレオンの放った軍事的・政治的栄光に魅了され[101]、そのスタイルを追う権威的・独裁的な支配者カウディーリョの性急さと、まともな議論も経ずにナポレオン法典の包括採用を実行に移す迅速性を担保するその絶対的権力の存在が見て取れる。このようなカウディーリョの例が、ボリビアのサンタクルス、チリのオイヒンスである。スペイン語圏ではないためカウディーリョとは呼ばれないが、ハイチのボワイエも同様であろう。このような急進的手段が、ハイチでは完全に、ボリビアでは半ば成功し、チリでは失敗に終わったが、これらの場合にフランス民法典は権威と独裁の象徴であり、また後述する自由主義的啓蒙の象徴でもあった。

　こうした急進性の背後には、法典を持つべき緊急性が存在した例もあった。ラテンアメリカではその政治的独立の達成が法典化の一大要因であったとはいえ、よりあからさまに、フランス民法典がその政治的自立のまさに直接の道具として機能した例がある。はじめに紹介した1808年のルイジアナ法典も、1803年のルイジアナ買収でコモン・ローの傘下に下るという切迫状態を前に、緊急にロマンス法典を必要としたからであった[102]。同様のことが、1827-1829年メキシコ・オアハカ州民法典についてもいえるであろう。

3　プレタポルテからオートクチュールへ

　ハイチでは性急な独裁的支配者の武力とカリスマにより、メキシコ・オアハカでは自立を維持すべき緊急性により、独立の維持や達成のためフランス民法典が包括採用（継受）され、これらの場合フランス民法典は道具であり一種の「法のプレタポルテ」として機能した。

　先に論じた法典化以前の旧法状態への批判に際しては、そのような劣悪な法状態を改善する技術的手段として法典化が考慮された。これは極論としては、無秩序な法を何らかの形で整序できればよく、法インデックス化の方法が必ずしもフランス民法典に基づく必要はない。このような方向に舵を取ったのが1852年ペルー民法典であり、また、改めてベリョの言葉を借りれば「ローマ法の最良のものを内包する七部法典」に基づく法典化たるチリ民法典である。

より分析的にいえば、チリ民法典は内容的に七部法典を基礎とするが、それをあえてフランス民法典という鋳型に流し込んだものと評価できよう。

　こうしたスペイン旧法にフランス風の洋服を着せることにはいかなる意味があったのだろうか。ラテンアメリカにおける独立期法典化推進の両輪たる「旧法状態への批判」と「政治的独立の達成」を結び付けるものが、「封建制」、「君主制」、「専制政治」といった植民地時代の遺産を「自由主義」に代替するという思想である[*103]。ここにおいて法典化は、「旧法状態への批判」と「政治的独立の達成」にとって目的であり手段でもあることになり、自由主義的な近代法典との誉れ高いフランス民法典へと導かれるのはもはや避けられないことであった。裏を返せば、自由主義思想という建前は、フランス民法典という近代的な洋服を纏わせることで達成されたのである。こうして、ベリョの仕立てによるオートクチュール、チリ民法典は、ラテンアメリカにおいてフランス民法典に代わる新たなプレタポルテとなった。

（前田　美千代）

*1　文学・映画・テレビドラマは18カ国の共通市場を持つ。これは、植民地時代の徹底したスペイン化政策による（中川文雄「ラテンアメリカ地域の特徴」国本伊代・中川文雄編著『ラテンアメリカ研究への招待〔改訂新版〕』（新評論・2005年）36-37頁、国本伊代『概説ラテンアメリカ史〔改訂新版〕』（新評論・2001年）20頁）。

*2　人口の90％近くがカトリック教徒であり、各国ではカトリック教会が権威ある特別な地位を占める（中川・前掲注(1) 37頁）。他宗派とその役割については、大久保教宏『プロテスタンティズムとメキシコ革命―市民宗教からインディヘニスモへ』（新教出版社・2005年）。

*3　法に関して「尊重すれど遵守せず」との通念が出来上がり、便宜や都合に合わせ法の趣旨を曲げ法網をくぐる行為や他者を出し抜く行為が、立ち回りの巧みさとして社会で容認される傾向がある。この法文化・労働観は、植民地下の土地貴族的文化と、イベリア半島から遠隔のインディアス行政官僚による恣意的で不平等な法の適用が一因とされる（中川文雄「ラテンアメリカの社会」国本・中川編著・前掲注(1) 127頁、中川和彦『ラテンアメリカ法の基盤』（千倉書房・2000年）302-303頁）。

*4　コロンブスの発見した土地がアジアの一部ではなく、後にアメリカと呼ばれた新大陸であることが認められた後も、インディアスという用語はスペインの植民地支配下で公式名称であり続けた。ゆえにDerecho indiano（直訳するとインド法）とは、インディアス法、すなわち、植民地支配下のスペイン旧法を指す。

*5　19世紀初頭、独立指導者らは解放を目指す土地をアメリカの名で呼び、住民に「アメリカーノス（アメリカ人らよ）」と呼びかけた。今日でもラテンアメリカを指して

「われらのアメリカ」との表現が見られる（中川・前掲注（1）22-23 頁）。
*6 1836 年にメキシコからテキサスが独立し、1848 年にはメキシコとの戦争で勝利したアメリカ合衆国がその国土の半分を割譲させ、中米地域へも進出した。1856 年にニカラグアの国内政治の混乱に乗じ、私兵を率いて入りこんできたアメリカ人ウィリアム・ウォーカーが同国大統領となり、公用語を英語とする事態が起き、その 2 年後には同国に対し借款供与の担保としてガラパゴス諸島を要求した（中川・前掲注（1）25 頁）。
*7 汎ラテン主義とは、言語的・文化的類似性を理由に、フランスがラテン民族の盟主となりインスピレーションの源泉となって、アングロサクソンの脅威と支配に対する防衛者たらねばならないとするもので、フランス語でラテンアメリカを意味する「ラメリク・ラティーヌ（l'Amérique latine）」は、こうしたフランス帝国主義を正当化する際に同国知識人らにより用いられた（John Leddy PHELAN, Pan-latinism, French intervention in Mexico (1861-1867) and the genesis of the idea of Latin America, in Juan Antonio ORTEGA Y MEDINA (ed.), Conciencia y autenticidad histórica, México, D. F.: UNAM, 1968, pp. 279-298）。
*8 1850 年代に旧スペイン領諸国からパリに住み着いた知識人らが、アングロサクソン列強に抵抗すべく同諸国の団結を示し、しかも文明の中心フランスと一体感のある抒情的名称を求めて、スペイン語のアメリカ・ラティーナ（América latina）という表現を使用した。
*9 英語の「ラテンアメリカ」がスペイン語由来かフランス語由来かは不明である。第 2 次世界大戦後、ユネスコをはじめ国連組織や一連の国際機関がこの名称を採用し、その定着に決定的役割を果たした（Arturo ARDAO, Génesis de la idea y el nombre de América Latina, Caracas: Centro de Estudios Rómulo Gallegos, 1980, pp. 131 y ss）。
*10 1960 年代に独立したカリブ海域の新興国も含め、メキシコ、中米、カリブ海地域、南米を総称する表現としては「ラテンアメリカ・アンド・ザ・カリビアン」が正確である。日本で使われる「中南米」という呼称は、英語等の西洋語に訳すと、北米に属すメキシコやキューバを含まない印象を与える（中川・前掲注（1）28 頁）。
*11 歴史学・国際関係学的には、ブラジルをラテンアメリカに含めることに懐疑的である。旧スペイン領諸国はブラジルを「アメリカ・ラティーナ」の一部とはみなしておらず、ブラジル自身もリオ・デ・ラ・プラタ連合州（Provincias Unidas del Río de la Plata）（現アルゼンチン）は別として隣国のスペイン語圏諸国ではなくヨーロッパのみに目を向け、1889 年以降はアメリカ合衆国に目を向けてきた（Leslie BETHELL, Brazil and 'Latin America', in Journal of Latin American Studies (Cambridge University Press), Vol. 42 (2010), pp. 457-485）。
*12 先コロンブス時代とは、コロンブスがカリブ海域に到達した 1492 年以前、植民地時代とは、1492 年からスペインとポルトガル両国の絶対王権により統治された 19 世紀初頭までの約 300 年間、独立国家時代とは、独立以降現在までを指す。
*13 国本・前掲注（1）18 頁。
*14 佐藤明夫「イベロアメリカの法文化」比較法研究 60 号（1998 年）84-92 頁、黒木三郎・奥山恭子「ラテンアメリカ諸国における法および法学界の現実と動向」比較法学（早稲田大学）17 巻 1 号（1983 年）109-119 頁、中川・前掲注（3）7 頁以下。
*15 1808 年施行のルイジアナ初の民法典は 1800 年にフランス政府が作成した草案であり、1825 年と 1870 年に改正法典が制定された。同法典に関しては、土井輝生「ルイジアナ民法史序説」早稲田大学比較法研究所紀要 14 号（1960 年）、大島俊之「ルイジアナ法におけるフランス語の地位」神戸学院法学 29 巻 2 号（1999 年）124（414）頁。
*16 ベネズエラ出身のアンドレス・ベリョは 1829 年のチリ到着前に、ロンドンで法典化の提唱者ベンサム（Jeremy BENTHAM）と親交を持った（中川和彦「アンドレース・

ベリョ小伝」教養論集（成城大学）8号（1990年）43-73頁）。ベリョは、1832年にチリ国籍を授与され、1834年以降は外務省高官、1837年には上院議員にも選出され1865年に死去する少し前までその任務を全うした。高等教育整備にも尽力しチリ大学初代総長を務めた。詩人・文人として活躍したのみならず（ジャック・ジョゼ（高見栄一・鼓直共訳）『ラテンアメリカ文学史』（白水社・1975年）35-38頁）、『アメリカ人の使用に向けたカスティーリャ語文法（Gramática de la lengua castellana destinada al uso de los americanos, Santiago de Chile: Impr. del Progreso, 1847）』を著し、スペイン語学でも名高い（土屋亮訳「アンドレス・ベリョ『カスティーリャ語文法』日本語訳(1)～(3)」IBERIA8号（2007年）31-44頁、9号（2010年）97-117頁、10号（2010年）142-162頁参照）。チリ民法典起草者としてのベリョについては、中川和彦「チリ1855年民法典とアンドレース・ベリョ(1)～(3)」成城法学45号（1993年）1-25頁、46号（1994年）21-41頁、47号（1994年）1-28頁、同「チリ民法典とアンドレース・ベリョ」イベロアメリカ研究（上智大学）19巻1号（1997年）55-67頁。

*17　1776年以降エスパニョーラ島は東部がスペイン領サント・ドミンゴ、西部がフランス領サン＝ドマングに分割された。1795年のバーゼルの和約によりサント・ドミンゴはフランスに割譲され、トゥサン・ルヴェルチュール（François-Dominique TOUSSAINT LOUVERTURE）の派兵軍が1801年にサント・ドミンゴを制圧すると全島がその支配下に置かれた。1804年1月1日、島の独立が宣言され、翌年にハイチ帝国として憲法が公布され、トゥサン・ルヴェルチュールの副官を務めた軍人デサリーヌ（Jean Jacques DESSALINES）を皇帝として指名した。

*18　ハイチで正式に公布されず施行に至らなかったとはいえ、当時のハイチの裁判所は、フランスの慣習法のみならずフランス法典も適用していた（Alexis BEABRUN ARDOUIN, Etudes sur l'Histoire d'Haïti suivies de la vie du Général J.-M. BORGELLÁ, t. IX, Paris: Dezobry et E. Magdeleine, 1853-1865, p. 300）。

*19　ハイチ帝国は、デサリーヌの死去に伴って勃発した島南部の軍事蜂起により、1806年末に消滅した。蜂起者らは、政府暫定長官を将軍クリストフ（Henry CHRISTOPHE）とし、1806年、共和制の新憲法を発布し、クリストフは大統領に任命された。しかしクリストフはこれに満足せず、1807年に島北部から軍事的手段に訴えるも功を奏せず、ハイチ共和国は北部と南部に分割された。北部はクリストフが引き続き支配し、南部は上院が新大統領に選出したペティオンが統治した。北部のクリストフは1807年に新憲法を制定し、自身を大統領に指名し、1811年には別の憲法を制定して王国を創設し、自身を王に任命した。南部はペティオン大統領の下で統治された1807年以降、1816年に新憲法が制定され、ペティオンは終身大統領となった。1818年のペティオンの死亡により、ボワイエが新大統領に選ばれ、1822年にはクリストフ王の北部に対して戦争を開始した。同年10月クリストフは自殺し、これによりハイチ共和国はボワイエの指揮下で再統一された（浜忠雄『カリブからの問い─ハイチ革命と近代世界』（岩波書店・2003年）127頁以下、175頁以下）。

*20　Symphor LINSTANT PRADINE, Recueil général des lois et actes du Gouvernement d'Haïti depuis la proclamation de son indépendance jusqu'à nos jours; le tout mis en ordre et publié, avec des notes historiques de jurisprudence, et de concordance, t. II. 1809-1817., Paris: Auguste Durand, 1860, p. 353 (N° 438.-DÉPÊCHE du même, au commissaire du gouvernement prés les tribunaux de l'Ouest, relative à l'emploi du Code Napoléon en Haïti).

*21　1816年ハイチ憲法は、1791年フランス憲法の影響を受けた。1816年憲法はペティオンの下で制定され当初は南部でのみ効力を有したが、ボワイエにより南北再統一された1822年以降は全土で効力を有した（Louis Joseph JANVIER, Les constitutions d'Haïti

1801-1885, Paris: C. Marpon et E. Flammarion, pp. 109 et s; LINSTANT-PRADINE, *op.cit.* (note 20), t. II. 1809-1817, p. 360. 同憲法の収録は pp. 357-394（N° 442.-CONSTITUTION D'HAITI REVISÉE AU GRAND-GOAVE, LE 2 JUIN 1816, AN XIII DE L'INDÉPENDENCE (1)）。

*22　LINSTANT-PRADINE, *op.cit.* (note 20), t. III. 1818-1823., 1860, pp. 87-92 (N° 569. -MESSAGE *du même, aux membres de la commission chargée de préparer les codes d'Haïti*）。

*23　1822年に11条文が承認され、1823年に6条文がさらに承認され、1824年に残りの19条文が承認された。立法府による条文ごとの承認手続は、フランス民法典の承認手続と同一であった（Gustavo Adolfo MEJÍA RECART, Historia general del derecho e historia del derecho dominicano, Santiago R. D.: El Diario, 1943, p. 158）。

*24　BEABRUN ARDOUIN, *op.cit.* (note 18), p. 314; LINSTANT-PRADINE, *op.cit.* (note 20), t. IV. 1809-1817, 1865, p. 156（N° 941.-CODE CIVIL *d'Haïti*. 法文収録せず）。
　なお、民法典が公布された年に、民事訴訟法典も公布された。翌1826年に、1816年憲法37条で列挙されていた残りの法典、つまり、商法典、刑事矯正法典、刑法典および農事法典が公布された。農事法典以外は、民法典同様、各フランス法典の完全な複製であった（MEJÍA RECART, *op.cit.* (note 23), pp. 158-159）。

*25　フランス法典は全2281条文で、ハイチ法典は全2047条文である（*supra.cit.*, p. 159）。

*26　ハイチの法史家タレスによれば、「起草委員会はフランスとハイチの気質と性質の間に類似性を見出し、フランス諸法典をほぼ完全に採用することに躊躇いがない。ゆえに、フランス諸法典は我々のものとほとんど異ならない」（Jean-Jacques THALÈS, *Histoire du droit haïtian*, t. I, Port-au-Prince: Imprimerie N. Telhomme, 1933, p. 10）。またドミニカ共和国の法学者タバーレスは、1826年ハイチ民法典を評して、「それは大規模な剽窃でなければ包括継受である」としている（Froilán TAVARES (p.) - Froilán TAVARES (h.), *Historia del derecho y de las ideas sociopolíticas*, Santo Domingo: Editora Centenario, 1996, p. 237）。

*27　MEJÍA RECART, *op.cit.* (note 23), p. 159.

*28　フランス民法典は序編（諸法令一般の公布、諸効果および適用）を前出して、第1巻「人」第1編「私権」、その下に章、節、項と続く。ハイチ民法典は序編を置かず、第1法条「法律一般の審署、諸効果および適用」から、最終の第35法条「時効」まで続く。ここまでの全2046条文の後に通則が置かれ、法典の施行に関する2047条がくる。

*29　Abel-Nicolas LÉGER, De l'influence du Code Napoléon à Haïti et des différences de législation civile entre la France et Haïti, in *Le droit civil français livre-souvenir des journées du droit civil français*, Montréal: Le Barreau de Montréal, 1936, pp. 812-815.

*30　同憲法は、スペイン独立戦争（1808-1814）の只中、ナポレオンの侵略に抗し南西部のカディスまで逃げていた王国議会（コルテス）により1812年3月12日に採択され、それまでの身分制議会とは異なり、その構成議員たちが「国民共同体」（ナシオン）を代表するものとされ、国民主権や三権分立を謳ったスペイン史上初の近代憲法である。カディス議会では、スペイン本土のみならずスペイン領アメリカからも代議員が召集され初の国政参加となった。しかし、アンシャン・レジームのままの「王国」を国家領域としたことで、インディオやカスタ（血筋においてアフリカを出自とする者）の取扱いに関し、その「国民／市民」の範疇規定が矛盾に満ちたものとなった（立石博高「カディス憲法とスペイン王国」立石博高・篠原琢編『国民国家と市民—包摂と排除の諸相』（山川出版社・2009年）40頁以下）。

*31　祖国イギリスのコモン・ローを批判したベンサムの唱えた法典化は、その著作を通じスペインで多いに普及した。スイス人デュモン（Etienne DUMONT）によりフランス

語に翻訳された著作の多くがスペイン語にも翻訳された。スペイン領アメリカの知識人らは通常フランス語に堪能で、フランス語版やスペイン語翻訳版を通じベンサムの法典化論の影響を受けた。ただその影響は技術面でなく学理面にとどまる（María del Refugio GONZÁLEZ, *Estudios sobre la historia del derecho civil en México durante el siglo XIX*, México, D. F.: UNAM, 1981, p. 70; Alejandro GUZMÁN BRITO, *Historia de la codificación civil iberoamericana*, Cizur Menor (Navarra) : Aranzadi, 2006, p. 96）。

*32　1824年連邦憲法161条は各州の義務を定め、その2号で「各州の憲法、法律およびデクレトを各州知事により公布すること」を定めていた。同憲法下で法典化を目指しその作業を完成した州がオアハカとサカテカスで、オアハカは公布まで漕ぎ着けたが、サカテカス民法典草案は広聴活動として1829年に公表された以上の進展はなかった。また、ハリスコ州でも1833年に民法典第1部草案が公表されたが、予算不足により起草委員会の作業が中断された。グアナフアト州でも民法典の懸賞草案コンクールが行われた。

*33　オアハカ州民法典の起草者や起草過程、起草委員会設置の有無など起草の状況については知られていない（Raúl ORTIZ-URQUIDI, *Oaxaca, cuna de la codificación iberoamericana*, México: Porrúa, 1974, p. 23; GONZÁLEZ, *op.cit.* (note 31), p. 91, n. 132）。

*34　これは1825年オアハカ州憲法を制定した第1回憲法議会に続く同州第2回憲法議会（1827年7月18日から1829年7月31日）である（Francisco MARTÍNEZ SÁNCHEZ, Introducción al derecho parlamentario de Oaxaca: Estudio monográfico del Congreso del Estado libre y soberano de Oaxaca, in CIENFUEGOS SALGADO, Diego, *Constitucionalismo local*, México, D. F.: Porrúa, 2005, p. 594）。

*35　後にメキシコ大統領となるベニート・フアレス（Benito JUÁREZ）は、1848年にオアハカ州知事となった（国本伊代『メキシコの歴史』（新評論・2002年）201頁）。

*36　Alejandro GUZMÁN BRITO., *op.cit.* (note 31), p. 154.

*37　Pastor ORTÍZ MATTOS, Informe sobre el Código Civil Boliviano (Trabajos preparatorios), in *Revista de Derecho, Ciencias Políticas y Sociales* 8 (1966), p. 19, n. 3.

*38　ハーバート・S・クライン（星野靖子訳）『ボリビアの歴史』（創土社・2011年）171頁。

*39　ORTÍZ MATTOS, *op.cit.* (note 37), p. 20, n. 10.

*40　1825年4月27日デクレトでスクレがアルト・ペルーを管轄とするチュキサカ高等裁判所を旧チャルカス・アウディエンシア（行政権も有した旧スペイン帝国の高等裁判所）に代えて設置し、その後ボリーバルが1825年12月15日デクレトでラパス高等裁判所を設置した。最高裁判所は1827年7月16日にスクレが設置した。現在もボリビアの事実上の首都としてのラパスに議会をはじめ政府主要機関が置かれる中、最高裁判所のみは憲法上の首都スクレ（チュキサカ県）にある。

*41　ORTÍZ MATTOS, *op.cit.* (note 37), p. 20, n. 11.

*42　*Supra.cit.*, p. 23.

*43　なお、以上の民法典公布に至る道のりは、同時に刑法典改正にも該当した。元の刑法典は、1822年のスペイン王国議会（コルテス）の法典であり、スクレの下で制憲議会により1826年に承認されたが、最高裁判所が民法典起草以前から校正作業を進めていた。

*44　Manuel DURÁN, Bolivie, in *Travaux de la Semaine Internationale de Droit, L'influence du Code Civil dans le monde*, Paris: Pedone, 1954, pp. 775 et s.

*45　Augusto JORDÁN QUIROGA, *Un Código Civil perdido en Los Andes*, La Paz: Fundación Hanns-Seidel; Fundemos, 1998 では、1830年と1845年の両ボリビア法典をフランス法典と条文ごとに比較対照し分析する。

*46 Alejandro GUZMÁN BRITO, La sistemática de los códigos civiles de la época clásica de la codificación iberoamericana, in *Historia de la codificación civil iberoamericana*, Cizur Menor (Navarra) : Aranzadi, 2006, p. 344; La pervivencia de instituciones sucesorias castellano-indianas en las codificaciones hispanoamericanas del siglo XIX, *op.cit.*, p. 459.

*47 ORTÍZ MATTOS, *op.cit.* (note 37), p. 29.

*48 ただし、フランス民法典のような章の下に節という細区分はサンタクルス民法典にはない。

*49 サンタクルスは、かねてより強い関心を寄せていたペルーを北ペルーと南ペルーという2つの自治州に再編し、そこにボリビアを加え、1836年、ペル＝ボリビア連合国を結成し、自身は連合国の終身護民官（Protector）となって国家の統率にあたった。

*50 両民法典は北ペルー州で1838年まで、南ペルー州で1839年まで効力を有した。ペルーの弁護士や法律家はこれを外国の押し付けとして強い拒絶感を抱き、サンタクルスが望んだ呼称である「サンタクルス法典」ではなく「ボリビア法典」と呼び軽蔑した（Alejandro GUZMÁN BRITO, *Historia de la codificación civil iberoamericana*, p. 162）。

*51 サン＝マルティン（José de SAN MARTÍN）とのグアヤキル会談（1822年7月26-27日）を終えた約1年後の1823年8月6日、ボリーバルはグアヤキルからベルガンチン船「チンボラーソ号」でペルーへ出発し、9月1日カリャオ港に到着し、スペイン軍の最後の拠点を攻略することになった（神代修『シモン・ボリーバル―ラテンアメリカ独立の父』(行路社・2001年) 150頁）。

*52 José PAREJA, *Las Constituciones del Perú*, Madrid: Ediciones Cultura Hispánica, 1954, p. 439.

*53 *Supra.cit.*, p. 473.

*54 1834年憲法11条は、「各年次部会の開会時に、最高裁は、民法典から取りかかることとする、諸法典の1つについての草案を国会に提出するものとする」と規定していた。また、同条では「諸法典が公布されるまで」現行法の有効性が確認された。

*55 Jorge BASADRE GROHMANN, *Historia del derecho peruano*, Lima: Editorial Rochas, 1997, 2ª ed., pp. 334 y ss; Jorge BASADRE AYULO, *Historia del derecho*, t. II, Lima: San Marcos, 1997, 2ª ed., pp. 236 y ss.

*56 辻豊治「ペルー、ボリビア、チリ」増田義郎編『ラテン・アメリカ史II 南アメリカ』（山川出版社・2000年）228-229頁。

*57 BASADRE GROHMANN, *op.cit.* (note 55), pp. 342 y ss; BASADRE AYULO, *op.cit.* (note 55), pp. 240 y ss.

*58 第1巻で人（personae）と物（res）を区分し、物はさらに有体物（corporales）（第2巻）と無体物（incorporales）（第3巻）に区分される（同法典454条における物の区分も同様）。

*59 両法典の体系にいくらかの類似性があるとすれば、それは、ガイウス＝ユスティニアヌス体系がフランス法典の基礎ともなっているからにほかならない。

*60 1852年ペルー法典第2巻第3部「時効、譲渡および贈与による所有権の取得方式」第2編「譲渡（571条から578条）」に置かれている。

*61 これは、第2巻に収められた取得方式の立場と、第3巻の債務および契約の立場のドラスティックな分離を決定づける。逆にフランス法典は両立場を分けずに統合する。

*62 Eugenio de TAPIA GARCÍA, *Febrero novísimo ó librería de jueces, escribanos y abogados y medicos legistas, refundida, ordenana bajo nuevo método y adicionada con un tratado del juicio criminal, y algunos otros*, Valencia: La Imprenta de Ildefonso Mompié, 1828.

*63 Eugenio de TAPIA GARCÍA, *Febrero novísimamente redactado, con las variaciones y

mejoras espresadas en el prospecto, que sirve de prólogo a la obra, 10 vols., Madrid: Librería de los señores viuda de Calleja e Hijos, Editores, 1845.
*64 遺言者が、その子や孫の1人または複数に対して、その者の法定相続分を超えて相続財産から付与する割合分のこと。
*65 訳語は以下に基づく。原田純孝「相続・贈与遺贈および夫婦財産制―家族財産法」北村一郎編『フランス民法典の200年』（有斐閣・2006年）247頁（脚注30）。
*66 BASADRE GROHMANN, *op.cit.* (note 55), p. 358.
*67 ただし、サンタクルス法典のように、単純な翻訳ではない。
*68 Alejandro GUZMÁN BRITO, El tradicionalismo del Código Civil peruano de 1852, in *Historia de la codificación civil iberoamericana*, pp. 513 y ss.
*69 Alejandro GUZMÁN BRITO, *Historia de la codificación civil iberoamericana*, pp. 190-191.
*70 ペルー副王領に属すチリ軍事総督領の独立運動は、1810年9月18日、政府議会の設置に端を発する。長期の戦争を経て1818年1月1日、最終的に独立を宣言し、同年2月12日、独立を表明した（ハイメ・エイサギルレ（山本雅俊訳）『チリの歴史』（新評論・1998年）587頁以下）。同年に暫定憲法が制定されたが、同憲法は1822年、別の最終版に置換された。1823年から1830年までチリは政治的不安定期を迎え、大臣ポルタレス（Diego PORTALES）の下での1833年憲法（1828年憲法の修正版であり、1925年に大改正されるも1980年まで効力を有した）により、完全に制度化された政府が設置された。
*71 「法律の改正がどれほど必要かご存知か。今日の学識の集大成で、旧諸法令の野蛮さを明らかにする、著名な五法典が採用されんことを」（GUZMÁN BRITO, Alejandro, *Andrés Bello codificador: historia de la fijación y codificación del derecho civil en Chile*, t. II: *Fuentes*, n° 4, Santiago de Chile: Ediciones de la Universidad de Chile, 1982, p. 14）。
*72 例外的に同数・同分量の法典化計画が提案されたのが、ボリーバル指導下のグラン・コロンビアおよびベネズエラであった。
*73 Alejandro GUZMÁN BRITO, *op.cit.* (note 71), n° 58, pp. 102 y ss.
*74 *Supra.cit.* n° 97, p. 158.
*75 フランス法のみを排他的・盲目的に参照したと理解すべきでない。ただ、ベリョは通常、彼のその他の著作においてもフランス法のみに言及するのでなく、当時の他の法典や草案に視野を広げていたが、外国法の例を挙げる際に、より完璧なモデルとしてナポレオン法典に着目していたことは明らかである。
*76 Alejandro GUZMÁN BRITO, El sistema del Código Civil de Chile frente a los sistemas de los códigos civiles existentes en 1853, in MARTINIC, María Dora y TAPIA, Mauricio (dirs), *Sesquicentenario del Código Civil de Andrés Bello, Pasado, presente y futuro de la codificación*, Santiago: Lexis Nexis, 2005, t. I, pp. 123 y ss.
*77 Andrés BELLO, *Obras completas*, XVII: *Derecho romano*, Caracas: La Casa de Bello, 1981, pp. 1-244.
*78 ベリョと知己の仲であったアムナテギによりまとめられた（Miguel Luis AMUNÁTEGUI, Las notas del Proyecto de Código Civil, in *Don Andrés Bello y el Código Civil*, Santiago de Chile: Imprenta Cervantes, 1885, pp. 131-144）。
*79 Gregorio LÓPEZ DE TOVAR, *Las siete partidas del sabio rey Don Alonso el Nono [sic], nuevamente glosadas por el lic. Gregorio López, del Consejo real de Indias de Su Magestad.*, Salamanca: Impr. por A. de Portonaries, 1555.
*80 Sandro SCHIPANI, Andrés Bello romanista-istituzionista, in *La codificazione del diritto romano comune*, Torino: Giappichelli, 1999, 2ª ed., p. 243 ss.

注

*81　1840 年のオリジナル・フランス語版や 1843 年初版のベルランガ（Fermín VERLANGA HUERTA）とムニス（José MUÑIZ MIRANDA）によるスペイン語翻訳版（*Concordancia entre el código civil francés y los códigos civiles extranjeros*, Madrid: Centro de Suscriciones de la Ilustración, Seminario, Biblioteca y Novedades）を利用した。

*82　具体的には、フランス法典、バイエルン法典、プロイセン法典、オーストリア法典、サルディニア法典、ルイジアナ法典、オランダ法典およびヴァート州法典である。これらの複数について、ベリョは第 1 次資料を直接参照し分析した。

*83　Alejandro GUZMÁN BRITO, Le Code Napoléon et le Code Civil du Chili, in *La circulation du modèle juridique Français. Travaux de l'Association Henri Capitant*, XLIV, Paris: Éditions Litec, 1993, pp. 141 et s.

*84　Alejandro GUZMÁN BRITO, *op.cit.* (note 71), nº 110, p. 177.

*85　チリ民法典 982 条（第 3 巻「死亡を原因とする承継および生存者間の贈与」第 2 編「無遺言相続に関する諸規則」）は、「無遺言相続においては性別にも長子にも配慮しない」と規定するが、フランス法典にはこの種の明文規定は存在せず、同法典の自由主義体系の当然の帰結であった。フランス法典ではその精神に照らし当然の事項について、伝統主義に基づくチリ法典ではあえて明文規定を設ける必要があった。

*86　サヴィニーから着想を得た用語である。

*87　Alejandro GUZMÁN BRITO, Para la historia de la fijación del derecho civil en Chile durante la república, X: La decisión de controversias jurisprudenciales como una de las operaciones codificadoras en el pensamiento de Andrés Bello, in *Congreso Internacional «ANDRÉS BELLO Y El DERECHO»*, Santiago: Jurídica de Chile, 1982, pp. 203-220.

*88　意思自治原則はフランス民法典 1134 条に対応するチリ民法典 1545 条に明文化された。

*89　チリ民法典の適応（一部継受）という形で、スペイン民法典の編纂事業でも利用された（Manuel PEÑA BERNALDO DE QUIROZ, *El Anteproyecto del Código Civil español* (1882-1888), Madrid: Colegios Notariales de España, 1965, p. 35）。

*90　オランダ（1830 年、1838 年）、イタリア（1865 年）、スペイン（1889 年）が該当する。

*91　野田良之「日本における外国法の摂取—フランス法」伊藤正己編『岩波講座 現代法 14 外国法と日本法』（岩波書店・1966 年）184 頁以下；星野英一「日本民法典に与えたフランス民法の影響—総論、総則（人—物）」『民法論集 第 1 巻』（有斐閣・1970 年）71 頁以下；同「フランス民法典の日本に与えた影響」北村一郎編『フランス民法典の 200 年』（有斐閣・2006 年）61 頁以下。

*92　メキシコのサカテカス草案も「何世紀にも亘り山積した法律の体系化」が目的であった。

*93　元来インディアス法は、具体的・個別的・局地的な性質を有した。カスティーリャの立法の特色が、法令をケースごとに起草する具体主義であり、現地の要請に従い雪崩のように多数の法令を制定し、また行政組織の整備とともに、立法権が現地の行政機関にも委任され、副王、総督、都市なども立法権を有した。インディアス全土に適用される普遍的な立法は、15 世紀までは、ブルゴス諸法、レイエス・ヌエバスなど少なかったが、1680 年にインディアス法令集成が編纂されると、これがインディアスの一般法となった（中川・前掲注（3）302 頁）。

*94　中川和彦「インディアス法の私法的側面の素描」成城法学 59 号（1999 年）1-22 頁。

*95　メキシコの 1814 年憲法 221 条、ボリビアの 1825 年 12 月 21 日デクレト、ペルーの 1823 年憲法 121 条、同 1834 年憲法 11 条では、独立後も旧法の有効性を承認した。ナポレオンはその民法典により新社会経済体制に見合った法形式を付与したが、ナショナリズムなき独立とされるラテンアメリカの独立では、「両半球のスペイン領土は一つの

同じ王国を……形成し、……ヨーロッパであれ海外領土であれ、それらの領土を出自とする生来の者たちは、この半島〔スペイン――引用者〕の生来の者たちと諸権利において平等である」（立石・前掲注（30）45頁）、つまりクリオーリョの諸利益を守ることが重要であり、そのために法制度の変更は必要ではなかった。

*96　Alfonso GARCÍA-GALLO, *Manual de Historia del Derecho Español*, vol. I, 6ª ed., Madrid: Artes Gráficos, 1975, pp. 483-484.
*97　「ラテン民族」、「ラテンアメリカ」なる概念は、大多数のインディオ、メスティソおよび黒人らと区別して、ヨーロッパ系白人たるクリオーリョの存在意義を強調する目的も有したとの指摘がある（Walter D. MIGNOLO, *The Idea of Latin America*, Malden and Oxford: Blackwell publishing, 2005, pp. 59-72）。
*98　カウディーリョとは頭を意味するラテン語に由来し、ラテンアメリカ史では、特にスペイン系諸国で独立直後の混乱期に台頭した武力集団を率いた頭領を指し、独立直後から1860年頃までを「カウディーリョの時代」と呼ぶ。その多くは特定の地域を支配する地方規模の実力者であったが、一地域のみならず全国を制覇し一国の権力者となる独裁者もいた。その権力と権威の源泉は、独立運動に参加して発揮した武力とリーダーシップ、カリスマ性にあり、国家の統治者となっても、新生国家の組織づくりや近代化の展望に関心を持つ者は少なかった（国本・前掲注（1）141-142頁）。
*99　さらにメキシコでは、オアハカ法典やサカテカス法典草案が例外で、アメリカ合衆国との戦争やフランスのメキシコ干渉により、法典化の議論より政治体制の確立の方が重大な関心事であった（GONZÁLEZ, *op.cit.* (note 31), pp. 76-77）。
*100　ボリビアのサンタクルスは、スクレにより公布されたばかりの刑法典も改正し、民法典とともに公布し、その諸法典の正式名称を「サンタクルス法典」とした。チリのオイヒンスも刑法典にも言及しナポレオン五法典の包括採用を提案した。カウディーリョによる法典化は、民法や刑法など法制度全体の「総入替え」であることが特徴的である。
*101　カウディーリョの政治的シンボルがナポレオンであったことにつき、Carlos STOETER, *El pensamiento político en la América española durante el período de la Emancipación. 1789-1825*, II, Madrid: Instituto de Estudios Políticos, 1966, pp. 69 y ss.
*102　Mitchell FRANKLIN, Some observations on the influence of French law on the early civil codes of Louisiana, in *Le droit civil français livre-souvenir des journées du droit civil français*, Montréal: Le Barreau de Montréal, 1936, pp. 833-845.
*103　GONZÁLEZ, *op.cit.* (note 31), pp. 75-77 y p.84.

第9章
ヨーロッパ(EU)私法の平準化
——ヨーロッパ民法典の可能性——

I ヨーロッパ民法典の構想と共通売買法

1 ヨーロッパ私法の形成

　ヨーロッパ私法[*1]は、1992年の域内市場統合以来、ヨーロッパ各国の学者たちの研究の対象となるとともに、政治的な動向にも大きな影響を受ける研究領域として関心を集めている。域内市場のさらなる活性化という要請に応えるためには国境を越えた取引を経済的にかつ円滑に行うための工夫が法的レベルでも必要であることが認識されたのである[*2]。こうした動きの源は、ドイツの高名な比較法学者であるエルンスト・ラーベルの著作『商品売買法』の着想から生み出された「国際物品売買契約条約（CISG）」の世界的な成功であろう[*3]。その後の共通契約法をめぐる動向は、たとえば、ケッツ『ヨーロッパ契約法Ｉ』や、ヨーロッパ契約法原則（PECL）、ユニドロワ原則（PICC）、ヨーロッパ私法の共通参照枠（DCFR）といった作業において代表させることができる。これらも、いずれも CISG の影響を大きく受けており、それらは、世代を超えて脈々と受け継がれるヨーロッパレベルでの私法の共通化への取り組みとして存在している[*4]。その流れは、ヨーロッパ各国の学者のみならず、政治的にも注目を集める近時の「ヨーロッパ共通売買法提案（CESL）」につながっている。この CESL は、ヨーロッパ契約法の創造への第一歩として新たな次元を切り開

く試みであるといえよう。また、そのさらに先にある姿は、ヨーロッパに共通する民法典かもしれないのである。

2 ヨーロッパ民法典への道

だが、ヨーロッパ民法典を制定することについては、それがそもそも可能なのだろうかという疑問が提起される[*5]。一昔前ならまったくあり得ない夢物語にしかすぎないと回答すれば足りたであろう。民法典とは私人間の法律関係を包括的に規律するものであって、言語も、文化的な背景も異なるヨーロッパのレベルで、一般的な内容を持つ民法典の成立を実現することは困難だと考えられていたからである。ヨーロッパには、多様かつ異なった文化的な背景と伝統を有し、言語を異にする国民国家が多数存在している。ヨーロッパの国々のすべてが受け入れることができるような共通民法典を成立させることは無謀な試みだと評価されてきたのである。それは、民法典は分断された国民国家に依拠してのみ成立するものであるとの見方である。

たしかに、包括的なヨーロッパ民法典の必要性やその成立の実現可能性について十分な根拠を示して説明することはかなり難しい。たとえば、ヨーロッパに共通する統一的かつ包括的な民法を起草し、ヨーロッパ全土で施行するコストを計算するとすれば、おそらく経済的な合理性を認めることは難しい。しかしながら、他方で、後述するように、ヨーロッパには共通の法文化的な基礎があることを再認識する必要性も指摘されている。それはローマ法、ユス・コムーネである。さらに、ヨーロッパ法の現実を直視すると、EU法は、指令等の立法処置によってそうした共通化を進めているのである（とりわけ消費者法の分野などでの完全平準化の傾向）。これまでの比較法的な考察によれば、経済のグローバル化および社会の変化の中で、民法典そのものは変わっていないとしても、個別立法や判例法の発展において、契約法以外の分野でも各国における法の近似化を語ることができることも知られている。こうした背景の中で「共通法」をモデルにした民法典の改正[*6]や改正提案などの動きが各国でみられる[*7]。世界的なグローバリゼーションに対応した私法の現代化という課題に関心が集まり、私法の共通化への理解は大きく高まり[*8]、学問的な作業も様々な形で試みられている[*9]。実践面でも、EU域内市場の形成という課題との関

係で消費者法制の整備が必要とされ[*10]、同時に、またその中核を形成する契約法の平準化が売買法のレベルで議論されているのである。

3　課題設定

本章では、以上のようなヨーロッパ（EU）私法の平準化ないし統一というテーマを扱うが、それは最終的には、ヨーロッパ民法典の成立の可能性を論じることにもつながる。そこで、ヨーロッパ私法の共通化をめぐるいくつかの動きに注目して議論を整理しておこう。まず、こうした展開の前提として、学説のレベルでの共通化への方法論的なアプローチを取り上げることにする。その対象領域は基本的に契約法に限定し、ヨーロッパ契約法原則、共通参照枠草案、ヨーロッパ共通売買法、ヨーロッパ共通保険法を取り上げる[*11]。最後に、ヨーロッパ民法典をめぐる今後の見通しについて簡単にふれる。こうした検討は、我が国の私法の将来像を考える上でも貴重な示唆を与えてくれるものとなろう[*12]。

II　ヨーロッパ私法の形成をめぐる学説の動向

私法の平準化という現象は、ヨーロッパの文脈においてみれば、私法のヨーロッパ化、あるいは私法学のヨーロッパ化という問題となる。ヨーロッパ私法の形成は、近時の最もエキサイティングで重要な法発展の1つである[*13]。以下では、この流れについて大きな影響力を持つ3人のヨーロッパを代表する学者[*14]の見解を紹介しながら、その方法論的な立場を整理してみることにしよう[*15]。

1　ボトムアップ型(1)――学問・学説・教育によるヨーロッパ私法の構築、その延長線上の統一契約法・民法典の形成の可能性（ケッツ）

ハイン・ケッツは、『比較法入門』[*16]の共著者として世界的にも著名な学者であるが、30年以上前にヨーロッパ契約法の教科書の構想を持ち、その必要性を明確に指摘していた[*17]。彼は、機能的比較法の方法論に基づいて、共通原則の発見とそれによる教育の必要性を指摘し、共通原則とその偏差という形で

各国契約法の実相を捉えるために具体的な作業を行ったが、それは、ヨーロッパ契約法原則を起草するランドー委員会ともパラレルな時期のものとなった。ケッツの立場は、歴史学的方法、比較法的方法を通じての共通法の発見という、学問的営為が統一法の基礎を形成するとの認識に依拠するものであった。こうした構想は、後に『ヨーロッパ契約法Ⅰ』[18]として結実した。他方で、ヨーロッパ民法典といった法典形式でのヨーロッパ私法の固定化には反対の立場をとっていた。共通化を語る前に、ヨーロッパ契約法を各国で教育することが必要であるという見方は、ヨーロッパレベルでの統一的法学教育の実践への関心につながった[19]。教育という手段を通じて、いわば下から上へ向けてヨーロッパ私法を形成するという戦略（いわゆるボトムアップ型）[20]をみてとることができる。しかし、ケッツにおいては、執筆当時の時代的な制約を受けて、EU私法への具体的な考察を十分に行っていないところに問題が残されていた。

2 ボトムダウン型（上から下へのアプローチ）── EU法を梃子とした統一法の形成（バーゼドー）

(1) 基本的発想──域内市場における共通私法の必要性

バーゼドー[21]は、ツィンマーマンとともに、マックス・プランク研究所の現役の所長の一人として、ドイツの政府機関やEU機関との関係も深く、その指導的な力を発揮している。その手法は、現行EU法の鋭い分析の上で、いわば経済法的・競争法側面と契約法的側面を組み合わせながら、統一私法の必要性を指摘し、EU法の機能やヨーロッパ司法裁判所の役割に強い関心を示し、私法の平準化のためにそれらを梃子として利用するというものである。この意味で、他の2人に比較すると、上からの外在的な手法（いわゆるボトムダウン型）の利用に大きな関心を持っているといえよう。

(2) 域内市場における共通契約法の必要性とそのための方法論

この手法では、EU法のあり方が重要な問題として視野に入ってくる。統一法の形成の前提として、バーゼドーは、EU域内市場での基本的自由の促進という側面を強調し、契約による取引のヨーロッパ的レベルでの障害を取り除くという目的を強調する。そのために共通私法の必要性が説かれるのである。EU法の分析でも、これまでもっぱらその公法的側面が強調されていたのに対

して、それに内在する私法的規制の面に注目し、域内市場の形成という点で私法的な規制が強行法規として蓄積するプロセスに目を向けている。そのうえで一方で、EU 域内市場のレベルで必要となる法をヨーロッパ統一契約法として整理・体系化し、その利用のメリットを探り、他方で、統一法典と競合・競争する法体系として、国内法を利用し存続させていくという方法によってヨーロッパ契約法の実現を目指すのである。それは、1 つの国において、いわば二元的な法体系を構築することによって達成される（ハイブリッド・システム）*22。そうした場面では、統一法はおそらくは法典という存在形式を持つことが必要になるであろう。いずれの法体系を利用するかは、基本的には、契約当事者の選択に委ねられることになる（いわゆる選択的法準則）。こうした法モデルの1 つとしては、国際物品売買契約条約（CISG：ウィーン売買条約）があり、これは、締約国では、それは国境を越えた取引という場面において、当事者が明示的に適用を拒まない限り、適用されることになる（オプトアウト型）。しかし、国内取引には適用されることはない。しかし、ヨーロッパ統一契約法は、CISG の場合とは異なって、国内法の適用領域においても、当事者が、よりよい解決をヨーロッパ契約法から取り出すことができると判断した場合には、その利用を可能にする（オプトイン型の選択的法準則）。このような仕方で、ヨーロッパ契約法典の各国契約法との併存が可能となる。

　この構想の下でヨーロッパ契約法典を形成する手法のメリットは、各国において、国内法の文化をそれなりに残すことで、ヨーロッパ的法文化を熟成させる時間的余裕を与えながら、他方で、それにより摩擦の少ない形で統一法典の早期の実現を可能とすることにある。経験を積み重ねる中で、各国において、ヨーロッパ私法と国内法との境目が曖昧になればなるほど、ヨーロッパ私法に対するアレルギーないし抵抗がなくなる。こうした手法によれば、EU 法規則という形で、ある部分の取引を EU 法のレベルに高めてしまうことも可能となる。すでに、EU 指令によって国内法を平準化するという手法の限界も指摘されている。とりわけ、不公正条項指令のような消費者保護関係の指令は、契約法との結びつきが強く、各国においてさまざまな法律の一部として規定されており、どこに規定があるか分かりづらいのである。また、約款規制に関する法状況は、ヨーロッパレベルでみると、各国法での位置づけが多様できわめて見

通しが悪いものとなっている。EU消費者法に特有の下限設定のアプローチでは各国法の相違を除去できない。そうなれば、事業者は各国の基準に対応せざるを得なくなる。このような形では、法状況の不透明さが国境を越えた取引における障害となって依然として残り続ける。それを取り除くために、一定の分野、たとえば保険契約等について、EU規則の法形式（完全平準化アプローチ）をとることで、文言上の統一ないし平準化を容易にし、ヨーロッパレベルでのそうした取引を簡便にする必要があるという。その際にも、契約現象を規律するための基礎となるべき統一契約法の必要性が強調されている。また、ヨーロッパ司法裁判所の役割がEU法の実効性の確保という点で重視されることになる[23]。

バーゼドーが示したこれらの実践的な方法論的な立場は、後に紹介するヨーロッパ共通売買法規則提案の立法形式に結びつくものである。

3　ボトムアップ型(2)──ヨーロッパ法的基礎を利用した統一法の構築（ツィンマーマンの立場）

(1)　ヨーロッパ契約法原則への寄与

ツィンマーマンの方法論は、先に述べたケッツに近い。他方で、ケッツとは異なり、ツィンマーマンは、バーゼドーと同様に、ヨーロッパ私法の体系化・法典化にも大きな関心を持っている。その例証となるのは、ツィンマーマンが起草した『ヨーロッパ契約法原則パートⅢ』第14章時効[24]である[25]。

(2)　ヨーロッパ的伝統への回帰と私法の現代化

ツィンマーマンは、ヨーロッパの共通契約法の原則の意義を、ヨーロッパ法的基礎、ローマ法にまでさかのぼって明らかにするという姿勢を貫く。この立場は、ヨーロッパ共通契約法の内容について、ローマ法的・ヨーロッパ法的基礎から新たな発展まで説き起こすという手法によって基礎づけられている[26]。そのような手法は、ヨーロッパ各国が依拠することができる、共通のパターンを取り出し、各国が、いわば下から契約法を発展させ、再形成することを可能にする基礎を与えるものとなる（いわゆるボトムアップ型）。ここには、ヨーロッパに共通の法的伝統に依拠して各国法の平準化にとって必須の相互理解を可能にしようとの戦略的志向がみられる。また、ユス・コムーネが各国法の伝

統を形成してきたとの歴史認識が提示され、それが土台となる。この意味で、現代ローマ法（Heutiges Römisches Recht）的発想の復活という評価、すなわちユス・コムーネが継続的に各国法の伝統を形成してきたとの歴史認識を有し、大陸法とコモン・ローの共生にも意識を向けている[*27]。ツィンマーマンは、EU法の私法的規制（消費者法）を契約法の原則、契約自由の原則といった私法上の原理と関連づけることによって、その規制の意義と限界をさぐり、契約自由の実質化という観点を提示して契約法の現代化・共通化を模索するのである。しかしながら、彼は、ケッツと同じように、契約法領域はともかく、ヨーロッパ民法典の形成はなお学問的な検討の段階にあり、急ぐ必要はないという態度を示し、政治的な背景をもったDCFRのグループに厳しい批判を向けて、一線を画したのである。

Ⅲ　ヨーロッパ共通契約法典への道程――指令、モデル法、規則

1　EU指令による契約法の平準化

EUレベルでは、域内市場の統合により、各国において経済活動（EUの基本的自由：物・サービス・資本・人の自由移動）の障害となるおそれのある異なる私法的な規律を平準化し、将来的に統一することによってよりいっそう市場メカニズムを円滑に機能させることができるのではないかと考えられた。この分野でEUにおいて直接的に採られてきた措置は、訪問販売や通信販売の規制や、消費者契約の不当条項規制、商品の瑕疵に対する消費者の保護の強化など消費者私法の分野に多くみられる。たとえば、1985年の訪問販売指令、1986年の消費者信用指令、1990年のパック旅行指令、1993年の不当条項規制指令、1994年のタイムシェアリング指令、1997年の通信販売指令、1999年の消費者物品売買指令、2002年の金融商品通信販売指令などがある[*28]。この処置は、理事会が指令を出し、各国がそれぞれの法体系において、それを加盟国の国内法に転換するという立法形式をとるものである。しかし、EU指令による各国法の平準化は、域内市場における法統一という観点では次のような問題があった。EUの規制権限は、ヨーロッパ域内市場統合に資する範囲でのみ、基本的自由を確保するのに必要な限りで、各国の立法権限がEUに委譲されて成立す

る。こうした建前からEUの立法権限は限定され、ヨーロッパ契約法に及ぶものかどうかが争われる。また、これらのEU指令は、個別の問題ごとの立法的処置であり、各指令間で規律や概念がかならずしも統一的に用いられているわけではなかった。消費者法関連の指令の国内法への転換は、単独立法で行う国が多いが、ドイツのように民法に組み込む形もあり、フランスのように消費法典という形式による場合もあり、一様ではない。とくに単独立法では既存の法体系との関係が切断されてしまうという問題点がある。もっとも、いずれの転換方式であろうとも、各国法およびその解釈はヨーロッパ司法裁判所の先行裁決を通じて指令適合性の審査が行われることで、EU法の実効性は一定の水準で担保される。しかし、法令の形式面での不統一や、消費者保護に関する下限設定方式による各国間での保護水準の違いをみると、およそ平準化が十分にはかられたとは言いがたい状況がみられる。さらに、これらの指令は、いわば周辺的な消費者契約を断片的にカバーするものであって、各国契約法の制度は異なったままとなっていた。私法レベルでの不統一がみられる状況は、経済活動の阻害要因となりかねない。こうしたことが背景となって、私法レベルでの統一を目指した動きが生まれたのである。以下では、これを見ていくことにしよう。

2 ヨーロッパ契約法原則

(1) ランドー委員会

ヨーロッパ契約法原則（Principle of European Contract Law: PECL（ペクル）と略する）は、デンマークのオーレ・ランドーが1970年代の終わりに組織し、その後議長を務めた「ヨーロッパ契約法委員会（The Commission on European Contract Law）」によって作成されたものである。同委員会は、ヨーロッパ各国代表的な学者を集めて組織された共同研究グループであるが、提案者であるランドーの名前を冠して「ランドー委員会」と呼ばれる。

ランドーは、どの国の契約法を適用するかを規律することだけでは、非関税障壁となる取引費用を低減することにならないという。つまり、単に国際私法によって国内法相互の調整を行うだけでは不十分とされ、共通の契約法の必要性が説かれたのである。

(2) ヨーロッパ契約法原則の特徴

その後、各国を代表する学者によって、20年以上の長期間にわたる慎重な比較法的な手法に基づいてその研究作業が行われた。その成果である PECL は、契約法全般に関するヨーロッパ共通の基本原則とモデル準則である。グループは、単なる比較法的な研究にとどまらず、最善の結論を提示するという作業を遂行した、この作業内容の質の高さは、PECL の特徴の1つであり、他の契約法の平準化の作業と一線を画するものとなった。また、PECL は、CISG のような条約や EU 指令のような制定法の法形式をとるものではない。国際商事契約法原則（PICC）と並んで、これに準拠する意思が両当事者にある場合においてのみ機能する商慣習法（lex mercatoria）、あるいは、いわゆるソフト・ローとしての体裁を持つ。さらに、PECL は、その叙述の形式的な整序方法にも特徴がある。それは、原則、コメント、ノートという形で整理され、原則（準則）は、ある問題の最善の解決として条文の体裁で簡潔にまとめられており、それに注釈が加えられている（いわゆるリステイトメント方式）。この注釈部分では到達した結論の内容が説明されるが、明確に、その結論の根拠と、多くの場合加盟国の判例から借用された具体的な適用事例が示されており、また比較法的なコメントでは各国の現行法の状況を概観できるようになっている。こうした新しいルールを結論として提示する方式は、新しい標準となり、その後のプロジェクトでも採用されている[*29]。

(3) EU 契約法の平準化への貢献

PECL は、学問的な影響にとどまらず、政策的なレベルで EU における契約法の平準化作業に大きく寄与するものとなっていることには注目すべきであろう。PECL は、ヨーロッパレベルでの統一民法典構想の議論を開始する基点となった。それと同時に、条文化された姿で具体的に提案が行われたことから、ヨーロッパ私法形成のための指導的な役割を果たすことができたのである。また、ヨーロッパ契約法原則の成功は、その延長線上に、統一民法典の形成を置くことを可能とした。しかしながら、PECL に対しても、共同体法の蓄積された総体、とりわけ消費者私法領域を考慮していないとの批判が向けられることがある。たしかにランドー委員会はこうした共同体法に特別の注意を払っていないが、それは 1982 年ごろには契約総論にとって重要な共同体法がまだ成立

していなかったことに主な理由がある。さらに、共同体法の重要性にもかかわらず、その考慮を妨げた理由は、ランドー委員会は消費者法の規定を受け入れることに反対しており（それ自体誤りではない）、また、現行共同体法を固定的な前提として扱うことは、「最善の結論」を求めるという方法と相容れないものだからである[30]。PECL で採用されたこの方針は、後述するスタディ・グループでも採用された。しかしながら、この方針は、起草されたモデル法を EU レベルで立法化するための現実的な対応として、EU 法を取り込むという作業と矛盾するという問題を有していた。

3　ヨーロッパ法原則

(1)　ヨーロッパ民法典スタディ・グループ

先述のヨーロッパ契約法委員会の PECL がカバーする範囲は、債務不履行法、債権譲渡、相殺、時効などの関連領域にも及ぶものであって、単に一般契約法の規定だけにとどまらない、比較的広い射程を有するものであった。しかし、同時に、域内市場での経済活動の円滑を確保するためには、私法、とくに財産法全般にわたる、さらに広い範囲の検討が必要であることも意識された。この意味での私法の統一が次の課題として設定され、その活動を引き継ぐ役割を担ったのが、いわゆるヨーロッパ民法典スタディ・グループ（Study Group on a European Civil Code: SGECC（スタディ・グループ）と略する）である。このグループは、1997 年のオランダでの「ヨーロッパ民法典に向けて」と題するハーグでの大会をきっかけとして、ドイツ・オスナブリュック大学教授であるクリスティアン・フォン・バール（Christian von Bar）の提案に基づいて 1998 年に結成され、1999 年 7 月から活動を開始した私的な学術的な組織である。

(2)　私法（財産法）の平準化の試み

同グループの研究対象は、学問的な関心に基づいて選択され、域内市場における商業的取引にとって重要で、かつ経済と密接にかかわる財産法を扱うこととされた。具体的には、事務管理・不当利得・不法行為などの契約外から発生する債務、動産物権変動、物的・人的な信用担保、信託などを含む民事財産法一般について研究が進められた。同グループは、基本的に先述の PECL によって培われた伝統を引き継ぎ、それと同様の手法を採用した[31]。この研究作業

（ヨーロッパ法原則）は、最終的には、アキ・グループによる成果と一体化されて、後述する共通参照枠草案（DCFR）として刊行された。

4 消費者アキ原則

アキ・グループ（Acquis Group）

　現行 EC 私法研究グループ（Research Group on exsisting EC Private Law：アキ・グループと略する）は、2002 年に設立された[32]。その活動目的は、消費者契約関係法規を見直し、それらの規定間との整合性を確保しながらヨーロッパの契約法を再構築・体系化することである。これを主導したのは、同グループの責任者（coodinator）ハンス・シュルテ＝ネルケ（Hans Schulte-Noelke）である。アキ・グループは、前述のスタディ・グループとは別の組織であるが、DCFR では同グループと共同して成果を発表した[33]。グループ名に「アキ（Acquis）」という言葉が使われているが、その意味は「獲得されたもの」ということであり、ここでは、すでにある現行ヨーロッパ共同体の契約法領域で蓄積された総体的な法令を指すことになる。したがって、アキ・グループの作業は、共同体法を対象に、それを前提として現行法を叙述し、体系化することを目的とする。アキ原則は、EU 法の起草・置換・解釈の源として機能するものとなる。EU 消費者私法の領域は、数多くの指令の存在によって見通しが悪くなり、また指令間の用語や概念の齟齬も多々見られるところである。EU 消費者法の整序という作業が一貫した形での EU 法の発展に必要なことは容易に想像できる。しかし、ヨーロッパ契約法委員会やスタディ・グループの作業は、こうした既存のものを体系化するにとどまらない、新たな解決の提示も含んだものである。この観点からみると、アキ・グループの目的は、スタディ・グループとは対極的な方向性を有しており、それぞれのグループの目標は本来的にはかなり異なったものであることが分かる。また、アキ・グループの成果に対しては、EU 私法（消費者私法）の基礎となる指令群からその基礎となる契約法準則を取り出すことに成功していないとの批判が向けられた[34]。こうした目的の異なるグループの成果が、「DCFR」としてまとめられたことは、やや奇異な感じがしないわけではない。

5 ヨーロッパ私法の共通参照枠草案

(1) 欧州委員会のCFR構想とその準備作業としてのDCFR

　欧州委員会は、2003年に行動計画[*35]を発表し、それによって、ヨーロッパの現行共同体法の質と一貫性を確保し、共同体における将来の法改正や新たな立法を行う際に立法者が参照することができる立法の基礎として「道具箱（toolbox）」を作成することが提案された。これがいわゆる共通参照枠（Common Frame of Reference: CFR）構想であり、基本原則、定義、モデル準則から構成されるものであることが予定された。その作成のための準備作業が、2004年に研究プロジェクトとして公募され、最終的には、12の研究グループを統括したジョイント・ネットワーク（Joint Network on European Private Law: CoPECL）に委託されることになり、その際、すでに中核的な役割を果たしていた先述のスタディ・グループとアキ・グループに草案の起草が委ねられた。その研究の成果が、共通参照枠草案（Draft Common Frame of Reference: DCFRと略する）と呼ばれるものである。CFRは政治が主導するが、DCFRは純粋に学問的な研究成果であって、これによって両者は区別された。DCFRの契約法の部分は両グループの研究成果が統合された形となったが、契約法以外の部分については、主にスタディ・グループのヨーロッパ法原則が用いられている。

(2) ヨーロッパ私法の共通参照枠草案

　DCFRは2009年2月には、モデル準則の完成版を収めるコンパクトな概要版（outline edition）が刊行された[*36]。そして、2009年10月21日に、PECLと同様の様式で、コメントやノートを加えた完全版（full edition）が出版され、この完全版は6巻の浩瀚なものである[*37]。財産法全般を対象とするDCFRは、具体的には、基本原則、定義、モデル準則から構成される。モデル準則では次の10編の主題が扱われている。すなわち、第Ⅰ編総則、第Ⅱ編契約及びその他の法律行為、第Ⅲ編債権及びこれに対応する権利、第Ⅳ編各種の契約及びそれに基づく権利義務、さらに、第Ⅴ編事務管理、第Ⅵ編他人に生じた損害に基づく契約外責任、第Ⅶ編不当利得、第Ⅷ編物品所有権の得喪、第Ⅸ編動産担保、第Ⅹ編信託となっている。第Ⅰ編は、ドイツ民法や日本民法の採用するパンデクテンの民法総則のようなものではなく、若干の定義規定、たとえば適用範囲、信義誠実及び事業者と消費者概念などの規定を置くものにすぎない。第Ⅱ編に

は、各種の契約に共通する契約総則的な規定群を設けている。第Ⅲ編、契約及び契約外の債権関係に共通する、いわば債権総論に該当する規定群であり、債務不履行法が扱われる。第Ⅳ編は、PECLにはみられない、いわゆる契約各則を扱うものであり、その内容は、売買、物品の賃貸借、役務提供契約、委任契約、代理商、フランチャイズ及びディストリビューター、貸付契約、人的担保、贈与である。第Ⅴ編から第Ⅶ編までは、契約以外の、いわゆる法定債権関係、事務管理・不法行為・不当利得から生じる債権に関する規定、第Ⅷ編・第Ⅸ編では動産物権変動と動産担保物権を規律する規定が置かれている。この構成の基本的な発想は、契約法を中心とした債権法全般を扱いながらそれに関係する私法規定を取り上げるというものである。

(3) 共通参照枠草案に向けられた批判

　DCFRは、欧州委員会の資金的な援助を受けたプロジェクトから生まれ、また行動計画に沿ったものとして提示された。こうした経緯から、このDCFRが学問的な検討を経ずにそのままEUの立法手続きの政治的な動きの中でヨーロッパ民法典に置き換えられてしまうのではないかとの危惧が生じ、DCFRは、手厳しい批判にさらされることになったのである。とりわけ、ツィンマーマンは、暫定概要版の段階において、5人の同僚と一緒にDCFR全体に対する批判を行った[38]。そのポイントは次の5点である。①DCFRの原則と準則においては、明確な基礎となる評価が欠けており、また、一般条項（信義誠実および公正取引などの用語）と不明確な法概念（合理的が400回以上）が多用されていることにより、裁判官の権限が統制のない広範なものとなっている。②DCFRは、110以上の定義のカタログを定めているが、それは、ヨーロッパ大陸法における法律と教科書との間の役割分担を無視している。また、これらの定義の多くには留保、例外条項、不明確な法概念が使用されていて、法的安定性を保障する機能を果たせなくなっている。③DCFRは比較法的に意見の一致しない広範な領域を含んでいる。たとえば、役務提供契約の法典化は未開拓の分野である。不法行為法の規律も体系化が放棄されている。責任原因が限定されていないことと損害の概念が定義されていないことが相まって、結局は制限条項を設けることで裁判官の裁量を限定するしかないものとなっている。④DCFRの準則間の相互の調整が十分ではない。⑤消費者に関するアキ（共同体法の総

体)については真の意味での見直しが行われていない。

　ツィンマーマンは、DCFR において一般契約法とアキ・コミュノテールを合流させるという初めての試みがなされていること、財産法の中心領域に関する立法に適した形の規律を提示したことを指摘しつつ、消費者アキについてそれが契約法の中核にどのように入り込むのか、不分明であることに疑念を抱いている。そのうえで、「共通参照枠は、あらゆる方面から正当だと認められるヨーロッパ契約法を有機的に作り出していくという観点から見て、全く逆効果かもしれない」というのである[*39]。

(4) 共通参照枠草案の意義

　共通参照枠草案については、それが性急なヨーロッパ民法典化の動きの俎上に乗せられたこともあって、先のツィンマーマンのグループに代表されるような厳しい対応が見られた。こうした批判は、DCFR にとってある意味不幸なことであった。しかしながら、DCFR の学術的な著作としての意義を過小評価してはならない。DCFR は債権法全体を対象とした初めての包括的な作業である。そこでは、評価の高い PECL の一般契約法の部分が引き継がれ、それに消費者法アキを組み込んだ法律の形式をもった、かつ詳細な比較法的なノートが付加された希有な研究なのである[*40]。たとえば、EU 法の消費者関連法規定をどのように民法の中に位置づけるのかというモデルを示し、さらに、また役務提供契約を含む各則など現代的な契約現象を法典にまとめるための新たな典型契約モデルなど興味深い提案もなされている。これらの成果は DCFR の大きな功績なのである。たしかに批判論者たちがいうように、時間的な制約や検討不足によって DCFR の各規定のコンセプトや細部が十分に練られていない、あるいは注釈の説明が不十分ではないかとの印象を受けることもあった。しかし、学術的な著作である以上、そうした批判にさらされることは当然であって、そうした営みによって新たなものが生まれるのである。日本での債権法の改正作業、現在、世界的なレベルで進行しつつある民法典の現代化において、DCFR が示したモデル法は参照されてよい価値を十分に有している。次に取り上げるヨーロッパ共通売買法もまた、この DCFR から大きな影響を受けているのである。DCFR の個別の制度については、今後、より詳細な検討が待たれる。

Ⅳ　EU 私法の平準化への新たな道開──規則としての選択的法準則

1　ヨーロッパ共通売買法
(1)　共通売買法の必要性

　欧州委員会は、2011 年 10 月に「ヨーロッパ共通売買法規則（Common European Sales Law: CESL と略する）」の草案を公表した[*41]。同規則の目的は、消費者・中小事業者の保護と国境を越えた取引を促進することにあり、それは域内市場の活性化に向けた契約法の統一の試みとして位置づけられる。そこでは、消費者保護法の現代化と契約法の平準化という 2 つの共同体政策が追求されている。こうした規則提案の必要性は、欧州委員会の文書によれば、おおむね次のように説明されている。事業者は、5 億人の消費者を持つ単一市場として EU が形成している域内市場においてビジネスの大きな機会を得るという恩恵を受けている。しかし、市民と事業者はその利益をなお十分には受けていない。多くの場合に障壁となるのは、加盟各国の国内において適用される法制度の違いである。なかでも、EU の 27 カ国の加盟国（筆者注：2014 年 8 月時点ではクロアチアの加盟により 28 カ国）の契約法制度の相違がその主な障壁となる。こうした国境を越える取引において、事業者が有する困難および消費者が有する困難を取り除くために共通の契約ルールの必要性となるが、現時点では EU 法レベルで事業者および消費者が利用できるルールは存在していない。そこで、EU 市民が他国での商品の購入を法的な権利の不安なしに容易にできるようにし、また事業者が外国との取引にその市場における法状況に不安を抱かずに取引できるようにするために、契約法に関する実体法を整備する必要がある。

(2)　ヨーロッパ共通売買法の内容

　欧州委員会が、これまで支援してきた DCFR を全体として立法化することを見送り、売買契約法の部分についてのみ立法化するとの提案を行ったのは、ヨーロッパ民法典およびヨーロッパ契約法という方向に対する反対に配慮して、現実的な対応をとろうとしたことにあろう[*42]。ヨーロッパ共通売買法としての CESL は、選択的法準則として性格づけられ、国境を越える取引において、契約当事者が CESL を準拠法として指定した場合に適用される（CESL 条文案 3 条・4 条）。もっとも、その対象は、買主が消費者であるか、または売主・買主

の少なくとも一方が中小事業者である売買契約の場合に限られている（CESL 条文案7条1項）。その大きな特徴は、不公正な取引から消費者を保護するだけでなく、中小事業者をも保護するシステムを組み込んだ市場法的なアプローチにある。

CESL の条文は、規則形式で確定され、選択的な法準則として提示されるものであって、指令のように国内法への転換という過程は必要とされない。したがって、条文のテキストはそのまま維持され、条文の形式および内容について各国法の法体系の影響を受けることはない。その限りではあるが、「完全平準化」が遂行されることになる。このためか、すでに規則提案の段階でいくつかの注釈書が刊行されている[*43]。この提案については賛否があり、その適用範囲を電子商取引に限定して EU 法化しようとする動きが見られる。その方向でおそらく採択されるのではないかと思われるが、現時点では確定していない。他方で、この規則提案が現実に採択されない場合であっても、EU 各国の民法典や消費者売買法の改正、また各国の裁判所およびヨーロッパ司法裁判所で1つのモデル法として参照されるものとなることになろう[*44]。

2　ヨーロッパ共通保険契約法

(1)　「ヨーロッパ保険契約法リステイトメント」プロジェクト・グループ

さらに重要な契約法の動きが、保険法の領域において見られる。2009 年に刊行された『ヨーロッパ保険契約法原則（Principles of European Insurance Contract Law：これは PEICL（パイクル）と略される）』[*45]は、ヨーロッパ各国の保険法の比較法的な研究を踏まえてものであり、ヨーロッパの国々に共通して提供されるべき統一保険法の提案である[*46]。この PEICL は、ヨーロッパ各国を代表する 20 名余の保険法学者から構成されるプロジェクト・グループによって作成された[*47]。上述したバーゼドーは、この原則の作成については、主導的な役割を果たした人物の一人である。同プロジェクト・チームは、本来は私的な学術研究グループであるが、欧州委員会の事業である「契約法の共通参照枠」の動きに同調し、その一翼を担った。この事業の成果が先の PEICL なのである。その質は高く、理念的な「ヨーロッパの保険法」の集大成として評価され、比較法的にも重視されている。その叙述の形式は、条文、コメント、ノートとい

うPECLの体裁を踏襲している。第1部に共通規定が置かれ、第2部が損害保険、第3部が定額保険を対象としている。またEU法での規制を踏まえた内容となっており、消費者保護的な側面も有している。

(2) ヨーロッパ保険契約法原則の必要性

共通保険法の必要性については次のような説明がある。1980年代から1990年代にかけて、保険監督法制の統合に伴い、現在では、単一免許制度によって、どこの国の市場に容易に参入できる状況があるが、実際には、EU域内における保険商品の国外販売実績はきわめて小さいものとなっている。その理由の1つは、保険契約に適用される法の不統一があげられている。つまり、EUの抵触法規則によると、保険法に適用される法は多くの場合、保険契約者（消費者）の住所地法となる。その結果、販売先国の保険契約法の強行規定や、一般的な不当条項規制の違いに応じて、本国と異なる保険商品を提供しなければならなくなる。その結果、全体として販売した保険契約を全体としてプールして管理することが困難となる。

こうした障害を克服し、市場統合の利益を消費者に還元するためには、EU域内の保険契約法を統一し、保険事業者が活発に相互参入をするような環境を作り出すことが求められる。保険契約法の基礎となる契約の部分に及ぶ平準化作業が必要とされた。他方で、国際公務員やスポーツ選手などは典型であるが、域内各国での人の移動に伴い、その人にかけられた保険も国境を越えてそのまま移動することができれば便利である。そうでなければ、当該の保険契約を解除し、また移動した国で新たに保険を締結しなければならないことになる。これはきわめて不便であり、また保険契約者にとって不利である。住所地が異なっても同じ準拠法での契約をすることができれば便利である。

また、パッケージツアーやクレジットカードに付帯する保険は、域内の国に居住している消費者に対してであれば、同じ準拠法に依拠する保険商品とすることができる。つまり、この原則を、EU域内において当事者が主体的に選択できる選択的な法規として利用できれば、そうしたメリットがある、というのである。この「ヨーロッパ保険契約法原則」は、EUの立法化のスケジュールとしては「ヨーロッパ共通売買法」の後に控えるものと位置づけられているようである。

V　おわりに——今後の展望

　以上に示したように、EU私法の統一ないし平準化のプロセスは、まだ始まったばかりである。EUの域内市場の拡大と促進といった社会的な経済的な変化に、私法がどのような道具立てで対応していくのかは、ヨーロッパ私法学にとって大きなチャレンジとなる。EU私法には、大陸法とコモン・ローという対抗軸も組み込まれている。東欧の民法典の動向も考慮しなければならない。EU域内市場の健全な発展のためには、市場の確立のために明確なルールの確立だけでなく、消費者保護、中小事業者の保護という支援も必要となる。EU消費者法を取り込んだDCFRは、域内市場をどのように活性化するかという問題への対応策の1つであり、このための基礎を形成する重要な学問的かつ実践的な試みである。

　他方で、包括的なヨーロッパ民法典の成立は、今すぐに達成できるものではないことは共通の認識であるが、それは私法の平準化プロセスの中で部分的に進行しているとの評価も可能である[*48]。民法（ここでは契約法・債権法）の市場ルールとしての役割が競争法との関係でも、これまで以上に重視されている。DCFRとの深いつながりを持つ「ヨーロッパ共通売買法」が成功するかは定かでないが、それは、契約締結の促進という目的と、市場の健全な発展という競争法の目的の2つを視野に収める法準則として提示されている。ヨーロッパ共通売買法が成立するならば、それは域内市場における私法の平準化にとって大きな一歩となることは疑いない。こうした法準則が当事者によって使われ域内市場の拡大が達成されるならば、さらなる平準化へのチャンスが生まれることになる。契約法の中核に深く結びつく消費者法関連の指令の一部、たとえば不公正取引方法指令などについては下限基準設定という手法ではなく完全平準化へとシフトする傾向が見られる。これも私法の平準化を促進する機能を有しているが、そこでは重要な市場原理である契約自由の原則との関係が改めて問われることになる。

　さらに、EUの立法権限の問題も残されている。EUの私法や消費者法領域の立法については、既得権益や文化的背景が入り交じって、紆余曲折がみられるに違いない。これまでの流れを考慮すると、EU私法の平準化現象にやはり

長期的には、ヨーロッパ民法典の形成による統一の可能性をも視野に入れた動きとしてさらなる進展がみられることになろう[*49]。我々にとって、EU 法の動きに注目することは学問的な意味だけでなく、実用的な意義もある。EU 加盟各国を貿易のパートナーとする日本にとってきわめてその規制を知る必要があるからである。いずれにせよ、日本の発展にとって世界的なスタンダードに接し、それに対応するチャンスを逸しないことが重要である。この意味でヨーロッパ私法は、日本私法の位置を知り、さらなる発展の糧を得るのに不可欠な研究領域として今後も重視されることになろう。

（中田　邦博）

[*1] ヨーロッパ私法の概念をどのように特徴付けて定義するのかは1つの問題となる。基本的には、比較法的手段によってヨーロッパ各国に共通する法準則として見いだされるものを意味するが、ここでは、それに EU 法による規律を含めたものとして理解しておく。ハネス・ロェスラー「ヨーロッパ私法及び消費者法における弱者保護―基本構造、限界」中田邦博・鹿野菜穂子編『ヨーロッパ消費者法・広告規制法の動向と日本法』（日本評論社・2011年）54頁以下を参照（同書は【ヨーロッパ消費者法】として引用する）。この意味でのヨーロッパ（EU）私法を対象とした教科書として、Christian TWIGG-FLESNER (ed.), The Cambrige Companion to European Union private law, Cambrige 2010 が参考になる。本文で扱うヨーロッパ私法に関する概念について、個別の引用は避けるが、Jürgen BASEDOW/Klaus J. HOPT/Reinhard ZIMMERMANN (Hrsg.), Handwörterbuch des Europäischen Privatrechts, Band 1 und Band 2, Tuebingen 2009. を参照。その英語版として、Jürgen BASEDOW/Klaus J. HOPT/Reinhard ZIMMERMANN (Hrsg.), The Max Planck Encyclopedia of European Private Law, Bd. 1 and Bd. 2, Oxford 2012 がある。

[*2] 本テーマに関する直接の邦語文献として、とりわけ、2007年ごろまでの流れを的確に整理する北居功「EU 契約法」庄司克宏『EU 法実務編』（岩波書店・2008年）245頁以下、および、西谷祐子「ヨーロッパ法統一の中でのヨーロッパ契約法原則の意義と問題点」川角由和・中田邦博・潮見佳男・松岡久和編『ヨーロッパ私法の展開と課題』（日本評論社・2008年）21頁以下（同書は【ヨーロッパ私法Ⅱ】として引用）を参照。本章では直接的にふれる余裕がない EU のヨーロッパ私法の立法権限の問題は、両論文参照。さらに、最近の動向を整理するものとして小塚荘一郎「法の統一と『国民国家の法』―ヨーロッパ私法が私法統一に対して提起する問題」『落合誠一先生古稀記念 商事法の新しい礎石』（有斐閣・2014年）509頁以下参照。本章で引用する PECL など外国文献で邦語訳があるものについては、原則として邦語の文献のみを典拠としてあげることにする。

[*3] たとえば、ハネス・ロェスラー「エルンスト・ラーベルとウィーン売買法条約」川角由和・中田邦博・潮見佳男・松岡久和編『ヨーロッパ私法の現在と日本法の課題』（日本評論社・2011年）489頁以下（同書は【ヨーロッパ私法Ⅲ】として引用）。ウィーン売買法を概観するものとして、潮見佳男・中田邦博・松岡久和編著『概説 国際物品売

買条約』（法律文化社・2010年）を参照。

*4　たとえば、曽野裕夫「私法統一の現状と課題(1)売買・一般契約法」NBL998号（2013年）12頁以下、同編『私法統一の現状と課題』別冊NBL144号（商事法務・2013年）に収録されている。

*5　ヨーロッパ民法典という用語法に関する問題には、次の2つの問題があるように思われる。まずはヨーロッパをどのように定義するか、という問題がある。とりあえず、次のように考えておくことにする。ヨーロッパ民法典を語るときの「ヨーロッパ」は、通常はEU加盟諸国が考えられている。しかし、スイスなどEUに加盟はしていない国もヨーロッパに含まれる限り、対象となる。他方で、文化的に「ヨーロッパ」に位置しない国もEUを構成する限り、ヨーロッパ民法典の対象となる。この意味で、このヨーロッパ民法典の対象国は単純にEU加盟国にとどまらないことになり、「ヨーロッパ」文化圏よりも広い地域を対象とすることになる。もうひとつは、民法典の包括性、それが扱う範囲という問題である。以下で見る議論は、多くの場合、一般契約法ないし消費者契約法を対象としている。たしかに一般契約法については共通化を語る基盤はあるように思われるが、役務提供契約など契約各則の分野などにおいては共通化のための学術的な作業は緒に就いたばかりであって、ヨーロッパの文化的共通性を語ることができるほどにはまだ成熟していない。したがって、後述するとおり、DCFRが、それをヨーロッパ民法典と標榜するのは、やや誤解を招く側面があろう。それは、実際には債権法を中心にした財産法であって、契約法、不法行為法、事務管理、不当利得を対象とするものであることに留意すべきである。

*6　2002年のドイツ民法典の現代化はまさにそうした例となろう。この点については、中田邦博「ドイツ債務法改正から日本民法改正をどのようにみるか」【ヨーロッパ私法Ⅲ】105頁、潮見佳男「ヨーロッパ契約法とドイツ債務法」同113頁を参照。

*7　オランダの民法典改正は法典の現代化の先駆けとして位置づけられる。近時では、EU加盟との関係もあり、ハンガリーおよびスロバキアでは新たな民法典の編纂が計画され、またポーランドおよびルーマニアでも民法典の草案が作成されているという。クロアチアでも同じような動きがある。この意味で、東欧諸国の民法典改正の動きは注目に値する。成立したチェコの民法典について、Luboš Tychý, Tschechisches BGB, in ZEuP 2014, S. 467ff. ハンガリーの民法典草案の内容については、ラヨシュ・ベーカーシュ（寺川永訳）「ヨーロッパ消費者保護法とハンガリー私法の法典化」民商法雑誌144巻3号331-349頁。

*8　東アジアでも共通契約法を目指しての比較法的な研究作業を行う学者グループが組織されており、定期的に会合が行われている。1つの例として、アジア契約法原則（Principles of Asian Contract Law: PACL（パクル））の作成を主導するグループがある。これについては、金山直樹「PACL（アジア共通法原則）の意義と課題」ジュリスト1406号（2010年）102頁を参照。さらに、別のグループがシンガポールおよび中国の学者を中心として形成された。

*9　ヨーロッパ私法の一連の動向を伝える文献として、筆者も関与した次のようなものがある。ハイン・ケッツ（中田邦博訳）「ヨーロッパ私法をいかにして達成するか」川角由和・中田邦博・潮見佳男・松岡久和編『ヨーロッパ私法の動向と課題』（法律文化社・2003年）91頁（同書は【ヨーロッパ私法Ⅰ】として引用）、ユルゲン・バーゼドー（中田邦博訳）「ヨーロッパ私法の漸進的生成」【ヨーロッパ私法Ⅱ】21頁以下、さらに、ラインハルト・ツィンマーマン（吉政知広訳）「ヨーロッパ契約法の現況」【ヨーロッパ私法Ⅲ】3頁以下。これらの論考が所収されている【ヨーロッパ私法】シリーズには、ここでは文献名を直接あげることはしないが、他にも重要な論文が多数掲載されている。

さらに、ヨーロッパ消費者私法の分野については、前掲注（1）【ヨーロッパ消費者法】およびノルベルト・ライヒ「ヨーロッパ契約法の平準化―特に消費者法に重点を置いて（上）（下）」現代消費者法11号（2011年）70頁、12号（2011年）79頁を参照。

*10　その例となるのは消費者権利指令であるが、これについては、寺川永・馬場圭太・原田昌和訳「2011年10月25日の消費者の権利に関する欧州議会及び理事会指令」法学論集（関西大学）62巻3号（2012年）4366頁以下がある。

*11　本来であれば、ユニドロワ国際商事契約原則（PICC）も対象として取り上げるべきであるが、紙幅の制約とPECLとの重なりを考慮してここでは扱わない。私法統一との関係での同原則の意義については、ユルゲン・バーゼドー（西谷祐子訳）「統一法条約と国際商事契約に関するユニドロワ原則」【ヨーロッパ私法Ⅱ】177頁以下。

*12　日本での契約法の国際化の意味について、中田邦博「契約法の国際化と日本における債権法の改正」【ヨーロッパ私法Ⅲ】169頁以下参照。

*13　ツィンマーマン・前掲注（9）【ヨーロッパ私法Ⅲ】3頁。

*14　もちろん、ヨーロッパを舞台に各国の研究者がこの問題について発言しているが、ケッツ、バーゼドー、ツィンマーマンの活躍は群を抜いている。彼らは、いずれもハンブルクのマックス・プランク外国私法および国際私法研究所で活動しており（ケッツはすでに退官し、その後継者がツィンマーマンである）、同研究所は比較法的な研究および世界的およびEU法レベルでの法統一について先進的な役割を果たしてきた。同研究所の歴史や理念については、たとえば、バーゼドー（中田邦博訳）「マックス・プランク研究所の役割」【ヨーロッパ私法Ⅱ】67頁以下を参照。

*15　以下の叙述は、中田邦博「ヨーロッパ契約法原則とドイツ法」【ヨーロッパ私法Ⅱ】303頁以下の内容に依拠し、それを要約的に紹介したものである。また、以下での私法の平準化をめぐる議論については、筆者の能力的な制約からドイツでの動きに焦点を当て、統一に肯定的な動きを中心に紹介することにする。なお、フランス人学者による典型的な拒絶反応の一例として、イヴ・ルケット（馬場圭太訳）「我々はヨーロッパ民法典へと向かうべきか」【ヨーロッパ私法Ⅱ】141頁以下は興味深い。さらに、フランスでの私法統一に関する最近の反応については、小塚・前掲注（2）512頁以下が詳しい。本文ではヨーロッパ民法典への賛否をめぐる議論については、北居功「ヨーロッパ連合における民法典論議―統一性と多様性の相克と調和」民法改正研究会（代表・加藤雅信）編『民法改正と世界の民法典』（信山社・2009年）475頁、とりわけ479頁以下がある。

*16　Conrad ZWEIGERT/Hein KÖTZ, Einführung in die Rechtsvergleichung auf den Gebiet des Privatrechts, 3. Aufl., Tübingen 1996.

*17　この点については、Hein Kötz, Neue Aufgaben der Rechtsvergleichung, in Juristische Blätter 104, 1982, S. 355-362を参照。なおケッツのヨーロッパレベルでの私法統一の見方については、ケッツ・前掲【ヨーロッパ私法Ⅰ】91頁以下を参照。

*18　ハイン・ケッツ（潮見佳男・中田邦博・松岡久和訳）『ヨーロッパ契約法Ⅰ』（法律文化社・1999年）。同書は、ヨーロッパ契約法に関する最初の教科書として位置づけられ、また英訳も出版されている。その方法的な特徴は、比較法的な方法論によって、各国契約法に共通する原則を取り出し、それと異なる各国法の準則を共通原則からの偏差として位置づけ、説明するところにある。後半部分のⅡについては未完であるが、当初の執筆予定者であるフレスナー（Flessner）に代わってケッツが現在執筆中である。同書の意義およびケッツの機能的比較法の方法論については、とりわけ、松岡久和「ハイン・ケッツ『ヨーロッパ契約法Ⅰ』について」【ヨーロッパ私法Ⅰ】15頁以下、潮見佳男「ヨーロッパ契約法の試みと限界―ケッツ・ヨーロッパ契約法Ⅰが教えるもの」潮見

注

佳男『契約法理の現代化』（有斐閣・2004 年）320 頁以下を参照。
*19　その実践的な試みはドイツ初の私立の法科大学院の創設であり、これについてはハイン・ケッツ（中田邦博訳）「ブツェリウス・ロースクール（Bucerius law school）」【ヨーロッパ私法Ⅰ】105 頁以下を参照。
*20　こうした「上から下に」「下から上に」という分析視角は、北居・前掲注（2）も同様である。
*21　バーゼドーの見解については、前掲注（9）【ヨーロッパ私法Ⅱ】21 頁以下を参照。
*22　Jürgen BASEDOW, Das BGB im künftigen europäischen Privatrecht: Der hybride Kodex, in AcP 200, 2000, S. 445ff. ユルゲン・バセドウ編（半田吉信ほか訳）『ヨーロッパ統一契約法への道』（法律文化社・2004 年）58 頁以下も参照。
*23　以上のバーゼドーの見解については、前掲注（9）21 頁以下を参照。
*24　PECL については、邦語訳として、オーレ・ランドー／ヒュー・ビール編（潮見佳男・中田邦博・松岡久和監訳）『ヨーロッパ契約法原則Ⅰ・Ⅱ』（法律文化社・2006 年）。オーレ・ランドー／エリック・クライフ／アンドレ・プリュム／ラインハルト・ツィンマーマン編（潮見佳男・中田邦博・松岡久和監訳）『ヨーロッパ契約法原則Ⅲ』（法律文化社・2008 年）。
*25　PECL は、その注釈も含めて共同討議の成果として編集されたが、「時効」の章はツィンマーマンが起草したものである。同 14 章の詳細な検討として、野々村和喜「時効法改革とヨーロッパ契約法原則（PECL）第 14 章」【ヨーロッパ私法Ⅲ】209 頁以下。
*26　ツィンマーマンの立場については、主に前掲注（9）【ヨーロッパ私法Ⅲ】を参照。
*27　ツィンマーマン（若林三奈訳）「私法学のヨーロッパ化」【ヨーロッパ私法Ⅲ】43 頁以下を参照。
*28　これらの指令は、EU 消費者私法の中核を形成する重要なものであり、後述するアキ・グループの検討の対象としても指定された。
*29　以上については、マリー＝ローズ・マクガイア（大中有信訳）「ヨーロッパ契約法原則から共通参照枠へ―現行ヨーロッパ契約法の立案グループとその基盤」【ヨーロッパ私法Ⅲ】347 頁以下を参照。
*30　前掲注（29）363 頁を参照。
*31　ヨーロッパに共通に妥当する諸原則とモデル準則および法律用語の定義について検討し、その研究成果を提示したスタディ・グループの作業は、DCFR の完全版全 6 巻として統合された大部の研究成果のほか、比較法的な叙述や条文の各国語への翻訳などを含む Principles of European Law: PEL シリーズとしても順次公表されてきた。同シリーズの刊行状況については、http://www.sellier.de/ を参照。PEL シリーズの不当利得の巻と DCFR 第Ⅶ巻との関係について具体的に比較したものとして、松岡久和「ヨーロッパ民法典構想の現在―不当利得法に関する DCFR 第Ⅶ編を素材として」【ヨーロッパ私法Ⅲ】331 頁を参照。
*32　以下の叙述については、マクガイア・前掲注（29）【ヨーロッパ私法Ⅲ】347 頁以下および同（高嶌英弘訳）「消費者法に関するアキ・コミュノテール（共同体蓄積事項）」【ヨーロッパ消費者法】92 頁以下を参照。さらに、Reiner SCHULZE, Gemeinsamer Referezrahmen und acquis communautaire, in André JANSSEN (Hrsg.), Auf den Weg zu einem Europäischen Privatrecht -Beiträge aus 20 Jahren von Reiner Schulze, Baden-Baden 2012, S. 353ff. 同書に所収されているシュルツェの論考はヨーロッパ私法を知るための有益な文献である。
*33　シュルテ＝ネルケは、フォン・バールと同じ大学に所属し同じ研究所で活動している。両者の密接な協同関係はそうした人的な関係からも生まれていると推測できる。

*34 たとえば、ツィンマーマン・前掲注（9）【ヨーロッパ私法Ⅲ】13 頁の批判がある。
*35 Communication from the Commission to the European Parliament and the Council - A More Coherent European Contract Law - An Action Plan of 12. 2. 2003, COM (2003) 68 final.
*36 この概要版（outline edition）の邦訳は、クリスティアン・フォン・バールほか編（窪田充見ほか監訳）『ヨーロッパ私法の原則・定義・モデル準則：共通参照枠草案』（法律文化社・2013 年）である（同書は【DCFR】として引用する）。【DCFR】にはモデル準則のほか、序論として起草の経緯、自由・安全・正義および効率性といった原則についての説明、概念の定義も収められている。2008 年 1 月に刊行された暫定概要版（interim outline edition）は、「たたき台」のような位置づけにある。
*37 Christian von Bar/Eric Clive (eds.), Principles, Definitions and Model Rules of European Private Law: Draft Common Frame of Reference (DCFR), Full Edition, Vols. I-VI, München 2009. また、松岡・前掲注（31）は、不当利得法に関する具体的な作業を考慮して DCFR の成立プロセスとその問題点を浮き彫りにしている。契約法の分野では、大中有信「共通参照枠草案における契約締結前の情報提供義務」【ヨーロッパ私法Ⅲ】409 頁以下。不法行為法の分野では、若林三奈「共通参照枠草案における『損害』要件の概観」同 449 頁以下。各分野でのこうした検証作業が必要である。
*38 早い段階での批判的な検討として、Horst Eidenmüller/Florian Faust/Hans Christoph Grigoleit/Nils Jansen/Gerhard Wagner/Reinhard Zimmermann, Der Gemeinsame Referenzrahmen für das europäische Privatrecht, in JZ 2008, S. 529ff.
*39 以上の点について、ツィンマーマン・前掲注（9）【ヨーロッパ私法Ⅲ】17 頁以下を参照。
*40 同様の見方をするのは、Walter Doralt, Rote Karte oder grünes Licht für den Blue Button? — Zur Frage eines optionalen europäischen Vertragsrechts, in AcP Bd.211, 2011, S. 4. さらに、前掲注（36）【DCFR】の監訳者序文（3 頁以下）も参照。
*41 Proposal for a Regulation of the European Parliament and of the Council on a Common European Sales Law, COM (2011) 636 final: 2011/0284 (COD) およびその解説 COM (2011) 635 final. 同提案部分の邦訳として、内田貴監訳／石川博康・石田京子・大澤彩・角田美穂子『共通欧州売買法（草案）』別冊 NBL140 号（商事法務・2012 年）。また簡潔で的確な紹介として小塚・前掲注（2）512 頁以下を参照。
*42 そうした方向性を基礎づけたのは、Grünbuch der Kommission, Optionen für die Einführung eines Europäischen Vertragsrechts für Verbraucher und Unternehmen, KOM (2010) 348/3, 4ff. （実質的には、評価のための専門家グループの提言と同じである）である。EU レベルでの DCFR から CESL への方向転換のプロセスについては、Doralt, a.a.O. (Note 40), S. 1-10 が詳しい。さらに、シュテファン・ブルヴカ「消費者代表とヨーロッパ共通売買法の草案作成—欧州消費者同盟の役割」EUIJ-Kyushu Review Issue, 2-2012, pp. 69-95、とりわけ 84 頁以下が詳細である。
*43 たとえば、Reiner Schulze (Hrsg.), Common European Sales Law (CESL)-Commentary, 2012, nomos; Martin Schmidt-Kessel (Hrsg.), Der Entwurf für Gemeinsames Europäisches Kaufrecht-Kommentar, München 2014. などがある。
*44 CESL のさらなる意義や、詳細な批判的検討については他の機会に譲りたい。CESL が有している問題性の本格的な検討として、シュテファン・ブルヴカ（Stefan Wrbka）「ヨーロッパ共通売買法規則提案—消費者保護のための正しい方向性（上）（下）」民商法雑誌 146 巻 4・5 号（2012 年）367 頁、6 号（2012 年）491 頁および同・前掲注（42）がある。
*45 邦訳は「ヨーロッパ保険契約法リステイトメント」プロジェクト・グループ著（小

塚壮一郎ほか訳)『ヨーロッパ保険契約法 (PEICL)』(損害保険事業総合研究所・2011年) として刊行されている。

*46　以下の叙述については、小塚壮一郎「ヨーロッパ保険契約法原則 (PEICL) の公表と日本にとっての意味」損害保険研究 72 巻 3 号 (2010 年) 1 頁を参照した。さらに、とりわけ、Helmut Heiss/Jürgen Basedow/Manfred Wandt, Principles of European Insurance Contract Law (PEICL), Ein wichtiger Schritt zur Integration nationaler Versicherungsmärkte in der EU, in EuZW 2008, S. 68 を参照。

*47　第 6 次ヨーロッパ参照枠研究プログラムのもとに設けられたジョイント・ネットワーク (CoPECL) には、ヨーロッパ保険契約法リステイトメント・プロジェクト・グループ (保険法グループ) も含まれている。このグループが作成する「ヨーロッパ保険契約法原則」も当初の段階では DCFR に統合されて公表される予定であったとされるが、実際には別途、単独のものとして提出されたのである (前掲注 (36)【DCFR】30 頁も参照)。保険法グループが DCFR の傘下で研究を発表しなかったのは、その背景に、同グループが保険法の専門家集団であり、また現実的な路線を重視すること、ヨーロッパ民法典を目指すスタディ・グループの理想主義的な路線の違いや、DCFR の内容との質的な相違などから、当時の状況では単独の提出が、より政治的に受け入れられやすいとの判断があったようである。

*48　北居・前掲注 (2) 490 頁以下も「すでに部分的に統一が進むヨーロッパ私法の領域で、その統一性自体を否定することは現実的でない」という。

*49　ヨーロッパ民法典の将来について同様の見方を示すものとして、松岡・前掲注 (31) 338 頁以下がある。

第10章
開発における法典編纂

I　はじめに

　法典編纂（codification）は、立法（legislation）という現象の1つであるが[*1]、たんなる個別法の制定とは異なり、基本的な法分野に関する包括的・体系的な立法として、独特な意義をもつ歴史的な現象である[*2]。それは、ある国家が政府（政治的指導者およびそれを支えるテクノクラートからなる）のイニシアティブの下で、比較的短期間のうちに、かつ意図的に開発を進めるプロセスにおいて、典型的には発展途上国の開発プロセスにおいて、しばしば見出される。法典編纂には、法を体系的に整備し、国民にとって分かりやすいものとするという技術的な理由にとどまらず、夫婦・親子・後見・扶養等の家族関係、売買・貸借・労働等の契約関係、企業等の組織の関係等々、様々な人間関係における権利・義務を包括的に定めることにより、国家統治の手段として活用するという政治的な理由も看過できない[*3]。そうであるとすれば、ある国家の開発プロセスというコンテクストの中で法典編纂の背景、目的、経緯等を分析することにより、その独自の意義や本質がよりよくみえてくる可能性がある。本章は、開発プロセスにおける国家統治の構築のための立法活動の一環として法典編纂を捉える視点から、具体的な法典編纂作業の一端を題材にして、法典編纂という現象の特色について、考察を試みるものである。

I はじめに

　法典編纂をめぐっては、2つの大きな問題がある。第1に、国家の発展プロセスで比較的大規模に法典編纂を行った国とそうでない国があり、はたして法典編纂が国家の発展——経済的・政治的・社会的・法的発展——にとって有利なのかどうか、また、何らかのアドバンテージないしメリットがあるとすれば、それはどのような条件の下で発現するのかを明らかにする必要がある。これは、典型的には、ローマ法を包括的に継受し、法典編纂を行った大陸法系の諸国と、そうした法典編纂を経ずに、裁判所による判例法の形成を主要な法源にして法秩序を形成してきた英米法系の諸国との比較の中で、問われてきた問題である。
　第2に、法典編纂の結果として形成された法典には多様なスタイルがある。それらの相違は各国における歴史・慣習・文化・宗教等々、法典編纂の前提条件や経緯により、もっぱら並列的なものか、何らかの収斂傾向ないし発展傾向が見出されるのかが問題になる。例えば、法典編纂の典型例である民法典を例にとると、ローマ法学に由来し、フランス民法典等が採用したインスティトゥティオネスの体系と、19世紀ドイツの普通法学の成果に由来し、ドイツ民法典等が採用したパンデクテンの体系との関係をどうみるかという問題である。
　本章は、法典編纂をめぐるこの二大問題を念頭に置き、それを解明するための作業の一環として、最近のアジア諸国における法典編纂事業、中でも民法典の編纂作業を題材にして、その経緯を分析するものである。アジアには、世界の他地域に比べ、比較的ペースの速い経済成長が、比較的安定的に続いている国が多い。1993年世界銀行リポートで「高成長アジア経済地域（High Performing Asian Economies: HPAEs）」と呼ばれた、日本、韓国、台湾、香港、タイ、マレーシア、シンガポール、インドネシアは、1990年の実質経済成長率が平均7.95％を超えている。このうち、イギリスの植民地支配の一環としてイギリス法システムを継受した香港、マレーシア、シンガポールを除く諸国は、法典編纂を遂行している。また、その後、社会主義諸国で市場経済システムの導入に踏み切った体制移行国のうち、日本が法整備支援（協力）を実施してきたモンゴル、中国、ベトナム、カンボジア、ラオス、ミャンマー、ネパールは、2010年の実質経済成長率が5.99％に達している。このうち、イギリスの植民地支配下でイギリス法（およびインド法）を継受したミャンマーを除けば、いずれも法典編纂を遂行し、またはその作業を遂行中である。本章では、このう

ち、筆者が民法典整備支援（協力）に実際に携わってきたラオスとネパールを取り上げることにする。

Ⅱ　ラオスにおける民法典編纂

1　政治・経済・社会状況

ラオスでは、ラオス人民民主共和国の建国（1975年12月）以来、社会主義政党であるラオス人民革命党による一党支配体制の下で開発が進められている。ラオス人民革命党は、1979年以降対外開放政策に転換し、継続的に市場経済化を進めてきた[4]。

ラオスは50近い民族を擁する多民族国家である（多数派のラーオ族は全人口の約54％にとどまる）。人口約656万人（2011年。ラオス計画投資省・統計局）に対し、比較的広い国土（面積236,800km^2）、豊富な水資源（水力発電等に利用）、鉱物資源をもち、潜在的開発能力は高い。

1人当たりGDP（2009年907ドル、2010年1,088ドル、2011年1,204ドル）、経済成長率（2009年7.6％、2010年8.1％、2011年8.3％）は比較的順調に上昇し、タイ、中国、韓国、日本からの投資も増大しており、比較的安定した政治体制の下で、当初はゆっくりとしたペースで、しかし、最近はややペースが速まりつつ、着実に成長している観がある。ラオスは1997年にASEANに加盟し、2012年のWTO加盟を目指し[5]、比較的速いペースで法整備を進めてきた。

2　法整備の経緯と現状

ラオスには、フランス統治下で編纂された民法典（全27章345カ条。1950年3月31日法律68号。以下、旧民法典という）[6] が存在した。しかし、その後、ラオス王国が独立し（1953年10月）、さらにクー・デタを伴う内戦状態が続き、最終的にラオス人民民主共和国の成立（1975年12月）に至ったため、旧民法典は形式的には現在のラオス国家に承継されていない。また、実質的にも、旧民法典を知る者は、国会、司法省等のごくわずかのシニア・メンバーに限られ、現行法への影響もごく限られたものにとどまっているようである[7]。

その結果、現在のラオスには形式的意味の民法典は存在しない。しかし、実

質的意味の民法は、個別制定法の形式で存在する。それらは、1986年の人民革命党大会における新思想（チンタナカーン・マイ）・新制度（ラボップ・マイ）の導入を契機に、1990年を中心に相当短期間のうちに立て続けに制定された（以下、この実質的な意味でのラオスの民法関連の法規群を「ラオス民法」という）。すなわち、1990年には所有権法、契約法、相続法、家族法、契約外債務法（不法行為法等を中心とする。その後、2008年12月8日、契約法と合体し、契約内外債務法に統合）、民事訴訟法（その後、1994年、2012年に改正）が、1991年には家族登録法（その後、2008年に改正）および公証法が、1994年には担保取引法（その後、2005年に改正）が、1997年は土地法（その後、2003年に改正）が制定された。2008年には家族法、相続法、契約内外債務法等、民法関連法規の比較的規模の大きな改正が行われた。

　これら現行ラオス民法の制定準備のプロセスにおいては、世界銀行の支援の影響が大きかったとの分析もある[*8]。しかし、個別制定法の導入は将来の包括的法典編纂の可能性を排除するものではなく、むしろ当面の問題への暫定的な対処とみることもでき、個別制定法と判例法を法源とする英米法スタイルを積極的に採用したものとはいえない。また、民法関連の主要法規に関しては、まずは社会主義諸国の影響を無視することができない[*9]。すなわち、1989年にソビエト連邦（当時）の法律アドバイザーがラオスを訪問し、社会主義法の改正についてアドバイスをした。1990年の一連の立法のうち、所有権法、契約法、契約外債務法（不法行為法等）、家族法、相続法の制定に際しては、ソビエトおよびベトナムの専門家がアドバイザーとしてラオスを訪れている。また、これらの法律の起草に際しては、ソビエト法、ベトナム法がモデルとされた。その際、フランス法もわずかではあるが参考にされた。ついで、1990年頃の立法初期には、当時のラオス司法省の幹部（フランス語を解し、フランス民法の教育を受けている）に対し、アメリカのアドバイザーも関与した[*10]。その後、契約法および不法行為法は、2008年に改正されたが、その際には外国人アドバイザーの手を経ずに、ラオス人のみによって起草された[*11]。もっとも、最近では、2008年からアメリカが契約内外債務法を含む商事法のパフォーマンスを測定・評価するプロジェクトを実施している[*12]。

　他方、担保取引法（1994年。2005年改正）およびその施行のための首相令は、

世界銀行グループに属する国際金融公社（International Finance Center: IFC）のアドバイザーがラオスを訪れ、起草支援をした。

また、土地法（1997年。2003年改正）は、アメリカ（USAID）、ドイツ（当時のGTZ。現在のGIZ）、オーストラリア（AUSAID）の支援によって起草された[13]。また、アジア開発銀行（ADB）の支援でラオスのチームがオーストラリアに研修に行き、トレンズ・システム（Torrens System）について学んだ。2003年の土地法改正は、所有権法（1990年）を契機とする市場経済システムの導入に伴い、土地使用権の設定、侵害等をめぐる紛争が多発し、社会問題となったことを背景にしており[14]、土地登記手続等の改正が行われた。これにより、土地登記の管理が、財務省から資源・環境省が管轄する土地管理局に移管された。土地法は近い将来さらに改正が予想されている。とくに、土地のコンセッションの期限が到来した場合の更新、外国人を含む土地投資を促進するために土地使用権の種類を現在の8類型からさらに増やすこと等を計画している。

このような経緯を背景にして形成された現行ラオス民法については、以下のような特色を指摘することができる。第1に、個別立法積上主義による複数法規への分散、第2に、比較的簡潔な条文構成、第3に、フランス法的要素[15]・社会主義法的要素・英米法的要素・国際取引法の要素の混合的性格、第4に、ラオス人自身による立法と適用の試行錯誤の蓄積という法形式方法である。

1980年代末以降における自由主義経済システムを導入するための一連の立法に対しては、ラオス内部でも、「世銀の主導に対応して一通りの早急な法整備を実施してきたものの、簡素な単行法の羅列の観を呈しており、内容的不足や深刻な不整合が存在すること」への危惧も生じていると指摘されていた[16]。その一方で、これらの個別単行法は裁判で適用され、試行錯誤的に部分改正も行われてきたことも看過すべきでないように思われる。

概してラオスの立法は、外国法令をそのまま移植することはせず、ラオスの起草者自身が理解したうえで独自にアレンジし、原案を作成する方式をとっている。その点で、外国法・外国人の直接的な影響は非常に少ない[17]。

近年は民事訴訟法の改正（検察官の立会権を制限する等、当事者主義の強化が争点になっている。なお、ベトナム民訴法にある監督審は、ラオスでは1994年の民訴法改正によってすでに廃止されている）[18]、知的財産法の制定、企業法の実施、

弁護士法の制定準備（ラオス弁護士会が起草し、現在は曖昧になっている外国法律事務所の設立に対する規制等も含む予定）、包括的民法典の編纂準備へと進み、基本的にシビル・ロー体系の色彩を強めていることが注目される。

　このように経済・社会の変化に応じて個別立法積上主義で対応してきたラオスに対する法整備支援、とくに日本によるそれは、法令集、判決マニュアル、法律用語辞典、民法・商法教科書、その他の教材の作成支援等、ラオス人自身による法整備を比較的時間をかけて間接的に支援するというプロセス志向型で実施されてきた[19]。こうした法整備および法整備支援のラオス・モデルが、今後、司法アクセスの拡充を含め、法整備と経済・政治・社会の発展の次の段階にどのように作用するか、注目される。

3　民法典編纂

(1)　民法典編纂事業の開始

　民法典編纂に関しては、2012年6月の民法典起草開始会議を皮切りに[20]、司法省、人民最高裁判所、人民最高検察院、ラオス国立大学の4機関のメンバーからなる民法典起草グループが編成され[21]、4つのワーキング・グループに分かれて起草作業が進められている[22]。

　2012年6月8日、民法典起草開始会議の冒頭で、ジャルーン・イアパオハー司法大臣は、ラオス司法省およびラオス民法典起草委員会を代表し、民法典整備の意義について以下のように述べた。

　「……われわれが皆承知しておりますとおり、民法典の起草は、ラオスで最初のまとまった法典の起草になります。われわれが皆で協力して研究する初めての経験であり、また、他の法律の起草・整備のモデルとなるものです。1990年から現在まで、民法分野の法律は発展を遂げ、多くの法律が承認されてきました。現在までの約20年の実践・実務を通して、現在の法令システムを改善し、より体系的に、先進的で、利用しやすく、効果的に実行できるものになり、それぞれの法律を以前よりも相互に矛盾しない、整合的なものにする必要に迫られています。そして、現在はラオスが国際社会とアジア地域の一員として溶け込むべく努力をしている時期であり、とくに2015年には、ラオスはASEANのFTAの一員となろうとしていますし、もうすぐWTOに加盟しようとしております。あと数か月で正式

に加盟が認可されるはずです〔最終的には2013年2月2日に正式加盟。注（5）参照——筆者〕。民法および商法の分野は、法律の中でも社会の中の様々な関係を規定する重要な法律分野です。したがって、民法や商法が国際的標準にあり、明快で〔内容が〕保障されたものであって初めて、ラオスが国際社会およびこのアジア地域の一員になることができ、また、われわれのシステムを信じてもらうことができるのです。そして同時に、法律によって、ラオスの独自性を保持し、人民の権利と義務を保障することができるのです。

　……ラオスにおいて民法典を制定する主たる目的は、法律の規定を標準化し、より明快なものにすること、矛盾する条文や似たような条文を整理し、整合的なものにすること、現在ばらばらに存在し、整合していない個別の法律を一体化し、一つの法律としてまとめること、とくに法律間の矛盾をなくし、様々な法律の中に散在している規定をまとめることです。また、様々な伝統的なしきたりを民法典の中で明快に規定すると同時に、すでに長い期間施行されてきた諸外国の民法典を参考にし、比較して、ラオスに相応しい内容の民法典の内容にしてゆきたいのです。

　民法典の制定により、ラオスが充足した法システムをもつことにつながり、社会の中での法律の確実性と法整備への理解が広まり、法律の普及や広報が容易になり、法教育の中でも外国の法制度との比較が容易になるのです。それ以外にも、ラオス国内の国民に対し、また国外に対し、自国の法システムの先進性を表明できるという誇りにつながります。……

　法システムの発展と改善の仕事は、すべての分野・組織に横断的に関係するものであり、すべての分野の安定性に対して、われわれ政府の強化にとって、非常に重要なものです。国民議会、司法省、裁判所、検察院が法治国家の発展のための中心的役割を担っています。そのために、この民法典起草のためのスーパーバイザリー委員会およびテクニカル・ワーキング・グループの各委員は、そうした複数の機関から招聘しています。……すべての機関の皆さんが力を合わせ、この業務に協力・支援と便宜を与えてくれるように要請します。それにより、ようやく起草委員はその目標を達成することができるでしょう。

　この民法典起草においては、……われわれには経験が不足しています。この民法典起草に対し、日本の国際協力機構（JICA）、他の国際機関からの支援……を継続していただくことを必要としています。もちろん、この困難な仕事の中では、ラオス政府が中心となり、目標を達成するために、バックアップ……すべきことはいうまでもありません。

……この 2 日間の民法典起草準備会議における意見交換が多くの果実をもたらすようにお祈りいたします。そして同時に、すべての機関・組織がこの民法典起草に対し、できる限りの支援と協力をしてくださるよう要請いたします。本会議の議長として、ラオス民法典起草準備のための第 1 回会議の開会をここに宣言いたします。」[*23]

ここでは、ジャルーン司法大臣が、ラオスにおける民法典整備の意義として、以下の 6 点に言及していることが注目される。第 1 に、先行する個別制定法の間ならびに個々の規定の間の矛盾をなくし、類似した条文を整理し、規定内容を明確にして、整合性と体系的首尾一貫性を高め、また、異なる法律の中に散在している規定をまとめて一体化することにより、法律を利用しやすく、実効的なものにすること、第 2 に、内容的に先進的で、国際標準を達成したものとすることにより、国際社会の信頼を得て、とりわけ国際経済との連結を強めるための制度基盤を固めることである[*24]。その一方で、第 3 に、民法典が、すでに長い実績をもつ諸外国の民法典を参考にしつつも、保持すべきラオスの伝統を反映したルールを取り込み、明確に規定することにより、ラオスおよびその民族に相応しい内容の独自性を維持してこそ、国民の権利を保護し、義務の遵守を促すことができるものとみている[*25]。また、第 4 に、民法典の制定は法システムの内容を充実させ、明確にし、社会における法律の確実性を高め、それが二転三転するのを回避することにより、国家の安定に資する。第 5 に、民法典は法整備への理解を深め、法律の広報と普及を容易にし、外国の法制度との比較を容易にする等、法律の理解、普及と法学教育上の便宜をもつことも重視している。さらに、第 6 に、民法典草案を異なる機関・組織が協力して準備し、より優れた内容のものとすることにより、自国の法システムの先進性を内外に表明することができ、それが国民の誇りに通じるものとみている[*26]。ここには法典編纂の理念が集約的に表現されているとみることができる。

ラオスにおける法典整備は、第 9 回党大会（2011 年 3 月 11 日〜 21 日）において決議され、第 7 次経済・社会開発 5 カ年計画（2011 年〜 2015 年）において確認された、2015 年までの人民の基本的貧困からの脱却、2020 年までの低開発国からの脱出という目標に向けられている。その手段として、先進的な法制度を確立するために、2011 年から 2015 年までの法整備計画ならびに 2020 年

までのリーガルセクター・マスタープランを国会が承認した。また、第9回党大会決議に含まれる4つの躍進（ブレークスルー）目標のうち、とくに第3の躍進目標である国家の経営、ガバナンスの規則とシステムの改革の一環として関係機関が法令の整備と改革を行ってきたが、民法典整備もその延長線上にあるものと位置づけられている。ジャルーン大臣は、このような民法典編纂の政治的・経済的コンテクストも踏まえ、民法典が党の方針に合致し、ラオスの経済発展を後押しし、ラオスの社会生活に適合したものでなければならないこと、政府がそのことに最大限の努力を払う意志をもつことを強調した[27]。

ジャルーン大臣の講演に続き、司法省のケット・キティサック副大臣が議長を務め、議論が続けられた。最初に、筆者が、①「比較法からラオスに相応しい民法を考える」（6月8日）、②「民法の体系としてどのようなものが相応しいか」（6月9日）について報告講演を行い[28]、これも題材にして、ラオスに相応しい民法典のあり方に関して、率直な議論を行った。

民法典の構成に関する問題として、以下の点が議論された。第1に、家族法（親族法、相続法）を民法典に組み入れるべきか、入れるとすればどこに編入すべきかについて、問題提起と意見交換が行われた。社会主義民法典の伝統、およびそれに従ったベトナム民法典の例が出されたが、それらに倣い、民法典には入れるべきでないか、あるいは入れるべきかについても意見交換が行われた[29]。

第2に、ラオスには物権、債権・債務、不当利得、不法行為等、基本的な法概念に関しても、法律用語が確定していない中で、物権と債権の区別を民法典に導入すべきかどうかが議論された。その際には、①将来建設予定のコンドミニウムの売買（ラオスではすでに実務が先行しているとのことである）、②他人物売買、③二重売買等の問題の法的処理を例に挙げ、物権と債権を区別することの必要性や意義について、意見交換が行われた。

第3に、このことと密接に関連する問題として、ラオスの旧民法典が採用していたインスティトゥティオネス体系とパンデクテン体系との相違やラオス民法典のあるべきスタイルについて、意見が述べられた。ラオスでは総則的規定を置くことへの志向が、比較的強く示された。

第4に、隣国のタイのように民法・商法統一法典を編纂することの当否につ

いても議論された。議論の中では、商人、商事契約、会社、運送、保険、仲介といった法概念が未成熟であることもあり、まずはこれらについて商法典を編纂し、知識を深め、理解を定着させたうえで、将来改めて検討すべきであるとの主張が、比較的多くの支持を集めた。

民法起草開始会議は、最後に、ケット副大臣が、ASEAN の中でのラオスの位置づけも考慮に入れ、ラオスに必要で、かつ相応しい民法典はいかにあるべきかを考える時期に至っており、今や「決断が必要である」ことを強調して、閉幕した[30]。

(2) 民法典の構成

民法典起草開始会議に引き続き、2012 年 6 月 12 日～14 日、民法典の構成について議論が行われた[31]。第 1 日目の冒頭、SC メンバーでもあるケット副大臣は、民法典起草開始会議によるキック・オフを受け、2015 年 6 月の法案完成を目指して、民法典起草のための実際の作業に入ることを宣言した。その際、ラオスに相応しく、かつ国際的動向にも合致したものとして、民法典の適正な規模を探ること、長期的な視点をもちつつ、ひとまず「少なくとも 10 年は〔実際に〕使えるものにする」という意向を述べたことが、後に述べる「進化する法システム」と法典編纂の役割という観点から、興味深く感じられた。

また、第 2 日目・3 日目の議長を務めたダヴォン・ヴァンヴィチット国会法律委員会委員長は[32]、民法は多くの領域をカバーしなければならないために、社会において必要で、紛争が起きている部分を優先的に立法したが、ラオスの社会・経済の発展は予想以上に早かったと語った。そして、今や他国の民法を参考にしないわけにはゆかないが、そうした国々の経験から学びつつ、やはり民法はその国の社会・経済に合致したものでなければならないことを強調した。

その後、民法典の構成について、様々な意見交換が行われた。その主要な論点は、以下のとおりである。

第 1 に、「総則」が最初に置かれるべきことが確認された。その際には、既存のラオス法の多くが、最初に総則を置いていることが言及された。もっとも、総則に編入すべき内容に関しては、民法の目的、一般原則、時効のほかに、自然人・法人に関する規定をも総則に編入すべきか（「ヘビーな総則」）、それらを独立の編とすべきか（「ライトな総則」）が議論された。結果的に、この時点では、

後者の「ライトな総則」が比較的多くの支持を得た。

　第2に、物権と債権の区別に関わる問題として、所有権を中心とする財産権の編と契約を中心とする債権・債務の編を別個にすべきか否かが議論された。ダヴォン委員長は、「債権の中に所有権を一緒に入れてしまうことも可能ではないか」という選択肢も示唆したが、WGのメンバーの多くが、別個の編とすることを支持し、ダヴォン委員長も同意した[33]。その際、所有権が先か、債権が先かも議論されたが、まず所有権があって、次にそれが人の意思、その他によって移転すると考えるのが筋であるから、財産編、契約編の順とすべきであるとの見解が多くの支持を得た。

　第3に、家族法について、親族法と相続法は編を分けることが支持を得たが、両者を続けて規定すべきか、別個の場所に置くべきか——例えば、親族法は総則、人の形態（自然人、法人）の後に続けて置く一方、相続法は所有権移転に関して規定する財産編の後、または債権・債務に関して規定する編も含め、財産（所有権、債権・債務、担保を含む）に関する法の最後に置く等——、意見が分かれた。

　こうした議論の末に、2012年6月14日段階では、ラオス民法典の構成について、以下のような暫定的な取りまとめが行われた。

第Ⅰ編　総則
　第1章　基本原則、第2章　時間の計算、第3章　時効
第Ⅱ編　人の形態
　第1章　自然人、第2章　法人
第Ⅲ編　家族
　第1章　総則、第2章　婚約、婚姻の申込みと婚姻および夫婦、第3章　父、母、子の権利と責務、第4章　親族および扶養、第5章　外国人、長期在留外国人、無国籍者、外国に居住するラオス人への家族法の適用
第Ⅳ編　財物と所有権
　第1章　総則、第2章　財物、第3章　所有権、第4章　土地に係る権利、第5章　財物の占有
第Ⅴ編　契約による債務
　第1章　一般原則、第2章　契約の締結、第3章　無効契約[34]、第4章　契約

の履行、第 5 章　契約の不履行、第 6 章　契約の履行確保、第 7 章　契約の変更・解除・終了、第 8 章　契約の種類

第Ⅵ編　契約の履行・債権の担保

　第 1 章　一般原則、第 2 章　契約による担保、第 3 章　法律による担保

第Ⅶ編　契約以外の債務

　第 1 章　一般原則、第 2 章　自分の行為、自己の管理下の他人、動物、物から生じる責任、第 3 章　事務管理、第 4 章　不当利得

第Ⅷ編　遺産相続

　第 1 章　総則、第 2 章　法律による相続、第 3 章　遺言による相続、第 4 章　遺産相続の受理と放棄、第 5 章　遺産の管理と相続人の責務

第Ⅸ編　最終編

この編別構成は、民法典起草開始会議における暫定的な取りまとめであり、確定的なものではなく、その後の起草作業における変更が予定されている。その後、民法典の起草作業を進めるためのメタ・ルールの必要性が議論され、それに関する申合せが策定されている[*35]。

(3)　民法典編纂作業の現状と展望

その後、WG の作業が進められ、現行法をベースにしながら、①存置すべき規定、②内容の改正を要する規定、③新たに加えるべき規定、④規定の位置関係の調整等を中心に、起草および審議が続けられている。また、⑤民法典の編別構成についても、さらに変更の要否が検討されている[*36]。

現時点では、2014 年 12 月までに草案を完成させ、2015 年に法案を国会に提出することを目標にして、作業を進めている。

Ⅲ　ネパールにおける民法典編纂

1　政治・経済・社会状況

ネパールは、約 14.7 万 km^2（201 カ国中 92 番目）の国土面積に、約 2,747 万人（2012 年。185 か国中 46 番目）の人口を擁する国家である。国土はタライ（インドと国境を接する南部の亜熱帯平野。標高約 60 〜 300m）、パハール（山地部。標高約 300 〜 2,500m）、ヒマール（中国と国境を接する北部のヒマラヤ山麓のチベット文化圏。標高約 2,500 〜 8,000m）と変化に富む地形であり[*37]、人口密度のばら

つきも大きい。約60の民族が存在し、30以上の言語がある多民族・多文化国家で、ネパール語を母語とする人口は約半数にすぎない。宗教的には、タライおよびパハールではヒンドゥー教が、ヒマールではチベット仏教が広まっているが、後者にはヒンドゥーの要素も融合している。伝統的にパハールのヒンドゥー教住民がネパール王国をつくり、政治・経済を支配してきた。全般的にヒンドゥーの文化が社会に深く浸透しているために、カースト制度が存続している。民族・カースト問題は、とくに人口・産業が集中するタライ地域で深刻で、治安悪化・政治的不安定の原因になっている[*38]。

ジニ係数は1995／1996年度の約0.34％から、2003／2004年度の約0.41％に上昇し、不平等は拡大傾向にある[*39]。また、男女間格差も大きく、識字率は男性約65％、女性約45％で、ダリット（不可触民）の女性は9％とさらに低い。平均余命は男性約61歳、女性約62歳であるが、ダリットの女性は42歳と極端に短い。妊産婦死亡率は539／10万人で（日本では同73／10万人。2002年）、女性の財産所有（土地・家・家畜等）は約1％である[*40]。

政治的には、王制政府と反政府組織マオイスト軍との11年に及ぶ人民戦争の末、2006年11月に包括的和平合意に至り、和平プロセスが始まった。2008年4月に制憲議会選挙が行われ、同年5月の制憲議会の初会合で、連邦民主共和制の国家体制をとることが採択されたため、約240年間続いた王政は廃止された。しかし、約25の政党が林立し、①マオイスト（ネパール共産党毛沢東主義派：CPN-M。当時最大政党ながら野党）、②ネパール共産党統一マルクス・レーニン主義派（CPN-UML）、③ネパール会議派（NC）（②と③が連立与党を形成）の間の確執が激しく、制憲議会開会後も、憲法制定、国会・地方議会の発足には至らなかった。こうした政党を中心とするネポティズム（縁故主義）がネパールの政治・経済・社会の特色となり、政党による行政、司法への介入も多く、統治機構は弱体化している。

中央政府は、首相が委員長を務める国家計画委員会が開発全般の立案・調整の責任を担い、それを実施するために26の省を設けた。地方には75の郡（District Development Committee: DDC）が設けられ、その中に58市（Municipality）および3,915カ村（Village Development Committee: VDC）がある。市・村は基礎自治体で、村には全国一律9つの区（Ward）が、市には9以上の区があり、

市・村の補助単位となっている。各地方政府は、中央（地方開発省）から派遣された事務官（その人数は、各地方政府の歳入規模に応じる）および各地方政府が採用する地方公務員によって運営されている。ただし、中央から派遣されるVDCの事務官は、人口差（山岳諸郡では2,000〜3,500人程度、丘陵諸郡では4,000〜6,000人程度、タライ諸郡の1万〜2万人程度と地域格差が大きい）にもかかわらず、全国一律1名で、予算不足から追加の事務官も採用できず、行政サービスは渋滞気味である。

ヒンドゥーの伝統の中で、支配層に対して極端に不利な状況に置かれていた人々は、王政の廃止により、「権利」意識を刺激され、権益・利権争いの状態に陥っている。そうした中で欧米ドナーの強調する「人権」や「民主化」が極めて表面的に理解され、権利意識に付随するはずの義務ならびに責任、および公共の利益（公共の福祉）との調整の面が切り落とされ、一面的な利己的利益の主張およびその自由が人権や民主化と取り違えられている感もある。

経済的には、農業がGDPの32.1％を占めるが[41]、農業部門の生産性の低さは否めず、とくに灌漑サービスの不足が深刻である。他方で、海外労働者からの送金がGDPの21.8％（2008／2009年度）を占めるが、投資先が乏しく、海外送金の資金はカトマンズ、ジャナカプール等の都市の不動産に投資され、不動産価格のみが農業・製造業等の実体経済の成長率とはアンバランスな形で、バブル気味に騰貴している。すなわち、実体経済の成長がない中で、他に投資先が見込めない資金が不動産に流れ込み、都市では建設ラッシュがみられる。これに伴い、カトマンズ等の大都市では家賃が急騰し、それに見合った収入増のない借家人の家計を直撃している。これに対し、政府は金利面で優遇した特別国債の発行を検討している。

一方、良質で安定、安価な電力供給の不足、道路等の運輸網の未整備、灌漑設備の整備の遅れ等、経済インフラの未整備のためにビジネス・コストが高く、インフラ・サービスの質は134カ国中130位である[42]。例えば、コンテナ輸出に要する費用（2008年）は、インド945ドル、パキスタン611ドルに対し、ネパールは1,764ドルと破格に高い。同じく輸入に要する費用は、インド960ドル、パキスタン680ドルに対し、ネパールは1,900ドルであり、決定的な競争力不足が否めない。これは、海外からの投資にも悪影響を与えていると考えら

れる。海外からの直接投資（2008／2009 年度までの累積額）は、インドからが 43.7％（214 億ルピー）と圧倒的に多く、ついで中国 10.5％、アメリカ 9.9％、韓国 8.3％、日本 2.3％（11 億ルピー）の順である。経済インフラの整備面では、政府開発支出の増大が必要である。

2 法整備の経緯と現状

(1) ネパールの法体系

ネパールはコモン・ローおよびシビル・ローの両要素を含む、独特なハイブリッドの法体系をもつ。コモン・ローの要素は、判例の法源性の承認、裁判のスタイル等に表れている。これは、①個別制定法がインド法の影響を少なからず受けているほか、②学位取得を目指す多くの留学生がインドで法律を学び、コモン・ロー的な思考方法が法学界や法実務にも浸透していること、③大学における法学教育の教材としても、インドのケースブック等が多用され、書店でも販売されていること等に起因するものと考えられる[*43]。

一方、制定法の比重も高いだけでなく[*44]、ナポレオン法典のシビル・ロー・スタイルの影響を受けた包括的法典（後述(2)の「ムルキ・アイン」）が制定されており、基本法典を法秩序の根幹に据えるという志向をもつことが看過できない。その理由を探求すること自体が、「法典論」の観点からは興味深い題材であるということができる。それは、ネパールが民族も言語も宗教も身分階層も極めて多様な多民族からなる国家であることと深く関係していると考えられる[*45]。

(2) ムルキ・アイン

ネパールの法律の基礎は、1854 年 1 月 5 日、当時の首相のジャン・バハドゥール・ラーナが中心になって編纂した「ムルキ・アイン（Muluki Ain）」（国の法）が現行法として存続している[*46]。それは、民法・民事訴訟法・刑法・刑事訴訟法を含み、維持すべき伝統を尊重しながら、近代化し、国際標準に合わせるために、分割・改正が繰り返されてきた。

ムルキ・アインは、独特な体系をもっている。すなわち、第Ⅰ部（基礎的事項について）に続き、第Ⅱ部は、裁判手続（第 1 章）と刑罰（第 2 章）から始まっている。これは、ムルキ・アインが基本的に訴権体系をとっており、実体法と手続法が明確に分離されていないことを示している。そこでは、訴訟手続、

文書、証言、その他の方法による証明方法に関するルールがまずは定められている。また、民事と刑事両方の規定が入っている点にも特色がある。ムルキ・アインは、全体が、前文および第Ⅰ部～第Ⅴ部によって構成されている。

第Ⅰ部　基礎的事項について
　本法の名称、施行日、「ネパール」・「法」・「事務所」・「主たる事務所」・「訴訟」の定義、他の法律との関係（4カ条）

第Ⅱ部
　第1章　裁判手続（民事訴訟に関する。226カ条）、第2章　刑罰（刑事訴訟に関する。61カ条）

第Ⅲ部
　第1章　文書の審査（17カ条）、第2章　保証（12カ条）、第3章　無主物（4カ条）、第4章　賃金（5カ条）、第5章　困窮者（10カ条）、第6章　遺失物としての四足動物（7カ条）、第7章　信託（Guthi）（16カ条）、第8章　土地の耕作（14カ条）、第9章　占有剥奪（Jagga Pajani）（17カ条）、第10章　土地の不法侵害（18カ条）、第11章　建物の建築（11カ条）、第12章　夫および妻（6カ条）、第13章　財産分割（35カ条）、第14章　女性の持分および財産（8カ条）、第15章　養子（13カ条）、第16章　相続（20カ条）、第17章　一般取引（消費貸借等。40カ条）、第18章　寄託（2000年契約法によって廃止）、第19章　寄附および贈与（5カ条）、第20章　破産（21カ条）、第21章　不動産譲渡証書の登録（44カ条）、第22章　支払不履行（12カ条）

第Ⅳ部
　第1章　偽造文書（18カ条）、第2章　略奪行為（7カ条）、第3章　詐欺（8カ条）、第4章　窃盗（29カ条）、第5章　放火（12カ条）、第6章　偽造（24カ条）、第7章　四足動物（の殺生等）（19カ条）、第8章　違法な拘留（7カ条）、第8A章　誘拐および人質（13カ条）、第9章　暴行（27カ条）、第10章　殺人（33カ条）、第11章　人身売買（5カ条）、第12章　医療（10カ条）、第13章　性交の意思（セクシャル・ハラスメント）（6カ条）、第14章　強姦（11カ条）、第15章　近親相姦（12カ条）、第16章　獣姦（5カ条）、第17章　婚姻（11カ条）、第18章　姦通（6カ条）、第19章　礼儀（12カ条）

第Ⅴ部
　（法律の）廃止に関する規定（2カ条）

ムルキ・アインは、制定後にそれ自体が何度も部分改正を経ているほか、特別法の制定により、置換または補充されている部分も多い。また、規定間の重複・矛盾、関連規定の配置方法の一貫性の欠如等、体系性に問題を残している。また、一文が長く、読みやすい文章とはいえない。その結果、国家法としての利便性および司法アクセスの増進の観点から、改善の余地が大きいといえる。

　このような事情を背景にして、ネパールに対しては、国連開発計画（UNDP）、世界銀行、日本政府等により、法整備支援が行われてきた。

(3)　**国際協力の一環としての法整備支援**

　ネパールは、中国とインドという大国の間に位置するとともに、アジアとヨーロッパの接点として、地政学的に重要な国とみられており、中国・韓国・インドによる投資が顕著に増大している。国際開発援助では、かつて1位だった日本が6位に後退する一方で、イギリスが徐々に援助額を伸ばし、今やトップ・ドナーとなっている[47]。

　ネパール政府は、①政治的・社会的安定、②経済成長、③経済成長に伴う負の効果を抑制するための格差是正に向けた政策を同時並行的に進めることが求められており、ドナーはこのマルチな取組みを支援すべきである。とりわけ、各政党間でのゼロサム・ゲーム的な権益争いを見直し、経済成長によって全体のパイを大きくすることにより、融和的な解決策を見出すことができる方向へと政策転換を促す必要がある。この認識は、JICAのネパール支援の基本方針（JICA『ネパール国　JICA国別分析ペーパー』（2010年9月）。なお、外務省『対ネパール国別援助方針』（2012年4月）も参照）にも反映されている。すなわち、JICAの対ネパール開発（援助）目的は、「『成長を通じた国づくり』を基本的方針とし、『民主的な国・社会の仕組み作り、格差是正に配慮した持続可能な経済成長の達成を通じ、（国民が将来に希望を見出せる）持続的で尊厳のある社会の形成及び安定した国づくりを実現する』と表現できる」とされている。JICAの対ネパール開発援助の重点分野としては、①安定した経済成長を導き出す環境整備[48]、②民主的な国・社会の仕組みづくり[49]、③経済成長の過程で生じる格差是正という大枠の中から[50]、さらに絞り込んで援助重点分野を明確にすることが試みられている。

　また、「ネパールの社会と伝統に調和したガバナンス／国家統治機能の改善

を支援することが必要」であり、その観点から、日本の経済発展の経験も踏まえ、「わが国独自のガバナンス面での協力を行うことが可能」であり、この観点から、「ネパールが一定程度の経済水準に至るまでの間は、国際基準のガバナンスに在らずとも、その途上にあればこれを容認しながら開発を進めることも重要」とみられている。これに関連して、「『民主化』や『人権』などの欧米起源の概念を、ネパールの社会に拙速に導入することによって、すでに、一部政治的・社会的混乱が生じている。わが国は、……ネパールの社会・伝統に配慮したガバナンスの改善をめざす」ことも留意事項とされている。こうした動的方向性の観点からの漸次的でバランスに配慮したアプローチは、法と開発の理論面からの裏付けも有益である。ネパールの「誇りと尊厳」をもった持続的な社会発展のための支援が必要である。さらに、人々の「マナー・行動様式の問題も含めて、人々が豊かになるプロセスを徐々に時間をかけて（世代単位で）、言い方を変えれば長期的な戦略をもって改善」を促すべきことも、確認されている。ネパールに対する法整備支援は、こうした開発支援戦略の一環として位置づけることができる。

3　民法典編纂
(1)　民法典編纂事業の開始

ネパールに対する法整備支援は、2009年2月に協力準備調査を行い、同年3月に日本側のアドバイザリー・グループ（以下、AGという）を立ち上げた。2009年4月、ネパール側のタスク・フォース（以下、TFという）が立ち上げられ、第1回AG会議が同年6月30日に行われた。その後、TFが作成した民法草案に対し、AGが逐条コメントを付し、これをたたき台にして、本邦研修、現地セミナー、テレビ会議を繰り返し、2010年中には民法の最終草案が作成された。最終草案に対し、ネパール側（司法省）が若干の必要な修正を施し、民法典法案は2011年1月に内閣に提出され、同年2月に制憲議会に提出された。その後、同法案については、制憲議会において全般的な説明と質疑が行われ、各党のコメント等も作成されたが、専門委員会での本格的な審議に入ることはなかったようである。その後、2012年5月28日に制憲議会が期限切れで解散（ないし消滅）となり、民法典案に対する実質的な審議は行われないまま

となっていた。

　しかし、来るべき議会での審議、民法典に関する国民的議論の誘発、民法の普及に備え、引き続き民法典草案に対する逐条解説書の作成を目指して、ネパールと日本の協力が始まった。日本側では引き続き AG が担当する一方、ネパール側ではステアリング・コミティーの設立と逐条解説の原案作成のためのコンサルタントの委託が行われた。その後、ネパール側が作成した逐条解説案に対する AG のコメントをたたき台にして、本邦研修、現地セミナー、テレビ会議による検討が行われ、2013 年 5 月 7 日、同法案の全条文に対する逐条解説書の原案作成作業がひとまず終了した。

　ネパールでは、制憲議会が解散（消滅）した後、再選挙を経て、いまだに憲法制定の途上にある。しかし、そういう政治的な混乱状況にある時だからこそ、市民社会の憲法といえる民法典の議論を着々と進め、民法典草案とそのコンセプトを広く社会に公開し、公論を誘発することに大きな意義があるともいえる。それにより、やや政治に偏った国民的関心事を、より身近にある日々の関心事へ漸次的に転換し、それを通じて、本来国民の日々の生活を支えるものとしての政治のあり方を再考する契機が育まれることが望まれる。憲法論議が膠着する一方で、民法典の編纂準備を進める意味がここにある。

(2) 民法典法案の構成

　前述したようなムルキ・アインの体系性の欠如に加え、ネパールにおける経済・社会の変容に従い、特別法や補充法に当たる個別制定法も増加し[51]、ムルキ・アインそのものを見直そうという、再法典化の動きが現れるようになった。UNDP の支援による準備作業、日本の法整備支援による起草作業を経て作成されたネパール民法典草案は、以下のように、第Ⅰ部～第Ⅵ部の構成・内容（全751 か条）からなっている[52]。

　第Ⅰ部　序文
　　第 1 章　前文、第 2 章　民法の一般原則、第 3 章　市民の権利に関する規定
　第Ⅱ部　人に関する法
　　第 1 章　自然人に関する規定、第 2 章　法人に関する規定、第 3 章　自然人の破産に関する規定

第Ⅲ部　家族法
　　第1章　婚姻に関する規定、第2章　婚姻の効果に関する規定、第3章　離婚に関する規定、第4章　親子関係に関する規定、第5章　親権に関する規定、第6章　後見に関する規定、第7章　保佐に関する規定、第8章　養子に関する規定、第9章　国際養子に関する規定、第10章　共有財産の分割に関する規定、第11章　遺言に関する規定、第12章　相続に関する規定
第Ⅳ部　財産法
　　第1章　財産に関する一般規定、第2章　所有および占有に関する規定、第3章　財産の利用に関する規定、第4章　土地の耕作、利用および登記に関する規定、第5章　国有財産、公有財産および共同体財産に関する規定、第6章　信託に関する規定、第7章　用益権に関する規定、第8章　地役権に関する規定、第9章　建物賃貸借に関する規定、第10章　寄付および贈与に関する規定、第11章　財産の移転および取得に関する規定、第12章　不動産の譲渡抵当に関する規定、第13章　不動産の先買権に関する規定、第14章　不動産譲渡証書の登録、第15章　一般取引に関する規定
第Ⅴ部　契約および債務に関する法
　　第1章　債務に関する一般規定、第2章　契約の成立に関する規定、第3章　契約の有効性、第4章　契約の履行に関する規定、第5章　契約違反および救済に関する規定、第6章　物品売買契約に関する規定、第7章　保証契約に関する規定、第8章　寄託契約に関する規定、第9章　担保または預託契約に関する規定、第10章　代理による契約に関する規定、第11章　貨物運送に関する契約、第12章　賃貸借契約に関する規定、第13章　分割払契約に関する規定、第14章　賃金の支払に関する規定、第15章　間接的契約または準契約に関する規定、第16章　不当利得に関する規定、第17章　不法行為に関する規定、第18章　欠陥製品に対する責任に関する規定
第Ⅵ部　国際私法に関する規定

　筆者は、2010年民法典草案の作成作業の全プロセスに日本側の AG を代表して参画した。そこにおける具体的な議論の内容は別の機会に取りまとめることとし、ここでは全体構成に関してのみコメントを加えるにとどめる。ネパールにとって初めての民法典の起草に際し、全体構成をどうすべきかについては、熱心な議論の対象となった。筆者は、各国民法典の構成、その比較、メリット、デメリット等について情報提供を行い、ネパール側 TF と議論を繰り返した。

その際に最も印象的であったことの1つは、家族法の重視であった。ネパールでは、現時点でも、家族の法律関係、家族の財産を重視し、取引安全よりも重きを置いているように見受けられる。その典型例が、家族の財産の処分に対する親族取戻権である[53]。そうした中で、民法典の全般的な編別構成における最重要論点の1つである家族法の位置づけに関しては、第Ⅰ部、第Ⅱ部に続き、第Ⅲ部に家族法（親族法、相続法）を置き、次いで、いわゆる財産法（第Ⅳ部、第Ⅴ部）を置くという編別構成については、広く合意が得られた。これは、パンデクテン体系の1つの特色である財産法→家族法という編別構成をあえて採用しなかったことを意味する[54]。ちなみに、日本民法典の編纂に際しても、総則に次いで親族法を置くべきであるとの起草者（梅謙次郎）の再三の主張は、遂に容れられることがなかったことと対照的である[55]。このことは、民法典が経済・社会の変容に伴って進化しうるものであることを再認識させる。

(3) 民法典編纂作業の現在と展望

　憲法が成立しないまま、暫定憲法の規定（合計4回、2年間の延長決議を含む）に従い、制憲議会議員の任期は2012年5月28日に満了した。立法府の消滅という事態に直面したネパールでは、その法理上および実際上の問題の収拾がつかないまま、善後策をめぐって政治的混乱が続いた。2013年2月18日、キル・ラジュ・レグミ最高裁判所長官を首相とする暫定内閣（閣僚評議会）が成立し、2013年11月19日、ようやく制憲議会（小選挙区240議席、比例選挙区335議席、選挙後に発足する内閣が指名する26議席、合計601議席）の第2回目の選挙が実施された。その結果、大方の予想に反し、第1党であったネパール統一共産党毛沢東主義派（UCPN-M：マオイスト）が大敗した。小選挙区（240議席）では、UCPN-Mは第3党（26議席。制憲議会消滅前は120議席）に転落し[56]、ネパール会議派（NC）が第1党（105議席）、ネパール共産党統一マルクス・レーニン主義派（CPN-UML）が第2党（91議席）、となり、それ以外はその他の少数政党等（18議席）という結果となった。一方、比例区（全305議席）では、CPN-UMLが27.28％、NCが26.31％、UCPN-Mが16.66％、その他少数政党等が29.65％を獲得した。

　今後は、選挙結果の確定、制憲議会の発足を受け、新制憲議会で改めて民法典法案の審議が行われることになるであろう。もっとも、前制憲議会に提出さ

れた法案は、制憲議会の消滅に伴って効力を失っているとすれば、内閣が改めて法案を提出する必要がある。その際には、すでに提出された法案がさらに修正されることも予想される。

Ⅳ　おわりに——進化する法システムと法典編纂

　法典編纂は、技術的、社会的、政治的に多様な理由をもつ[*57]。すなわち、——

　(i)　法典編纂による法秩序の体系性の追求は、立法や解釈や正義をめぐる議論を活性化し、法的論理を洗練させ、法の内容を合理化することに通じ、法律学を涵養する契機になりうる。また、法典は、体系的な法秩序の中核として、個々の制定法間の整合性やあるべき法の欠缺を見出すための基準となりうる。

　(ii)　法典は、法律家のみならず、国民や外国人にとっても、よりアクセスしやすい法源として、その国の法律を知るための有力な手がかりの1つになる。

　(iii)　法典編纂は、比較的短期間のうちに技術的・専門的に行われる個別法の制定に比べれば、国家の一大事業として、より多くの国民の関心を集め、より多くの国民を何らかの形で動員することが可能であり、そうしたプロセスを通じて理解と普及の機会を創出することができる。

　(iv)　法典編纂は、民族的・宗教的・歴史的・地理的等の理由で分断された国内の統一の契機となる。また、国家統一の象徴として、国民意識の涵養に寄与しうる。

　(v)　法典は、養成途上の裁判官、その他の法律家に法的判断の指針を与え、判断の逸脱や濫用を制約するための有力な手段となりうる。

　(vi)　法典は、ある国家における法秩序の構築、統治の確立と一定の質を諸外国ないし国際社会に対しても対外的にアピールする手段となりうる。

　本章で検討対象にしたラオスもネパールも、それぞれ歴史的経緯、地理的・地政的状況、直面する経済・政治・社会の問題状況が大きく異なるにもかかわらず、両国ともに国づくりのプロセスにあっていずれも民法典を中心とする法典編纂に取り組んでいる。しかも、そのスタイルは、①現在の足場である既存の法令ならびに慣習を意識し、尊重しながらも、②近代法典・国際化する標

準・グローバル化する標準（取引法、男女平等、子どもの権利・利益の確保等）との調和を図ろうとしている点で、興味深い共通点を見出すことができる。その結果、民法典は、純粋インスティトゥティオネス体系とも純粋パンデクテン体系ともいえない、独自のハイブリッド型を形成しつつある。

　いずれにせよ、法典編纂が国家の開発目標を達成するための有力な手段の1つであるということは、否定できない。その手段を有効に活用するためには、第1に、法典編纂が終わりのない変化のプロセスにほかならないことを十分に認識する必要がある。それは、いったん法典化（codification）が完了しても、経済・社会の変化や政治的な理由から、新しい判例、特別法、欠缺を補充する法令が生まれ、それらの比重が高くなると脱法典化（decodification）の現象を必然的に生じさせる。そこで、一定の時間が経つと、それらを新たに組み込んだ再法典化（recodification）が求められるようになる。法典編纂はこのようないわば進化サイクルを繰り返さざるをえない運命にある[58]。こうした法システムの進化は、シビル・ロー体系にとどまらず、コモン・ロー体系であれ、その他の法体系であれ、法システムが国家の経済・政治・社会の変化に応じて変容することを免れないという宿命に起因する。この意味で、法システムは絶えず進化すべきものである[59]。法典編纂は、そうした「進化する法システム」のうちの1つのタイプと捉えることができる[60]。もっとも、法典編纂スタイルの法システムも、不断のメンテナンスが必要であるとすれば[61]、法典編纂に際しては、将来のメンテナンスがしやすいものであるかどうかを、その構造と内容の双方に関して、当初から意識しておくことが便宜に資する。

　第2に、法典編纂を有効に活用するためには、それを手段として追求すべき目標は何か、さらにその目標を1つの手段として追求すべき目標は何か、……という目的・手段の連鎖を辿ることにより、戦略目標とそれを実現する政策を明確にする必要がある。この観点からは、法典は開発の戦略を書き込んだ文書（戦略文書）ということができる。それは、安易な政治介入等による規範の不安定を回避し、より長期的な規範の形成と定着を必要とする社会に適しているということができよう。

（松尾　弘）

注

*1 立法の意義一般に関しては、Jeremy BENTHAM, The Theory of Legislation, edited with an Introduction and Notes by C. K. OGDEN, London 1931 参照。
*2 Sten Gagnér, Studien zur Ideengeschichte der Gesetzgebung, Almqvist & Wiksell, Uppsala, 1960 は、歴史現象としての法典編纂の理念史を追究している。
*3 Peter A. J. van den BERG, The Politics of European Codification: A History of the Unification of Law in France, Prussia, the Austrian Monarchy and the Netherlands, Groningen/Amsterdam 2007 は、18 世紀末からのフランス、ドイツ、オーストリア、オランダにおける法典編纂の背景、目的、成果を分析している。
*4 ラオス人民革命党は、外国政府や国際機関からの様々な要請、外国投資を調整しつつ、比較的安定的に開発政策を進めている。
*5 ラオスは、約 15 年間に及ぶ交渉を経て、2012 年 10 月 26 日の WTO 一般理事会で加入議定書が承認された。その後、国内手続を完了して、2013 年 1 月 3 日付けで WTO に批准書を寄託し、その 30 日後の同年 2 月 2 日に 158 番目の正式加盟国となった。
*6 松尾弘「ラオス民法教科書作成支援について― 1. 回顧と展望」ICD NEWS 30 号（2007 年）41 頁注 8、51 頁【表 1】参照。
*7 後述するラオス民法典起草開始会議においては、司法省のシニア官僚から、旧民法典は馴染みのない概念を用い、存在理由が分からない規定を含み、他の法律との間に矛盾もあったことが指摘された。
*8 包括的な民法典の編纂によらず、財産法以下の単行法を成立させた点は、「世銀の支援を介した英米法の影響」であるとされる。金子由芳『ラオスの経済関連法制の現状と協力の焦点』（国際協力事業団国際協力総合研修所・2001 年）11 頁。
*9 以下の情報は、ラオス司法省法律研究所長（当時）ケッサナー・ポンマチャン（Ketsana Phommachanh）氏へのインタビュー調査（2012 年 6 月 13 日）による。
*10 例えば、ハーバード大学ロー・スクールのデイヴィッド・スミス（David Smith）、ニュー・メキシコ大学ロー・スクールのセオドア・パーネル（Theodore Parnell）等が関与した記録が残っている。同資料の閲覧は、小宮由美氏（2004 年当時、法務省法務総合研究所国際協力部教官、JICA 長期専門家）のご配慮による。
*11 司法省で起草を担当した、コーンサワン・サヴァリ（Khoensavanh Savary）氏からの筆者宛回答（2012 年 8 月 1 日）による。
*12 その報告書ドラフトが、ラオス側に手渡されている。
*13 アメリカのアドバイザーの中には、フランク・アッパム（Frank Upham）も含まれていた。
*14 司法省法律普及局次長（当時）チョムカム・ブッパーリワン（Chomkham Bouphalivanh）氏の報告（2004 年 11 月 4 日）による。
*15 フランス法的要素として、契約の原因に関する契約法 5 条・6 条（契約内外債務法 10 条 4 号、14 条）、絶対無効（確定的無効）と相対無効（不確定的無効）に関する契約法 13 条〜 15 条（契約内外債務法 18 条〜 20 条）については、野澤正充「ラオス民法教科書作成支援について― 2. 債権法について」ICD NEWS 30 号（2007）63-64 頁、同「ラオスの契約法と日本民法（債権法）の改正」小野秀誠・滝沢昌彦・小粥太郎・角田美穂子編『民事法の現代的課題 松本恒雄先生還暦記念』（商事法務・2012 年）958-960 頁参照。
*16 金子・前掲注（8）1 頁。
*17 例えば、民事訴訟法に関してオーストラリアのアンドリュー・ウィルソン（Andrew Wilson）が協力した程度である。2003 年以降は日本人の専門家がほとんど唯一の外国人協力者である。

*18　2012年に国会を通過し、その後施行された。
*19　ラオスに対する日本の法整備支援の経緯に関しては、国際協力機構（JICA）・公共政策部『法整備支援に関するプロジェクト研究「法の支配」の実現を目指して―JICAの法整備支援の特色』（JICA、公共 JI 09-015）参照（http://libopac.jica.go.jp/images/report/P0000252222.html（2014年6月30日アクセス））。
*20　2012年6月8日・9日、ラオプラザ・ホテル。
*21　民法典起草グループは、①実際に調査・原案を作成する、比較的若手のメンバーからなるテクニカル・ワーキング・グループ（以下、WGという）と、②草案を確定する、比較的シニアのメンバーからなるスーパーバイザリー委員会（以下、SCという）から構成されている。
*22　WG 1は総則・人の編、WG 2は契約・担保・契約外の債務の編、WG 3は財産権の編、WG 4は家族・相続の編をそれぞれ担当している。日本による民法典起草支援として、現地セミナー（2012年8月27日～30日、2013年2月26日・27日、2013年8月12日～20日）、本邦研修（2013年2月5日～15日、3月5日～15日、2014年2月12日～25日、3月3日～14日）、テレビ会議（2013年7月3日、11月7日、12月16日）、現地でのリトリート会議が行われた。
*23　ジャルーン司法大臣（川村仁（JICA業務調整員）訳）「講演記録」による。
*24　その際、アジア地域では、中国、日本、タイ、ベトナム、カンボジアが民法典を整備していることに言及しており、このことからも周辺国の状況を強く意識していることが窺われる。
*25　その際、ラオスには49もの民族があることが強調された。
*26　加えて、ジャルーン大臣は、今次の民法典起草が、ラオスにおける最初のまとまった法典の起草になること、また、異なる機関に所属する関係者が協力して起草を行うはじめての経験であり、他の法律起草のモデルとなることも、民法典起草の意義として挙げた。
*27　ジャルーン司法大臣／川村訳・前掲注（23）。
*28　②に関し、司法省法律論文集18号（2012年）31-40頁、19号（2013年）42-55頁、①に関し、同20号（2013年）48-52頁、21号（2013年）41-49頁（ラオス語訳）がある。
*29　この点は、この会議に続くワークショップ（2012年6月12日～14日）における議論を経て、民法典への編入方針が固まった。
*30　2012年6月9日、民法典起草開始会議（2日目）。
*31　2012年6月12日～14日、ナパクアン・リゾート（ターラート）。この会議では、SCメンバーであるケット司法省副大臣（6月12日）、ダヴォン・ヴァンヴィチット国会法律委員会委員長（6月13日・14日）が議長を務めた。
*32　ダヴォン委員長は、1990年を起点に制定された、実質的意味における現行ラオス民法の主要部分である財産法、契約法、契約外債務法（2008年に契約内外債務法として統合）等の起草に携わった。
*33　これは、現行法が、物権法に該当する所有権法と債権法に該当する契約内外債務法という形で別個の法律になっていることも影響を与えていると考えられる。
*34　これは、絶対的無効および相対的無効（取消し）を含む。
*35　これは、2013年4月23日～26日の会議（ターラート）で議論された。それによれば、草案は、(i) WGの作業として、①第1次案（Original Draft：担当者案）、②第2次案（Group Draft：グループ案）、③第3次案（Preliminary Draft：全体会議案）とし、これを(ii) SCが確認したうえで、(iii)起草者（ダヴォン国会法律委員会委員長、ケット司法

注

省副大臣を含む9名）の会議で審議して、第1草案とすることが確認された。

*36 例えば、契約各論に当たる契約の種類に関する規定（前記の編別構成では、第Ⅴ編契約による債務・第8章 契約の種類）は、独立した編（第Ⅵ編）とし、そこに各種の契約（売買、交換、ファイナンス・リース、贈与、条件付贈与、買戻特約付売買、委託販売、消費貸借、保証、無尽講、使用貸借、賃貸借、寄託、委任、用役、建築請負、労働、運送、組合、保険、コンセッション）について規定することが検討されている（2013年1月30日検討案）。その具体的な議論の内容については、別稿で論じることにする。

*37 外務省・ネパール連邦民主共和国・基礎データ（http://www.mofa.go.jp/mofaj/area/nepal/data.html（2013年3月1日アクセス））による。

*38 もっとも、カースト制度も、都市化、大学生等の若者世代の交流、選挙における平等扱い等を通じ、徐々にではあるが変容しつつある。

*39 Ministry of Finance, Economic Survey, Fiscal Year 2008/2009. 11年にわたる人民戦争の一因は、不平等に対する国民の不満にあると指摘されている。

*40 Ministry of Finance, *op.cit.* (note 39).

*41 Ministry of Finance, *op.cit.* (note 39).

*42 Global Competitiveness Report 2008/2009.

*43 ネパールの法および法律学の特色に関しては、Yubaraj SANGROULA, Jurisprudense: The Philosophy of Law, Oriental Perspective with Special Reference to Nepal, in Kathmandu School of Law, 2010 参照。また、民事法の現状および立法動向については、南方暁・木原浩之・松尾弘「ネパールにおける現行民事法の現状と今後の立法動向」法務省ICD・調査委託（2013年）（http://www.moj.go.jp/housouken/housouken05_00058.html（2014年6月30日アクセス））参照。

*44 ネパールの現行法リスト（1959年～2005年）は366に達している。

*45 国家統一のプロセスにおける国民統合の象徴としての法典編纂の意義に関しては、本章の前述Ⅰ、後述Ⅳ参照。

*46 ムルキ・アインは、ムルキ＝国、アイン＝法で、「国の法」の意味をもつ。当初はたんに「アイン」と呼ばれていたが、他の法律＝アインが増えてきたことから、1927年以降は「ムルキ・アイン」と呼ばれるようになった。

*47 外務省・ネパール連邦民主共和国・基礎データ（http://www.mofa.go.jp/mofaj/area/nepal/data.html（2013年3月1日アクセス））による。

*48 ①に関しては、「安定した経済成長のためのインフラストラクチャー整備」を援助重点分野とし、電力・道路・水供給・灌漑施設をはじめとしたインフラストラクチャーの復興・改善が喫緊の課題であると認識されている。

*49 ②に関しては、「民主的な国・社会の仕組みづくり」を援助重点分野とし、平和の定着／民主国家への移行、機能する民主的な国家の枠組みづくりが開発課題とされている。

*50 ③に関しては、「農村部の人々の生活改善」を援助重点分野と位置づけ、農業開発を通じた雇用の拡大、所得の向上等による生活水準向上、農村部における地方自治体による行政サービスや教育・保険等の基礎社会サービスの改善が優先課題とされている。

*51 契約法、会社法、子どもに関する法律等々がある。

*52 Government of Nepal, The Bill of Civil Code, Civil Procedure Code and Report, 2010, Ministry of Law and Justice.

*53 ネパールはコミュニティ財産、家族財産等の制度を維持しており、不動産の所有者が当該不動産を譲渡した場合に、当該不動産に対して一定の密接な関係をもつ者による先買権（Hak safa）の制度がある（一般取引、土地の耕作、寄付・贈与、登記に関する

ムルキ・アイン第Ⅲ部・第 8 章、第 17 章、第 19 章、第 21 章等に分散規定)。民法典草案は、これを 1 章に取りまとめ、包括的に規定することを提案している（草案 482 条～490 条)。南方・木原・松尾・前掲注（43）70-71 頁参照。
- *54 パンデクテン体系における家族法の位置づけ、その背景にある社会観（利益社会ないしゲゼルシャフトと共同社会ないしゲマインシャフト）の対立の先鋭化に関しては、前田達明「パンデクテン体系における『家族法』について」同『民法学の展開（民法研究第 2 巻）』（成文堂・2012 年）108-133 頁参照。
- *55 この経緯に関しては、松尾弘『民法の体系〔第 5 版〕―市民法の基礎』（慶應義塾大学出版会・2010 年）16-17 頁参照。
- *56 なお、今回の選挙前、マオイストのうちの強硬派であるモハン・バイディア副委員長の率いるグループ（前議員約 90 名）が離党し、ネパール共産党毛沢東派（CPN-M：バイディア派）を結成し、選挙をボイコットした。
- *57 Rémy CABRILLAC, Les codifications, Paris 2002, pp. 136-181.
- *58 Cabrillac, *op.cit.* (note 57), pp. 67-135.
- *59 法が社会の歴史および地理と相関し、かつその進展に伴って変容するという相関的・動態的な法観念は、モンテスキューの『法の精神』（1748 年）に見出される。現実の立法との関係では、19 世紀初頭のドイツにおける歴史法学派が、法を民族慣習の発展の帰結とみる捉え方を提示した。日本では、19 世紀末の明治期の立法に携わった学者たちにそのような見方が顕著で、「社会の開化度」に応じた法こそ理想に適していると考えていた。民法典の起草者の一人である穂積陳重は、法の形態を「在る法」・「成る法」・「作る法」の 3 つに分類し、途上国たる日本では国民の権利意識も稀薄であることから、政府が「作る法」をひとまず重要視した。しかし、それは社会の進展によって絶えず実際と乖離することから不変ではありえず、それゆえに、動態的にみれば「成る法」を重視し、未完ながら「法律進化論」を提示した。問題は、どのような法システムが社会の進化に敏感に反応しつつ、発展を促しうるかである。判例法をベースとするコモン・ローの体系の方が、柔軟性と安定性に富んでいるとの見方もある。コモン・ロー体系——それは財産権の保護を重視するといわれる——とシビル・ロー体系——それは公共の福祉に基づく財産権の社会的制約を重視するといわれる——は接近する傾向にある。シビル・ローでも判例が実質的法源として無視できない一方、コモン・ローでも制定法の比重が高まっている。その意味で、シビル・ローの体系性とコモン・ローの柔軟性の折衷システムが、進化する法システムとして最も有望であるといえる。その際、法律は社会の変化をフォローして変容する一方で、人々が望んでいることを少し先取りして立法し、社会をリードすることもありうる（男女平等に関する立法等)。
- *60 どのようなシステムを採用すべきかは、国家の開発をリードする政府が、自国の歴史と現状に鑑みて、採否を決定すべきことになる。法典編纂はその有力な選択肢の 1 つといえる。その理由と前提条件を解明することが、法典論の課題である。
- *61 法典においては、一定の原理に基づく体系的なルールの構築を可能にするというメリットと、時代遅れになりがちであるというデメリットとが、表裏一体である。

第11章
「商法典」とは何か
──法典化・脱法典化・再法典化──

I 「商法典」の現在

　六法を開いて、「商法」の目次を見てみよう。

　現在の商法典には、「第1編 総則」、「第2編 商行為」、そして、「第3編 海商」の3つの編がある。

　つぎに、1条から条文を追っていこう。すると、「第1編 総則」と「第2編 商行為」の間の条文が、33条から500条まで大量に削除されていることに気づくだろう。平成18年までここには「第2編 会社」があった。会社法が商法典から抜け出した痕跡が、このように「大きな穴」として残っているのである。

　じつは明治32年にこの商法が出来たとき（明治32年3月9日法律第48号、同年6月16日施行と六法にも書いてある）には、全部で5編あった。すなわち、「第1編 総則」、「第2編 会社」、「第3編 商行為」、「第4編 手形」、「第5編 海商」である。

　時間的順番からいうと、まず、昭和9年に「第4編 手形」が手形法および小切手法の施行にともない削除となった[1]。手形法・小切手法は、それぞれジュネーブ手形法統一条約・小切手法統一条約[2]にもとづくものであり、手形小切手関係についての広範、かつ、まとまった体系をなしていることから、単行法とするのが実際の便宜にかなう[3]とされたのである。

つぎに、会社法（平成17年7月26日法律第86号、平成18年5月1日施行）が制定され、従来、会社に関係する主要な法源であった(イ)商法の「第2編 会社」、(ロ)有限会社法（昭和13年4月5日法律第74号）、(ハ)株式会社の監査等に関する商法の特例に関する法律（商法特例法）（昭和49年4月2日法律第22号）がひとつの法律にとりまとめられた。商法・有限会社法の文語体の文章だけでなく、積み重なる改正によって準用規定や条文の枝番号が著しく多くなり、読みづらくなってしまった難点を解消することが立法の最大のねらいとされた[*4]。これによって、(イ)商法「第2編 会社」は削除、(ロ)有限会社法、および(ハ)商法特例法は廃止となった[*5]。

ついで、「第3編 商行為」の一部として「第10章 保険」が設けられていたものが保険法（平成20年6月6日法律第56号、平成22年4月1日施行）として単行法化された[*6]。経済的機能の共通する保険契約と非営利の共済契約とをひとつの法律に統合することが立法の目的とされたのであるが、そうすると、そもそもあたらしい保険法を、営利を基本とする商法典の中に置くことはできない[*7]。

結局、明治32年当初の商法典の旧第2編と旧第4編が無くなり、かつ、第3編の主要な構成要素であった「保険」の章もまた商法典から姿を消したのである（さらに、現在、「商行為」編および「海商」編の中から運送法を独立させるべく、検討がはじめられている）。

このよう見ると、現在の商法典は、かつての包括的な大法典から、つぎつぎに個別の単行法が分離独立していった残り物にすぎないともいえる。

このように法典が解体され、あるいは、法典の中に置かれるべき規定が法典外で単行法化される傾向を「法典化」(codification) の反対に、「脱法典化」(décodification; decodification; Dekodifikation)[*8] とよぶ。

II　ヨーロッパ大陸法諸国の動向

こうした商法典の「脱法典化」は、日本だけの現象なのであろうか。眼を外国に転じ、商法典の歴史をながめてみることにしよう。やや「長い旅」になるが、どうか我慢しておつきあいいただきたい。というのも、商法典は、各国そ

れぞれに形式や内容について変遷を経てきているのであるが、変遷のありようは、その国が置かれた歴史的・経済的条件によって規定されているからである。

1　フランス

　世界で初めて近代的諸法典を整備したのは、ナポレオン・ボナパルト時代のフランスである。1804年の民法典（Code civil）は「ナポレオン法典」（Code Napoléon）とよばれるように、彼自らが審議に参加し、市民の平等と契約自由、私的所有権の絶対の原理にもとづく近代法典である。

　おなじく私法に属する商法については、ルイ14世治世下の1673年に、宰相コルベールが重商政策の一環として制定した陸上商事王令[*9]および1681年の海上商事王令[*10]を源にして、1807年に商法典（Code de commerce）が編纂された[*11]。この最初のフランス商法典は、「第1編 商一般」（1条～189条）、「第2編 海商」（190条～436条）、「第3編 破産および破産犯罪」（437条～614条）、「第4編 商事裁判権」（615条～648条）の全4編648条より構成され、このうち、第1編の「商一般」が、日本の商法でいえば、商法総則・商行為、会社、手形に関する規定をひととおりカバーしている[*12]（ただし会社法の規定は第3章の18条ないし64条の計46カ条があるにすぎず、株式会社・株式合資会社の規定はごく少数である。また、小切手法は、商法典の外に1865年6月15日法が置かれた[*13]）。

　なぜ商法典は、フランス革命前の旧体制（アンシャン・レジーム）の法律を源にしたのだろうか。そのカギは、商事裁判所（tribunal de commerce）制度の維持にある。商事裁判所とは、商人の仲間から選挙された裁判官が裁く中世以来の裁判制度であり、そこで適用される法といえば身分制の色の濃い商慣習法であった。つまり、商人として経験が豊富で、仲間の信頼の厚い人物が、古くからの仲間内のおきてに従って裁くという、一種のしろうと（非職業的裁判官）による裁判である。革命政府は、商事裁判所制度の民主的側面に着目してこれを存続させ、革命後の混乱で増加した商人破産の後始末を委ねることとした[*14]。したがって、商慣習法を集成したサヴァリー法典が生き延びる条件は整っていたといえる。

　ただし、フランス商法典もまたフランス革命の子である。「フランスでは、すべての人が商業をなす権利を有する」[*15]のであり、商事裁判所の管轄は、か

つてのような「当事者の身分（qualité）ではなく、紛争の基となった事実の性質」によって決せられなければならない*16。そこで、商人身分の法のくびきを脱し、誰しもが自由に行うことができる「商行為」（acte de commerce）、および、その商行為を営業として行う「商人」（commerçant）という2つの法概念を設定し、商事裁判所は、「商行為」および「商人間の取引」に関する紛争を管轄するという仕組みをとった*17。誰でも為すことができる取引のカテゴリーをもとに商人概念を定める開放性から客観主義とよばれる。

ナポレオン率いるフランス軍は欧州大陸を席捲し、その覇権とともに、ナポレオンの諸法典（Codes napoléoniens）──民法典（1804年）、民事訴訟法典（1806年）、商法典（1807年）、治罪法典（1808年）、刑法典（1810年）──が各国に移植されていった。そして、彼の没落後も、各国のナショナリズムの高まりとともにナポレオン法典に範をとった諸法典が欧州に普及していくこととなった*18。私法を民法典、商法典の両法典によって規律する方法が、ヨーロッパ大陸法モデルとなっていったのである。

商法典は、五大法典の中では最も不出来であると酷評されることも、また、産業革命前の「小店主たちの法典」（code de boutiquiers）にすぎないと揶揄されることもあるにせよ*19、伝播した範囲の広さと影響力の大きさは何人も否定できない。ナポレオンは流刑地のセント・ヘレナ島で「余の真の名誉は、四十たびの戦に勝利したことではない。ワーテルローの敗戦はすべての勝利の記憶を消し去るであろう。だが、決して消し去ることができず永遠に残るもの、それはわが民法典である」と語ったというエピソードが知られる*20。民法典の革新性には及ばず、また、ナポレオン自身の関心も薄かったとはいえ*21、もし商法典をこのセリフにつけ加えたとしても何らの違和感もなかったであろう。

しかしさすがに法典が「永遠に残る」ことは難しかった。フランス商法典の脱法典化*22は19世紀の後半から始まる。まず株式会社法（株式合資会社を含む）は、イギリス法の影響で準則主義を採用した1867年7月24日の会社法（Loi du 24 juillet 1867, sur les sociétés）*23の制定以来、1925年の有限会社法をはじめとする重要な単行法令の制定と、多くの改正を経て*24、1966年7月24日の商事会社法（Loi sur les sociétés commerciales）として商法典から独立し、商法典から会社法規が削除された*25。海商法は、傭船契約などの1960年代の一連の単行

法の制定にともない、1969年の時点で、時効に関する2カ条を除いてすべて商法典から削除され、また、破産法も商人破産主義を放棄した1967年7月13日法で全部廃止となった[26]。商事裁判権は、裁判所構成法や民事訴訟法に移され、1988年に商法典にのこったのは商事裁判所の管轄(すでに述べたように商人と商行為概念を基礎とする事物管轄)に関する11カ条にすぎない[27]。

つまり、この時点で、フランス商法典の将来像は、再法典化(recodification)に向かうか、あるいは、さらなる脱法典化(décodification)に進むかの岐路に立っていたのである[28]。

結果的にいえば、2000年9月18日のオルドナンス[29]によって、ナポレオンのいう「永遠の法典」は、復活を遂げた。法的安定性と市民の法へのアクセスを保障することを目的として、脱法典化の進行で複雑になってしまった既存の商事会社法、手形法、破産法、さらに競争法もが商法典に再統合されたのである[30](ただし保険法典[31]、消費者法典、通貨金融法典(小切手法を含む)、運送法典[32]は商法の再法典化には含まれない)。

だが、これは譬えてみれば、別々のいくつかの小皿(小法典)に盛られていた料理(商法法源)を、ひとつの大皿(大法典)に移しかえたようなものである。料理の内容に体系性や統一性があるわけではなく、ほかにも小皿(小法典)がのこっている[33]。そもそも、単に移しかえるだけなら、バーチャルなやり方——インターネットや書物の編集——で十分ともいえる[34]。

スイス、イタリア、オランダのように統一私法典を選択する諸国が台頭するなかで、商事裁判制度を存置したうえで、伝統的な民商法典の区分を前提にしている点でも、結局のところ、再法典化の内実は、保守的(復古的)かつ形式的であることは否定できない[35]。

2 スペイン・ポルトガル・イタリア——南欧諸国

さて、われわれはいったん1807年のフランス商法典の地点に戻るとしよう。その影響はまず西のイベリア半島で花咲いた。1829年のスペイン商法典(Código de comercio)がそれである。フランス商法典の倍に近い、全部で1219条から成った[36]。ただ、スペインでは、フランスに範をとった民法典(Código Civil)はこれより60年も後れることになった。というのも、商人は商取引を

容易かつ安全に行うために、自ずと共通の規則をもとめる傾向をもち、商法典の編纂は容易だったのに対して、当時のスペインは、各地方（旧諸王国）が強固な慣習法に支配されていて、民法典の制定は困難だったからである[37]。現在のスペインでは、イタリア法などの影響をうけた 1885 年の商法典（1886 年施行）が現行法として効力を有しているが[38]、物的会社については、EU 法の動きを反映した 2010 年 7 月 2 日の資本会社法（Ley de Sociedades de Capital）が施行されている[39]。

スペインからさらに西に目を向けると、ポルトガルでは、1833 年に 1860 条をも有する商法典（Código Comercial）が制定された[40]。民法典（Código Civil）は、スペインと同様に商法典に後れること 34 年の 1867 年に成立した[41]（現行法は 1966 年の民法典）。また、1986 年に、524 条より成る商事会社法典（Código das Sociedades Comerciais）が商法典とは別個の法典となった。

世界的影響という意味で重要なのは、これらイベリア半島の両国の商法典が、おりしも彼らの支配からの独立を勝ち取っていった南米の旧植民地諸国の商法典に継受されていったことである。すなわち、ポルトガル商法典は 1850 年のブラジル商法典に、スペイン商法典は、1853 年のペルー商法典、1862 年のアルゼンチン商法典、1865 年のチリ商法典などにそれぞれ継受されていった（植民地独立型の商法典であるが、ロェスレル商法草案でも一応の参考とされた[42]）。

イタリアは 1861 年のサルディーニャ王国による国家統一ののち、1865 年に民法典（Codice civile）と商法典（Codice di commercio）とを制定した。民法典は、もっぱらフランス民法典にならうものであったが、その一方で、商法典は、商事規範の速やかな統一のために、1842 年のサルディーニャ王国の商法典——これもフランス商法典を下敷きにしたもの——の一部に修正をくわえる形で編纂された（この 1865 年商法典は、日本ではフランス語からの重訳で知られ、かつ、ロェスレル商法草案でも参考にされた。明治維新に先んじて、イタリアが国家統一＝法統一を成し遂げた点に明治政府が着目したものと考えられる）。さらに、英独仏からの外資導入によるイタリアの経済発展を背景とし、かつ、ドイツ法の影響をうけて、破産、手形など、時代の要請に応えた信用制度を導入すべく、1882 年の商法典が編纂された（1883 年施行）[43]。

イタリアでは、ファシスモ時代の 1942 年に従来の商法典を廃止し、民法典

のもとに民法・商法のみならず労働法もひとつの法典とした[*44]。特に「第5編 労働（loboro）」の中に、「第5章 会社」、「第6章 協同組合および保険相互会社」、「第7章 匿名組合」を置いたのであるが、これは、企業を国家利益のための生産者ととらえ、企業者の指揮命令を受けて働く従属労働者は生産という共通目的を実現するための「協同者」であるとする、当時のファシスモ共同体イデオロギーにもとづくものである[*45]。

なお、イタリアでは、それ以前に、ジュネーブ手形法統一条約の批准にともなって、1933年に手形法および小切手法が旧商法典から離れ、また、海商法・航空法は1942年の航行法典（Codice della navigazione）としてもともと民法典から分離されている。したがって、これらの点では、統一私法典（企業法典）といえども、商法・企業法源を網羅しているわけではない。

3 オランダ・ベルギー・ルクセンブルグ──独仏国境

オランダ王国は、ナポレオンの支配から1813年に脱した後、ナポレオン法典を修正した1838年の民法典（Burgerlijk Wetboek）および商法典（Wetboek van Koophandel）を制定した。しかし現代オランダは、1992年に統一私法典である民法典（Burgerlijk Wetboek）を編纂し、この民法典で商法全体をカバーしている[*46]。すなわち、会社法は「第2編 法人法」に、手形小切手、保険法が「第7編 各種の契約」に編纂され、さらに、運送法を「第8編 運送法」として体系的に規律している。

ベルギー王国は、1830年にオランダから独立した後も1804年のフランス民法典と1807年の商法典・商事裁判制度を維持し、フランスと共通の法圏に属してきた。ルクセンブルク大公国も同様にフランス法圏にある。ただし、両国とも、再法典化前のフランス商法典とおなじく、会社法および証券取引法関係の規定などが別建てとなっているために、脱法典化が著しい。

4 ドイツ・オーストリア

ドイツ圏でも、隣国フランス商法典の影響をうけて1861年に一般ドイツ商法典（Allgemeines Deutsches Handelsgesetzbuch）を制定した[*47]。「一般」（Allgemeine）とは、ドイツの諸領邦に共通の法という意味であって、制定の主体は、オース

トリアを盟主とするドイツ同盟（Deutscher Bund）である。当時のドイツ圏の政治的な力関係でいえば、神聖ローマ帝国の伝統を受け継ぐ南のオーストリア帝国と、北ドイツで勃興したプロイセン王国が二大強国であった。プロイセンはすでに1833年にオーストリアを除外した関税同盟（Deutscher Zollverein）を結成しており（1848年にドイツ一般手形条例（Allgemeine Deutsche Wechselordnung）を制定）、1866年の普墺戦争に勝利した後、ドイツ同盟を解消して自ら北ドイツ同盟の中心となり、1871年に普仏戦争の勝利を経て、ついにドイツ帝国の建国に至った。

一般ドイツ商法典は、こうしたドイツ統一の過程で生み出された、いわば副産物である。その目的は、地域的な商法の相違を克服し、ドイツの統一市場をつくりだそうとするところにあった[*48]。

全体の構成は、3カ条の総則に続いて「第1編 商身分」（4条〜84条）、「第2編 商事会社」（80条〜249条）、「第3編 匿名組合および共算組合」（250条〜270条）、「第4編 商行為」（271条〜431条）、「第5編 海商」（432条〜911条）の5編911条から成る。フランス商法とは異なり、上記の手形条例および破産法（Konkursordnung）（1877年2月10日）は単行法とされた。したがって、もしフランス商法典を100パーセントの包括的商法典とし、これを尺度にすると、一般ドイツ商法典は、手形法、破産法、商事裁判制度などが欠ける点で、最初から「脱法典化」していたといえなくもない。

他方で、プロイセン＝ドイツでは、民法典は、1810年代の有名なサヴィニー・ティボーの法典論争の結果、歴史派による編纂時期尚早論が勝ちを占め、その実現は、1896年の民法典（Bürgerliches Gesetzbuch）（1900年施行）の編纂をまたなければならなかった。民法典よりも商法典のほうが実際の需要に応じて、いち早く統一された点で、実はフランスを挟んで、西側のスペイン・ポルトガルと、東側のドイツは同じ経緯をたどったこととなる。

しかしながら、一般ドイツ商法典には、純粋な商事規範のほかに、契約法規範も含まれており、その意味では、「商法典」という名の下に民法（Zivilrecht）が一定程度の統一をみたといってもよい。それゆえに、後の民法典編纂時に、一般ドイツ商法典から民法規範を組み替える作業もおこなわれた。レーヴィン・ゴルトシュミットのいうような自然現象的な民法の商化（Kommerzialisierung)[*49] などではなく、近代主権国家の誕生の政治的プロセスから生じた、いわば、外見的な「民法の商化現象」というべきであろう[*50]（日本でもロェスレル商法草案の契約規範が、のちに民法典に編纂されるという「民法の商化現象」が生じた）。

　ドイツの現行商法典（Handelsgesetzbuch）（1897年5月10日、1900年1月1日施行）は、「第1編 商身分」、「第2編 商事会社および匿名組合」、「第3編 商行為」、「第4編 海商」の全905条から成った[*51]。ただし、商法典の制定の当初からその外側に、（イ）企業形態として有限会社法（Gesetz betreffend die Gesellschaften mit beschränkter Haftung）（1892年4月20日）が別個の法律として存在しており[*52]、また、（ロ）1848年の一般ドイツ手形条例（旧手形法）が単行法の形で残った[*53]。加えて、（ハ）保険法については、商法典では、海上保険の規定が置かれるのみで、陸上保険については民法の理論に委ねていたが、1908年に保険契約法（Versicherungsvertragsgesetz）が制定され[*54]、これもまた商法典とは別の単行法となった（現行法は、2007年11月23日法[*55]）。

　ナチス・ドイツの時代には、旧手形法・小切手法に代えて、ジュネーブ手形法・小切手法統一条約にもとづいて、1933年に手形法（Wechselgesetz）および小切手法（Scheckgesetz）が制定され[*56]、また、（ニ）1937年に商法典から株式会社法および株式合資会社法を内容とする株式法（Aktiengesetz）が独立するに至った[*57]。1965年に大改正を受けたものが現行株式法である[*58]。

　こうしてみると、法典のありようとして、商法典とは別個に、手形法・小切手法、株式会社・有限会社法（ドイツでは合名会社・合資会社の規定が商法典に残っており、さらに民法組合がその組織的原型をなす点で意義を有することに注意）、保険契約法が存在する点で、日本はドイツに追随しているようにみえる。日本ではドイツよりも会社法、保険法の単行法化が最近ので・き・ご・と・であるというところが違っているだけである。

　一方のオーストリア帝国では、ナポレオン法典からさして後れず1811年に啓蒙主義的な「一般民法典」（Allgemeines bürgerliches Gesetzbuch）が制定された（1812年施行）[*59]。1871年のプロイセン王国によるドイツ帝国の建国以前には、オーストリアは、プロイセンなどの他のドイツの領邦国家と同じく、1850年に一般ドイツ手形条例を受け入れ、かつ、一般ドイツ商法典を修正して、1862

年に「一般商法典」(Allgemeines Handelsgesetzbuch) を導入していた。

ドイツと袂を分かった後も、商法典の外では、1906年にドイツ法にならった有限会社法、1917年に保険契約法を制定し、1932年にジュネーブ統一手形法を国内法化した。

さらに、第2次世界大戦直前の1938年、オーストリアはナチス・ドイツに併合されたため、1939年にドイツ商法典が一部修正のうえで施行されるなど法律の面でもドイツに呑み込まれる形となり[60]、第2次大戦後、連合国の支配のもとでもドイツ法の適用がつづいた。1955年の国家主権回復時に併合時の手形法を国内法として追認し、1965年にドイツ株式法の大改正と同じタイミングで「株式法」を単行法化して、事実上、ドイツ法と歩みを共にしてきた[61]。2005年には、1998年のドイツ商法典改正の影響もあって、商法典の商人概念に代えて企業者概念を導入し、消費者法もとりいれるなどの大改正を行い、商法典の名称を「企業法典」(Unternehmensgesetzbuch) に変更した（2007年施行）。

5 スイス——統一法典

スイスは、伝統的に連邦に私法の立法権がなく、カントン（自治州）ごとに私法が区々の状態にあった[62]。そこで、国内の私法の統一をはかるために、まず1864年に1861年の一般ドイツ商法典にならった統一商法典の編纂が企てられ[63]、ついで、法統一の範囲を商法のみならず、債務法にも拡大すべく、1874年に憲法を改正して、連邦に「商法および手形法を含んだ債務法」の立法権限を与え[64]、1881年、連邦債務法（Code fédéral des obligations; Bundesgesetz über das Obligationenrecht）（1883年施行）[65]の制定にこぎ着けた。この債務法の中に1861年の一般ドイツ商法典に依拠した[66]会社法などの商事諸規範を組み入れ（1908年の保険契約法は別建とされた）、さらに、1911年3月30日の法律で債務法が民法第5編に編入された（1912年施行）[67]。そのため現在でも、スイスには、商法典という名の法典は存在しない。

このように、スイスの統一法典（code unique[68]）、または、統一システム（unitarisches System）の出発点は、国内の法分裂を克服することにあった。ただ、どこまで法の統一をはかるかという困難な問題については、連邦による中央集権的なやり方で私法の総合的統一を行うか、あるいは、カントンの分権を尊重

し、最小限の法統一で満足するか、という両論が綱引きをした結果、双方から異論のなかった商法の統一に追加する形で債務法も統一し、その他の私法の領域（物権法、家族法など）には手を触れないという政治的妥協がなされた[69]。

　スイスの立法のあり方は、内容的にドイツ法・フランス法を折衷しただけでなく、統一私法典に先鞭をつけた点で、以後の立法に多大な影響をあたえることになった（1926年にトルコがスイス法の翻訳による私法典を制定したことは有名である[70]）。民法典と分ける形で商法典を編纂するナポレオン法典のあり方は、スイス債務法の登場によって歴史的に大きな曲がり角を迎えたといってもよい（近時、ハンガリーでは、スイス、イタリア、オランダにならって、2013年の民法典（Polgári törvénykönyv）に会社法を編入した[71]）。

III　日本の商法典

　いま、われわれは、ヨーロッパを西から東へと旅してきた。すべての大陸法諸国を網羅したわけではないにせよ、ナポレオンのフランス法典の伝統に従って、民法典と商法典とを有する国が依然として多いけれども（フランス、ドイツ、スペイン、ポルトガル）、商法典をもつ国でも、脱法典化が進行しているところがほとんどであり、再法典化をはかった例外はフランスのみである。他方で、商法典を民法典に体系的に吸収して、統一私法典にむかった国も目につくようになってきた（スイス、イタリア、オランダ）。統一私法典は、商法典からみて脱法典化の究極の姿といってもよいであろう。

　では、日本の商法典はどこから来て、どこへ向かうのだろうか。

　日本の商法の起源は、1881年4月から1884年1月にかけてドイツ人学者ヘルマン・ロェスレル（Hermann ROESLER）が起草した商法草案である[72]。原著はドイツ語で書かれているが、形式面では、フランス法典と同様、冒頭に条文の多い「商一般」を置いて、その中に商法総則・会社・商行為・保険・手形小切手を規定し、さらに「海商」と「破産」[73]の全部で3編から成り、内容も、けっして一般ドイツ商法典[74]そのままというわけではなく、ドイツよりも産業革命で先行したフランス、イギリスにおける立法を参酌し[75]、その他世界各国の立法例をも蒐集して[76]、当時の先進国から最良と思われるルールを採用し

て成立したものと考えられる。平たくいえば、「いいとこどり」によって、当時の最尖端をいく混合体（corpus éclectique）[77]を執筆しようとしたのである。

明治日本におけるこのような法典編纂――当時皮肉って「法典製作」といわれた――は、不平等条約の改正の手段という意味合いがつよかった。領事裁判権を撤廃して外国人を日本の司法に服させる（法権回復）条件として、「泰西主義」（Western Principles）に則った近代的法典が必要であった。さもないと、欧米人は、日本の封建的裁判により不当に財産を奪われる危険があると恐れていたからである。実に計算高いことに、ドイツのみならず、不文法国のイギリスすらも大陸法的な法典をもとめてきた。日本が不文法国と成文法国のいずれかを選択する自由は、こうした政治的な事情によって当初より失われたのである（現在の法の適用に関する通則法3条（当初は法例（明治31年6月21日法律第10号）2条）の成文法優先・慣習法劣後の考え方はまさにこの点にもとづく）。

イギリスのように、長い時間をかけて判例を積み上げていき、そこから不文法（コモン・ロー）を醸し出す国では、法典の編纂（codification）といっても、むしろ一定の法分野について既存の判例法、慣習法を文章の形で編集（compilation）することを意味する。例えば、名裁判官として知られるチャルマース（Mackenzie Chalmers）が起草した商事諸法には、「為替手形、小切手および約束手形に関する法を編纂した法律」（1882年）、「海上保険に関する法を編纂した法律」（1906年）のように、その冒頭に「〜に関する法を編纂した法律」（An Act to codify the law relating to....）という文言が附されている。ここには、これらの「法律」（Act）の制定以前に、すでに目に見えない「法」（Law）が存在しており、法律はそれをわかりやすく文書の形に編纂（codify）したもの（codifying act）、つまり、法は経験と慣習から生まれるものであって、けっして法律による製作物ではないのだ、という経験主義的哲学が示されているのである。

しかし、明治日本には、こうした伝統と慣習を重んじた法典編纂の可能性も余裕もあるはずはなかった。封建時代の伝統と商慣習は地方ごとに区々であって統一性がなく、もし仮にいくらかの統一性があったとしても、日本古来の商慣習を編纂した商法典では、「泰西主義」の注文に反した、欧米人に理解しえないものになるだろう。また、近代的慣習の発達を見届けてから法典編纂に取

りかかるのではまさに百年河清を待つに等しい。したがって、明治政府のとりうる方針としては、従来の商慣習には重きをおかず、欧米諸国の法律を参照した外国風の法典を「製作」するほかにありえなかったのである。そして、ロェスレルは要路者の期待以上の働きをした[78]。僅かに2年9カ月で、全部で1133条から成り、注釈を入れて独文で3巻合計1500頁にもなる大草案を仕上げたからである[79]。

　商法草案は、実質的なロェスレルの監修のもとに法律取調委員会（現在の法制審議会の前身）での審議を経て、明治23年4月26日、冒頭に総則（2条）を置き、「第1編 商ノ通則」（3条〜823条）、「第2編 海商」（824条〜977条）、「第3編 破産」（978条〜1064条）からなる「商法」（「旧商法典」[80]とよばれる）として公布された。そして、翌24年1月1日から施行されるはずであった。

　だが、政府の条約改正のためのやむにやまれぬ方針と、ロェスレルおよび法律取調委員の職務熱心の成果は、日本社会との間に商法典論争とよばれる一時の波乱を呼んだ。法典論争といえば、穂積八束の「民法出デヽ忠孝滅フ」に代表される民法典論争が有名であるが、実は、これに先行したのがこの商法典論争である。明治23年末の第1回帝国議会では、議員提出の商法施行延期法案がはげしい応酬の末に可決成立し、すでに施行のスケジュールにのぼっていた商法典の施行が延期されるという事態が生じた。

　だが、さきほどみてきた諸外国とおなじように、主として経済的・実利的な理由から——明治23年の日本最初の経済恐慌（企業倒産）を法的に処理する必要性や、対外的な取引に法的ルールが必要なため——、旧商法典は比較的短期間に修正・施行の軌道に乗ることになった。延期派のうち、実業家たちは、商法典の理解困難と公布から施行までわずかに7カ月という余裕のなさを延期説の根拠のひとつとしていたが、商法典を研究する時間さえあればこの点はもはや問題にはならないはずであり、また、学者で歴史学派にシンパシーを感じていた者[81]にとっては、ドイツでは、1810年代に民法典をめぐる法典論争はあったけれども、それと同程度の商法典論争というものは遂に起こらなかったのであるから、商法について意地を張る必要はさほどなかったといえるだろう。その一方で、いわゆる英米法派が、法典編纂自体に反対ないし漸進論（時期尚早論）を唱えたのは、実利上も、外交政策上もさして問題とされないか、ある

いは自ら修正施行論へと転身していった[82]。

　こうして明治26年7月1日には、旧商法典の40パーセントに相当する会社法・手形法・破産法（および商号・商業帳簿）の部分を修正した法律が施行されることとなった。これがわが国で一般会社法が施行された最初である。この一部施行法と同時に、法典調査会において、梅謙次郎、岡野敬次郎、田部芳の3名により旧商法典の修正案（すなわち新商法典）が起草され、審議が進行していた。だが明治27年7月16日には、治外法権撤廃を内容とする日英通商航海条約の締結に成功し、その発効の条件である5年後の明治32年に諸法典を施行するという条件を満たすために、旧商法典の施行延期法をあえて放置し、旧商法典が明治31年7月1日から翌年6月16日に新商法典が施行されるまでの1年ほどの短期間ではあるが、残り全部の施行をみることになった。こののち、新商法典については、明治、昭和、平成と改正が積み重ねられていき、冒頭にのべた脱法典化が生じていくことになった。

　今後は、債権法改正によって商行為法はその大部分が民法に位置を変え[83]、商法典は、手形法・小切手法、会社法、保険法につづいて、商行為法の多くの規定が運送法、統合型民法債権法へと出て行ってしまった「残滓」となることが予想される[84]。そして、最後には、骨と皮のようになった商法総則・商行為に残存する規定が、なおもフランス商法式の客観主義による「商人」概念と「商行為」概念（商法4条・501条・502条）を前提とすることの是非が問われることになるであろう。両概念を残す選択もあるが、スイス民法典のように、あたらしい商人法主義[85]に進むこともまた十分ありうることである。

　いずれにせよ、債権法に商行為法が融合した統合型債権法と、会社法をはじめとする商事単行法が併存する姿——これが21世紀前半の日本商法なのであろう。

IV　むすびに代えて——法典の行方と商法学のあり方

　商法典の解体傾向は、欧州大陸法諸国ではとっくに進んでおり、日本もその傾向がようやく感得されるようになっただけである。しかし、当然のことながら、商法典の消滅と学問分野としての商法学の存在はまったく別である。会社

法、商取引法といった生活関係別の法分野に分解する傾向が今後いっそう強くなったとしても、なお商法学が独自の学問領域を形成することは大陸法諸国のありようをみれば何ら不思議ではないし、(筆者の単なる偏見かもしれないが)現在までの日本の民法学と商法学との間には——特に商法学の側からは「商法の独自性」の名の下に——堀や塀をへだてるような距離感があり、互いに私法学としての体系性などにさほど意をもちいなくても済んでいた状況が、商行為法の債権法編入によって民商法がクロスし、私法の理論的な統一の配慮にまで進むならば、それはむしろ歓迎すべきことかもしれない[*86]。

また、商法典がどのような運命をたどろうとも、空間のつながり——比較法——と、時間の軸——法制史——を無視しないかぎりは、かつての商法典のありようを度外視するわけにはいかないであろう。この点で、ヨーロッパの会社法史をあつかったある著書の一節[*87]を引用してむすびに代えることとしよう。

「法の統一のために、現行法の比較だけではなく、歴史的な比較法（*Historische Rechtsvergleichung*）もまた有益である。現行法の理解は、実定法の体系的な把握を前提とするのみならず、その時々の法文化の文脈におけるその時々の解釈論の伝統に配慮し、法実務も視野に入れなければならない。……したがって会社法の分野での比較法は単なる条文の比較以上のものでなければならない。それはむしろ伝統の追究でなければならず、それに加えて、現実の法のあり方に対して法規範がどのような社会＝経済的な意義をもつかを適切に把握する試みでなければならないのである。」

（高田　晴仁）

---

*1　手形法は昭和 7 年 7 月 15 日法律第 20 号、小切手法は昭和 8 年 7 月 29 日法律第 57 号。いずれも昭和 9 年 1 月 1 日施行。商法旧「第 4 編　手形」は手形法 80 条・小切手法 64 条により削除。
*2　手形法統一条約は次の 3 つの条約から構成される。
　⑴　為替手形及約束手形に関し統一法を制定する条約（昭和 8 年 12 月 26 日公布条約第 4 号）
　⑵　為替手形及約束手形に関し法律の或牴触を解決する為の条約（同第 5 号）
　⑶　為替手形及約束手形に付ての印紙法に関する条約（同第 6 号）
　　小切手法統一条約も、同様に次の 3 つの条約から構成される。

(1)　小切手に関し統一法を制定する条約（同第7号）
　　(2)　小切手に関し法律の或抵触を解決する為の条約（同第8号）
　　(3)　小切手に付ての印紙法に関する条約（同第9号）
*3　司法省民事局『手形法案説明書』（松華堂・1932年）6頁。加えて、当時の英米、ドイツ、イタリアも単行法主義を採用していたことも影響したであろう。大橋光雄『手形法』（弘文堂・1937年）13頁。なお、田中耕太郎『手形法小切手法概論』（有斐閣・1935年）30頁は、手形行為が絶対的商行為として非商人によってもなされうること、他の商行為に対して特殊性があることも単行法化の理由とする。
*4　相澤哲編『立案担当者による新・会社法の解説』別冊商事法務295号（2006年）2頁。
*5　商法「第2編　会社」は会社整備法64条により、有限会社法、商法特例法は同法1条2号・8号により削除。
*6　商法「第3編　第10章　保険」は保険整備法1条により削除。
*7　萩本修『一問一答　保険法』（商事法務・2009年）10頁。
*8　「非法典化」という訳語もありうるが（滝沢正「フランスにおける商法の非法典化」上智法学論集28巻1＝2＝3号（1980年））、ここでは「脱法典化」とよぶ。
*9　起草者の名をとって「サヴァリー法典」（Code Savary）ともよばれる。Jacques SAVARY, Le Parfait Négociant ou Instruction générale pour ce qui regarde le commerce des marchandises tant de France, que des pays étrangers, Paris 1675, Nachdruck, Düsseldorf 1993.
*10　箱井崇史「1681年フランス海事王令試訳（1）（2）（3完）」早稲田法学81巻4号（2006年）、82巻1号、2号（2007年）。
*11　Code de commerce, édition conforme à l'édition originale de l'imprimerie impériale, à laquelle on à ajouté l'exposé des motifs et une table analytique et raisonnée des matières, Paris 1807.
*12　古くはなったが、フランス商法典全体の注釈書としては、大森忠夫『現代外国法典叢書(19)　仏蘭西商法〔Ⅰ〕商一般（商人、会社、商行為、手形・小切手）』、および、鳥賀陽然良・小野末常『現代外国法典叢書(20)　仏蘭西商法〔Ⅱ〕海商、破産及破産犯罪、商事裁判権』（有斐閣、1957年）が現在でも唯一のものである。
*13　ジュネーブ統一手形法は商法典第1編第8章の改正の形で法典の中に採用されたのに対し、ジュネーブ統一小切手法は、1935年10月30日のデクレによって、1865年6月15日の小切手法を改正する形をとり、従来通り法典外の単行法とされた。旧法の邦訳として、司法省調査課『英米独仏の手形法及小切手法』司法資料150号（1930年）177頁以下。
*14　岩崎稜『戦後日本商法学史所感』（新青出版・1996年）43頁、95頁。
*15　コンセイユ・デタに提出された原案では商法典の第1条であったが、こうした直截的な宣言は非政治的な商法典には相応しくないとして削除された。Procès-verbaux du Conseil d'État, contenant la discussion du projet de Code de commerce, t. 1, Paris 1813, pp. 4-6 ; Exposé des motifs du livre Ier titre I à VII du Code du commerce, présenté au Corps législaftif par REGNAUD, JAUBERT et RÉAL, conseillers d'État, séance du 1er septembre, Code de commerce, op. cit. (note 11), pp. 9-10.
*16　Jean-Guillaume LOCRÉ, Esprit du Code de commerce, t. 8, Paris 1813, pp. 309-310, et t. 1, Paris 1811, pp. 5-7.
*17　岩崎・前掲注（14）42-43頁、94-96頁、松井秀征「商法典と会社法―わが国における商法典のあり方に関する考察・序論」岩原紳作・山下友信・神田秀樹編集代表『会社・金融・法〔上巻〕』（商事法務・2013年）8頁。
*18　Béatrice FOURNIEL, L'influence à l'étranger du Code de commerce français aux XIXe et XXe

siècles : du déclin du droit commercial français à l'émergence d'un droit des affaires francophone, in Corinne SAINT-ALARY-HOUIN (dir.), Qu'en est-il du Code de commerce 200 ans après ? : Etat des lieux et projections, Toulouse 2009, pp. 59 et suiv.

*19　Philippe PÉTEL, Décodification et recodification : un si mauvais code ?, in 1807-2007 Bicentenaire du Code de commerce : La transformation du droit commercial sous l'impulsion de la jurisprudence, Paris 2007, p. 23. 岩崎・前掲注（14）43 頁。

*20　Charles François Tristan DE MONTHOLON, Récits de la captivité de l'Empereur Napoléon à Sainte-Hélène, Paris 1847, t. 1, p. 401.

*21　笹岡愛美「フランスにおける『商法典』」NBL935 号（2010 年）62 頁。

*22　滝沢・前掲注（8）242 頁以下。

*23　史料的邦訳として、森順正校閲＝岡安平九郎訳『仏国商事会社条例』（1888（明治 21）年）がある。ロェスレル草案で斟酌されたフランス会社法は、まさにこの法律であった。

*24　大森・前掲注（12）104 頁以下。

*25　邦訳として、早稲田大学フランス商法研究会編『フランス会社法〔増補版〕』（国際商事法務研究会・1980 年）および同編『注釈フランス会社法』第 1 巻～第 3 巻（成文堂・1976 年・1977 年・1982 年）。

*26　岩崎・前掲注（14）43 頁は、この 1967 年法によって、破産制度＝商事裁判制度＝民商法二分という連関にもとづく商法典の歴史的存在理由は「今日無意味化した」と指摘する。

*27　次注のオプティ論文の初出時（1982 年）には、1807 年のフランス商法典 648 条のうち、効力を有するものが 159 条、うち起草当時の姿をとどめるものは 33 条にすぎなかった。

*28　Bruno OPPETIT, La décodification du droit commercial français, Études offertes à René Rodière, Paris 1982, pp. 197 et suiv., repr. in Essai sur la codification, Paris 1998, pp. 41 et suiv. オプティは、「商法典を民法典から区別するという原則を認めるとして、現行商事立法のすべてではなくとも、その大部分を商法典に統合すべきか、あるいはその反対に、商法典には少数の原則的な規定をとどめておき、制度ごとに単行法を維持すべきか、さらにはまた、最も重要な制度（会社、運送、集団的手続）に関するいくつかの法典を復活することを考えるべきか」と問題提起した。この点、ようやく脱法典化に直面した日本商法典の将来像について、藤田友敬「商法総則・商行為法の現状と未来」NBL935 号（2010 年）7 頁以下参照。

*29　委任立法の形をとったことにつき、笹岡・前掲注（21）66 頁。

*30　笹岡・前掲注（21）65 頁。

*31　武知政芳・今井薫監訳／フランス保険研究会訳『フランス保険法典 I』（生命保険文化研究所・1998 年）、武知政芳・竹濱修監訳／フランス保険研究会訳『フランス保険法典 II』（生命保険文化研究所・1999 年）。

*32　2010 年の運送法典の紹介として、白石智則・日仏法学 27 号（2013 年）126 頁以下（2013 年）。

*33　料理の比喩は筆者（高田）によるが、2000 年の商法典が、法の実質に変更を加えない法典編纂の方法（méthode de codification à droit constant）によるものであることについて、Valérie LSSSERRE-KIESOW, L'esprit du Code de commerce, in Le Code de commerce 1807-2007 Livre du bicentenaire, par Université Panthéon-Assas (Paris II), Paris 2007, p. 31.

*34　笹岡・前掲注（21）68-69 頁。

*35　2000 年の再法典化への辛辣な批判として、Dominique BUREAU et Nicolas MOLFESSIS, Le nouveau Code de commerce ? Une mystification, Recueil Dalloz, Doctrine, 2001, col. pp. 361 et suiv. ; Le bicentenaire d'un fantôme, Le Code de commerce 1807-2007 Livre du bicentenaire, par Université Panthéon-Assas (Paris II), Paris 2007, pp. 61 et suiv.

*36 Código de Comercio, decretado, sancionado y promulgado en 30 de mayo de 1829, Edición oficial, Madrid, reproducción facsimilar, Valladolid, 2004. スペイン商法の内容については、フランス商法のみならず、プロイセン一般国法（Allgemeines Landrecht für die Preußischen Staaten）の影響があったとされる。Peter RAISCH, Die Abgrenzung des Handelsrechts vom Bürgerlichen Recht als Kodifikationsproblem im 19. Jahrhundert, Stuttgart 1962, S. 57. なお 1885 年の商法典については、中川和彦『ラテン・アメリカ商事法』（千倉書房・1973 年）17 頁以下。

*37 Laurent CONVERT, La codification commercial espagnole, Le Code de commerce 1807-2007 Livre du bicentenaire, par Université Panthéon-Assas (Paris II), Paris 2007, p. 787. 現在でも一部の自治州には、王国当時の既得権である民事法を保持、修正、施行する権能が憲法上認められている。日本スペイン法研究会ほか編『スペイン法入門』（嵯峨野書院・2010 年）70-71 頁。

*38 日本スペイン法研究会ほか編・前掲注（37）169 頁。

*39 黒田清彦「スペイン『資本会社法』」国際商事法務 40 巻 9 号～12 号（2012 年）、41 巻 1 号～7 号（2013 年）。

*40 1888 年にはイタリア・スペインの商法改正の影響をうけた改正がなされた。

*41 フランス民法典はもちろん、プロイセン、オーストリア、サルディーニャ（イタリア）の各法の影響を受けた。Código Civil portuguêz, approvada por carta de Lei de 1 julho de 1867, Segunda edição official, Lisboa 1868.

*42 アルゼンチン、チリ、ボリビアの諸法典を参照したという。ヘルマン、リヨースレル「1884 年 1 月 29 日付 商法草案脱稿報告書」2 丁（ロェスレル起稿『商法草案 下巻』（司法省・刊年不詳）の巻末に収録）。

*43 Guido ALPA, Le bicentenaire du Code de commerce et les perspectives du droit commercial, in Bicentenaire du Code de commerce 1807-2007 : Les actes du colloques, Paris 2008, pp. 215-216.

*44 やや古くなったが邦訳として、風間鶴寿『全訳イタリア民法典〔追補版〕』（法律文化社・1977 年）。

*45 大内伸哉『イタリアの労働と法―伝統と改革のハーモニー』（日本労働研究機構・2003 年）7 頁。

*46 アーサー・S・ハートカンプ（平林美紀訳）「オランダ民法典の公布」民法改正研究会（加藤雅信代表）『民法改正と世界の民法典』（信山社・2009 年）381 頁以下。

*47 史料的な邦訳として、山脇玄・今村研介『独逸六法 第五冊 商法』（独逸学協会・1886（明治 19）年）が存在する。内容は、ロェスレルが参照した 1870 年の第 1 次株式改正を反映している。

*48 岩崎・前掲注（14）44 頁、松井・前掲注（17）17 頁。

*49 田中耕太郎『商法学 一般理論』（田中耕太郎著作集 7）（春秋社・1954 年）168 頁以下。

*50 岩崎・前掲（14）45 頁、99 頁。

*51 松木太郎『独逸商法』（有斐閣・1936 年、全訂版 1948 年）。

*52 大隅健一郎『現代外国法典叢書（9）独逸商法〔Ⅳ〕有限会社法』（有斐閣・1956 年）。

*53 旧小切手法は、商法典制定後の 1908 年に単行法として成立した。なお、旧法の邦訳として、司法省調査課・前掲注（13）129 頁以下。

*54 中川正『現代外国法典叢書（9）独逸商法〔Ⅳ〕保険契約法』（有斐閣・1956 年）。
*55 新井修司・金岡京子『ドイツ保険契約法（2008 年 1 月 1 日施行）』（日本損害保険協会・生命保険協会・2008 年）。
*56 大森忠夫『現代外国法典叢書（9）独逸商法〔Ⅳ〕手形法・小切手法』（有斐閣・1956 年）。
*57 大隅健一郎・八木弘・大森忠夫『現代外国法典叢書（8）独逸商法〔Ⅲ〕株式法』（有斐閣・1956 年）。
*58 慶應義塾大学商法研究会訳『西独株式法』（慶應通信・1969 年）、早川勝「1965 年ドイツ株式法の改正と展開」同志社法学 63 巻 6 号（2012 年）165 頁以下。
*59 改正をうけながらも現行法として効力を有している。なお、リヒテンシュタインでは、この一般民法典および一般ドイツ商法典が現行法として通用している（ほかに 1926 年会社法がある）。
*60 第 2 次大戦前にはオーストリアは統一小切手条約を批准しておらず、1938 年のナチス・ドイツへの併合によってドイツ小切手法が施行された。また、同じく併合前は、商法典中に海商編を有しておらず、ドイツ併合後のドイツ商法第 4 編海商の施行によって初めて海商法が導入された。
*61 政治的には独立時の条約で独墺の再度の併合は禁じられているものの、学問的な交流という面では、スイスのドイツ語圏を含めて、極めて活発である。
*62 連邦債務法以前のスイスは、慣習法が支配するカントンと、法典が存在するカントンとに分かれていた。法典といっても、ナポレオン民法典・商法典（ジュネーブ、フリブール）、オーストリア一般民法典・フランス商法典（ベルン）、商事法規範をふくむチューリッヒ私法典（Code civil zurichois; Das privatrechtliche Gesetzbuch für den Kanton Zürich）のように通用する法典は区々であった。なお、チューリッヒ私法典が統一法典編纂に影響をおよぼしたことにつき、Eugen Bucher, Der Weg zu einem einheitlichen Zivilgesetzbuch der Schweiz, in RabelsZ, 2008, S. 669f.
*63 Adrian Staehelin, Der Entwurf eines Schweizerischen Handelsrechts von 1864, in Hans Peter/Emil Wilhelm Stark/Pierre Tercier (Hrsg.), Hundert Jahre Schweizerisches Obligationenrecht, Fribourg 1982, S. 31ff.
*64 K. ツヴァイゲルト／H. ケッツ（大木雅夫訳）『比較法概論・原論 上―私法の領域における』（東京大学出版会・1974 年）313 頁。François Chaudet/Anne Cherpillod/Juan Carlos Landrove, Droit Suisse des affaires, 3 éd, Bâle/Bruxelles/Paris 2010, p. 8.
*65 Urs Fasel, Handels- und obligationenrechtliche Materialien, Bern/Stuttgart/Wien 2000, S. 1277ff.
*66 Fasel, a.a.O. (Note 65), S. 3. ツヴァイゲルト／ケッツ（大木雅夫訳）・前掲注（64）314 頁。
*67 古い邦訳として、司法省調査部「スイス債務法」司法資料 261 号（1939 年）。
*68 Hans Merz, Das schweizerische Obligationenrecht von 1881, in Hans Peter/Emil Wilhelm Stark/Pierre Tercier (Hrsg.), Hundert Jahre Schweizerisches Obligationenrecht, Fribourg 1982 S. 13ff.
*69 Bucher, a.a.O. (Note 62), S. 680f.
*70 ツヴァイゲルト／ケッツ（大木雅夫訳）・前掲注（64）237 頁以下、ネヴィス・デレン＝イルディリム（勅使川原和彦訳）「トルコ法概論」比較法学（早稲田大学）38 巻 2 号（2005 年）242 頁。
*71 Péter Cserne, The Recodification of Private Law in Central and Eastern Europe, in Pierre Larouche/Péter Cserne (eds.), National Legal Systems and Globalization: New Role, Continuing

Relevance, The Haag 2013, pp. 68-69.

*72　Hermann ROESLER, Entwurf eines Handels-Gesetzbuches für Japan mit Commentar, Bd. 1-3., Tokio 1884.

*73　新商法の起草委員補助を務めた加藤正治は、旧商法破産編が「編纂の体裁と云ひ立案の主義と云ひ独逸法を採らすして寧ろ仏法を多く模倣したるものの如し」という。加藤正治「故ロエスレル氏の逸事」法学志林（法政大学）9巻10号（1907年）65頁。

*74　1861年一般商法典および1870年第1次株式改正、1883年第2次株式改正草案、1869年一般手形法、1877年破産法など。

*75　ヘルマン、リヨースレル・前掲注（42）10丁。

*76　起草当時のフランス法系の諸国法（イタリア、スペイン、オランダ、ベルギー、エジプト）、スイス債務法草案（1875年の「第2草案」か）、オーストリア破産法（1868年）、アメリカ法、南米諸国法（アルゼンチン、チリ、ボリビア）も参照している。

*77　ジャン＝ルイ・アルペラン（高田晴仁訳）「日本商法典の編纂とその変遷—フランス法の視点から」商事法務1978号（2012年）89頁、91頁。

*78　伊藤博文は、フランスの法典を簡単にした程度のものを期待していたらしく、1887（明治20）年10月の書簡で、「愚見ニ而ハ、ボワソナード民法草案モイラボレート〔elaborate「精巧」の意〕ニ過キ、ロイセルル商法案モコンプリケーロト〔complicate「複雑」の意〕ニ過キ、両人共ニ学問上ノ高尚論ニ流レ、日本ノ現状ニ不適当ナル新工夫ヲ提出シタルノ譏ハ不免所被察申候、寧ロ此際断然旧案ニ不拘泥シテ、ナポレオン法ヲ基礎トシ、日本ニ適否ヲ考慮シ修正削除、以テ日本ノ法律ヲ造リ出スヲ以テ規模トセハ、其成功速ニシテ彼是ノ煩雑ヲ避クル事ヲ得、学者ノ新説ヲ試験スル田圃ヲ与ヘスシテ速ニ結了スル事ヲ得ン」と記している。ボワソナード、ロェスラーらお雇い外国人の起草した民法草案、商法草案の"凝りすぎ"は伊藤を嘆息させ、彼は、この時点でなお、両草案を放棄して、ナポレオン法典を当時の日本社会向けに修正削除した諸法典の速成を想像させたのであった。政治家伊藤にとって、「ナポレオン法典」は、手本というよりは、むしろ手軽なコピーの対象であったことがわかる。大久保泰甫・高橋良彰『ボワソナード民法典の編纂』（雄松堂・1999年）139頁。

*79　ドイツ語版は、前掲注（72）（『日本商法典草案注解（独文）』全3巻（新青出版・1996年復刻））、また、邦訳としては、『ロェスレル氏起稿 商法草案』全2巻（刊年不詳（明治17年以降）、新青出版・1995年復刻）をはじめとして、いくつかの異本がある。

*80　我妻栄編『旧法令集』（有斐閣・1968年）234頁以下に収録。

*81　穂積陳重が代表である。なお、穂積陳重の「法典実施延期戦」『法窓夜話』（岩波文庫・1980年）328頁以下は必読。

*82　啓蒙思想家・福澤諭吉は、もともと英米法にシンパシーを感じており、おりしも明治23年に開設した慶應義塾大学部法律科の主任教員として、アメリカ人のウィグモアを招聘した。その福澤の目には、条約改正と引き換えに、国民にとって不慣れな西洋式の法典を急激に施行しようとする政府のやり方は、内治よりも外交（政治家の手柄）を優先し、日本国民の自律的・漸進的な法形成を阻害するものと映り、当初は法典施行延期の立場をとった。しかし明治26年の一部施行は、実業界からの内発的必要性にもとづくものとして反対の立場をとっていない。高田晴仁「福澤諭吉と法典論争—法典延期・修正・施行」福澤諭吉年鑑36巻（2009年）3頁以下。

*83　商行為法WG最終報告書「商行為法に関する論点整理（第504条～第558条、第593条～第596条）」（2008年3月31日付）参照。

*84　「日本私法学会シンポジウム資料・商法の改正」NBL935号（2010年）の各論考を参照。

*85 北居功・高田晴仁編『民法とつながる商法総則・商行為法』(商事法務・2013年) 4頁〔高田〕。

*86 債権法改正に際して両者の「溝」を埋める方向性について、潮見佳男・片木晴彦『民・商法の溝をよむ』(日本評論社・2013年) 3頁以下〔潮見〕。なお、北居・高田編・前掲注 (85) 15頁〔高田〕。

*87 Susanne Kalss/Franz-Stefan Meissel, Der europäische Gedanke im Gesellschaftsrecht, in dieselbe (Hrsg.), Zur Geschichte des Gesellschaftsrechts in Europa, Wien 2003, S. 5.

第 12 章

消費者法と法典化

I　はじめに──消費者法をめぐる問題状況と課題の設定

本章では、消費者法制と法典との関わりについて検討する。

1　消費者法の急速な発展

消費者法という法領域は、比較的新しい。世界的にも日本においても、消費者法がめざましく発展したのは、20世紀の後半においてであった。

アメリカでは、1960年代以降、ラルフ・ネーダー（Ralpf Nader）の告発行動を契機にコンシューマリズムが盛り上がりを見せ、また、1962年には、消費者の権利を世界に先駆けて明確に掲げるケネディ教書（ケネディ大統領の「消費者保護特別教書」）が出され、消費者保護にかかる制度の整備が促された。ヨーロッパでも、20世紀後半において、各種の消費者保護立法が各国で設けられたが、欧州共同体（EC／今日ではEU）における共通経済圏の形成と市場統合の動きが、これをさらに加速した。特に1970年代以降は、消費者保護に関するEC指令が相次いで出され、指令の国内法化（国内法への転換）を通して、全体的な消費者保護水準の向上が図られた[*1]。

日本でも、既に戦後間もない時期において消費者運動が見られるが、これが本格的な法的議論と法整備へと結び付けられるのは、20世紀後半においてで

ある。1950年代後半以降の高度成長期の到来とともに、一方でいわゆる公害による消費者被害が深刻化し、他方で消費者と事業者との非対等性が増大することによる取引被害も増加した。戦後の経済復興の要請に応えるべくして採られた産業優先主義政策のしわ寄せが、消費者に重くのしかかったと言うこともできよう。このような中で、1968年に消費者保護基本法が制定されて、消費者保護の基本的方向性が示され、その後、消費者保護に関する各種の法律が制定されることになる[*2]。

2 行政規制と民事法

もっとも、日本における消費者法は、従来、業種ごとに対象を限定した行政規制法（いわゆる業法）が中心であった。すなわち、深刻な消費者被害が社会問題となった場合に、その問題となった取引類型や業種を捉えて事業を規制し、そのことによって消費者の利益保護を図るという手法が中心的に採られてきたのである[*3]。一方、消費者自身の権利行使を基礎づける民事法としては、割賦販売法や旧訪問販売法（現在の特定商取引法）におけるクーリング・オフの規定などが重要なものとして存したものの、それは例外的であり、一般に消費者としては、自己の被害の民事的救済を求めるには、民法に依拠するしかないという状態が続いた。しかし、アメリカやヨーロッパ諸国における消費者保護立法の進展などを背景に、20世紀の終盤の時期から今世紀にかけて、日本でも民事消費者法／規定が相次いで設けられた。そのうち、最も重要なものとして、1994年の製造物責任法の制定（同法は消費者のみを対象とするものではないが、実質的には消費者法に属する）、2000年の消費者契約法の制定を挙げることができるが、そのほか、金融商品販売法、電子消費者契約及び電子承諾通知に関する民法の特例法などの制定、特定商取引法（旧訪問販売法）や割賦販売法などにおける民事規定の拡充などを挙げることができ、さらに、権利を実効化するための民事手続きに関する制度として、消費者契約法・景品表示法（正式には、「不当景品類及び不当表示の防止に関する法律」）・特定商取引法などへの団体訴訟制度（適格消費者団体による差止請求制度）の導入、2013年に成立した消費者訴訟特例法（「消費者の財産的被害の集団的な回復のための民事の裁判手続きの特例等に関する法律」）による集合訴訟制度の導入[*4]などを指摘することができる。

このような個別立法の推移とも相前後して、2004年には、消費者保護基本法が改正され、消費者を権利の主体として位置づけることをはじめとする内容改正が行われ、名称も「消費者基本法」に改められた。2009年9月には、消費者行政の一元的かつ効率的な推進を目指して、消費者庁が発足した。

3　消費者法の体系性の欠如

消費者法は、このように急速な発展を遂げてきたのであるが、体系性という点から見ると、少なくとも日本における現状は、決して優れたものとはいえない。消費者契約法は、消費者契約一般に広く適用されるという意味では一般法的性質を有するが、現時点でそこに盛り込まれているのは、不当勧誘による誤認・困惑に基づく消費者の取消権、不当条項の無効、および適格消費者団体の差止請求に関する規定にすぎず、消費者契約を巡って生起する問題に関する規律を広く捉えているものではない。各種の法律に存する特別規定は、その適用対象が極めて限定されており、相互のバランスを欠く部分も見られるし、従ってこれらの特別規定から、その直接の対象から外れた事態に関する法的解決の糸口を見出すことも容易ではない。このように体系性を欠くことになった原因として、以下の諸点を挙げることができる。

第1点は、この法領域の未熟さ（若さ）である。つまり、上記のとおり、消費者法は、20世紀後半以降、とりわけ最近の四半世紀において急速に発展した新しい法分野であって、未だにその体系的整備についての議論が十分に追いついていないという点である。

第2点は、消費者法領域における立法の緊急性である。消費者法は、特に実質的観点から、問題のある取引等を対象にして速やかに法的な対応を施す必要性が極めて高い。そのため、対象を細かく限定した特別法の制定が積み重ねられてきたのである。もちろん、それらの個々の法律の制定ないし改正の際には、他の法律との均衡を考慮するなどの配慮がある程度は行われているが、広く全体を見渡した統一的な法整備をすることには、時間的な観点からも困難があったといえよう。

第3点は、消費者法の複合的性質である。明治期以降の法典編纂は、基本的に、公法と私法の両分野に分けた形で進められ、それぞれの分野の法体系が築

かれてきた。ところが、既に言及したとおり、消費者法の領域には、公法的性質の規定と私法的性質の規定が存在し、しかも、特定商取引法などに典型的に見られるように、公法的規定と私法的規定とが同じ法律の中で有意な関連をもって置かれている場合も少なくない[*5]。これは、消費者の利益保護の観点からは優れた点とも言うことができるのであるが、このような複合的性質の法律の規定を、全体の法領域の中でどのように位置づけることができるかは、それほど単純ではない。

　第4に、上記の各点とも関わるが、民法と特別法の内的連関に関する議論の不足を指摘することができよう。消費者関係の特別法の中でも、比較的早くから登場した民事規定としては、いわゆるクーリング・オフに関する規定がある。その後、一定の契約条項の効力を否定または制限する規定、消費者に中途解除権、取消権、特別の解除権などを認める規定、さらには、クレジットの分野で、販売契約とクレジット契約の連動的な法的取扱いを一定の場合に認める規定、損害賠償に関わる規定などが設けられているが、未だこれらの規定と民法上のルールとの関わりが十分に議論されたとはいえない。

4　本章の課題

　現在までに、日本においても、消費者法の領域に属する法律はある程度充実してきた。今後も、各種の消費者立法の需要は益々増すであろう。しかし、いつまでも場当たり的な対応では、消費者法の発展そのものが限界に直面することにもなる。そこで、今あらためて、消費者法における体系性を求めて、消費者法と法典との関わりにつき検討することが必要とされる。

　海外に目を向けると、消費者法と法典との関わりについては、いくつかの型が見られ、そのそれぞれに、利点と難点が存在するように思われる。そこで、本章では、これら海外の状況も参考にしながら、消費者法の法典化につき考察することとしたい。

　ところで、日本では、民法施行から100年以上を経過して民法改正の必要性が指摘されるようになり、2009年11月には、法制審議会に民法（債権関係）部会が設置され、以来、民法の契約に関する規律の改正に向けた審議が継続されてきた。そこでは、消費者法に関する規定を民法に入れるか否かも、当初は

検討項目の1つとされていた。一方、現在の消費者契約法の実体法規定の改正へ向けた議論も、この間行われてきた[*6]。そこで、本章では、民法改正の議論にも触れ、民法と消費者法との関わりについても言及する。

Ⅱ　消費者法の法典化に関する他国のモデル

　消費者法、とりわけ消費者契約に関わる法的規律を私法体系内にどのように位置づけるかという問題に関しては、大きく3つの方法が考えられる。第1は、個別法を設けていく方法であり、第2は、消費者契約に関わる法的規律をまとめて法典を起草する方法であり、第3は、これらの規律を一般民法典の中に編入する方法である。以下、それぞれを概観する。

1　個別特別法モデル

　これは、民法の外に、個別の特別法を制定していくという方法である。既に先にⅠで言及したとおり、日本においては、従来、この方法が採られてきたし、海外でも、少なくとも当初、このような方法を採ってきた国は少なくない。

(1)　一般法の外の個別特別法

　このモデルの根底にあるのは、一般法たる民法と消費者特別法の区別という考えである。確かに、現行民法の制定当時においても、様々な場面における格差の存在と一定の層についての私法上の保護の要請が、全く無視されていたわけではない[*7]。しかし、民法は私法の一般法であり、理念的には対等当事者を念頭に置いた法律であるという意識は、制定当時から強く存在していたものと思われ、その後も、特別の当事者関係において、一方の当事者の保護のために特別の規定を設ける必要がある場合には、その特別規定は、民法の外の特別法に設けるべきものだと考えられてきたように思われる。

(2)　個別特別法モデルの問題点

　個別特別法方式が採られてきたことにも、それなりの理由はある。すなわち、ある特定領域において特に深刻な問題が生じた場合に、比較的短期の間に、少なくとも必要最小限の対象について、その保護を実現することが求められたからである。

しかし、既にⅠでも触れたとおり、日本の個別特別法のモデルについては、体系性の点から厳しい批判が加えられる。すなわち、臨機応変に必要に応じて個別特別法が制定され、しかもその個々の立法の際、伝統的な法分野との整合性が十分に議論されずに立法が進行したということによって、モザイク的（つぎはぎだらけ）で、体系性を欠く特別法の林立という状態が生じることになったのである。それは、体系的な美しさの問題だけではなく、現実的にも、法律相互の整合性が欠け、場合によっては法律相互の評価矛盾が生じ、合理的な紛争解決が損なわれる恐れがあること、消費者にとって、きわめてわかりにくい法状況になっていることなどの不都合が生じているのである。

EC／EUでも、従来、各種の個別立法（指令）を通して、域内の消費者保護水準の平準化が図られてきたが、比較的最近になって、そのモザイク構造の難点が指摘され、より統一的で整合的なルールの必要性が強調されるようになってきた（今日では、欧州共通売買法の可能性についても摸索されている。この点については、第9章参照）。

2　消費者法典モデル――フランスモデル

第2のモデルは、民法とは別に、消費者（消費者保護）に関する包括的な規律を擁する消費者法典ないし消費法典を編纂するという方法である。

既にオーストリアには、1979年に、消費者保護法が制定された。もっとも、同法は、包括的なものでも体系的なものでもないとされる[8]。より実質的な意味での消費者法典として挙げることができる代表例は、フランスの消費法典であろう。

今日では、EC／EUにおける消費者関連指令とその国内法化の蓄積を受けて、消費者法ないし消費者法典を設ける国はほかにも見られる[9]（また、民法編入方式から消費法典方式へと移行した例としてイタリアを挙げることができよう[10]）。しかし、その中でも他国に先駆けて制定されたフランスの消費法典は、EC／EU指令を国内法化した法規を単に寄せ集めたという以上の独自の理念と存在意義を有するように思われる（もっとも、後述Ⅳのとおり、フランス消費法典についても、法典としての実質を備えているのかについて議論が存する）。

(1) フランス消費法典

　フランスの消費法典は、1993年に制定された[*11]。同法は、その後いく度にもわたり改正されてきたが、現在では、契約の成立、契約締結の勧誘、締結過程における消費者への情報提供に関する規律、商品やサービスの契約適合性および安全性に関する規律、消費者信用、保証等に関する一連の規律、消費者団体や紛争解決手続に関する規律など、幅広い規定が、ここに盛り込まれている。また、規定の法的性質についても、民事実体法のみならず、行政法、手続法、刑事法の性質を持つ規定を含み、複合的な性質を有する。なお、国内法化を要する新たなEU立法が行われた場合における対応にもフランスには特徴があり、例えば、指令を契機にしながらも、指令による直接の命令を超えて、消費者保護のためにより進んだ形で民事規定の整備を加えるなどの対応が見られたこともあった[*12]。

(2) フランスにおける民法改正論議と消費者法

　一方、フランスでも、民法の改正が検討されてきた。改正論議の中でも債権法の領域に着目すると、フランスでは、ドイツ（次項）と異なり、消費者法規定の民法への編入という方向は目指されていない。むしろ、民法の中立性を保ち、一般法としての民法と特別法としての消費者法という区別を維持したうえでの改正が、検討されている[*13]。

　もっとも、その一方で、歴史的には消費者取引を中心に発展してきた法理（例えば、情報提供義務や経済的強迫等）を、より一般的なルールとして民法の中に取り込むことの可能性については、検討の対象とされてきた[*14]。

3　民法典編入モデル――ドイツモデル

　第3は、民法典の中に、消費者法の領域に属する民事法の主な規定を編入するという方法である。これを採用する代表例として、ドイツの、2001年に改正された（2002年施行）民法（債務法）を挙げることができる。

　それ以前の時期に、既にオランダは、消費者法の一般民法典への編入を追求していた[*15]。しかし、オランダ民法は、商事法から国際私法までを視野に入れ、私法全般を1つの法典（民法）に統合しようとするものであって、広範囲の規定が民法典に含まれうる半面、同一の法典内部における統一性・体系性への配

慮は、比較的希薄だったように思われる。これに対して、ドイツでは、日本民法と同様のいわゆる伝統的な民法典が存在していたところ、その民法典への消費者私法の編入がまさに検討され、その結果、編入が実現された。そこで、ここでは第3のモデルとしてドイツ法を取り上げる。

(1) ドイツ民法典への消費者法編入の経緯

ドイツでも、消費者法は、長らくは日本と同様、上記1の個別特別法の形を採ってきた。割賦販売や訪問販売などに関する重要な規律は、特別法の中に盛り込まれ、発展してきたのである。20世紀後半には、消費者保護にかかるEC指令が多数出され、ドイツにおいてもそれら指令の国内法化を進めてきたが、その中にあっても、一般法たる民法と個別特別法としての消費者法との間には、明確な区別がなされてきた。

一方で、ドイツ債務法の改正に係る作業は、既に1970年代から行われてきた。1981年および1983年には大部の鑑定意見書が公表され[16]、それに引き続き1992年には債務法改正委員会報告書が公表された[17]。1983年の鑑定意見書においては既に、消費者保護法の民法典への編入についての議論が存したが[18]、その後、後述の討議草案の公表までは、それが正面から取り上げられて提案されることはなかった。

しかし、その後ドイツでは、劇的な変化が生じた。1990年代に一旦は頓挫したように思われたドイツ債務法改正の議論であったが、EC消費者売買指令（Directive 1999/44/EC）の国内法化の必要性を後押しとして、ドイツ連邦司法省から、2000年8月に、債務法現代化法の討議草案が公表され、遂にその翌年の2001年に、長年の懸案であった債務法改正が実現したのである（2001年11月26日改正法公布、2002年1月1日施行）[19]。既にその前の重要な第一歩は、前年の民法の一部改正において「消費者」概念が民法に導入されたことに見出すことができるが[20]、内容的には、ドイツは、2001年の債務法改正において、消費者法規定につき第1の方法から第3の方法の採用へと方向転換を遂げたといえよう[21]。

(2) 民法典への統合の内容

2001年の改正（2002年施行）によりドイツ民法典へ編入された消費者関連法は、約款規制法、訪問販売法、通信取引法、一時的居住権法、および消費者信

用法である。上記のとおり、当時、EC消費者売買指令の国内法化が課題とされていたが、その内容は、ドイツでは、消費者契約に特化した規定としてではなく、売買に関する一般的規定という形で取り込まれた。

　改正後のドイツ民法を見ると、まず、13条に「消費者」の定義規定が[22]、14条に「事業者」の定義規定が置かれている。そして、305条以下には、従来の約款規制法のうちの実体規定が挿入されている。差止めに関する規定は、民法に編入されず、差止訴訟法に移された。312条以下には、「特別の販売形態」に関する新しい節が設けられ、訪問販売、通信販売、電子商取引などに関する規定が設けられている。さらに、355条以下には、「消費者契約における撤回権及び返還権」の節が設けられ、これらの権利の行使方法、行使期間、効果などが定められている。481条以下には、従来の一時的居住権法の規定が置かれている。488条以下には、消費者信用法の規定が挿入されたが、ここでは、既に従来から民法に存在した消費貸借等の規定を整序し、その関連する箇所に組み込むという方法が採られている[23]。

Ⅲ　日本民法改正と消費者法をめぐる議論

　日本においても、今世紀に入って学界では民法改正をめぐる議論が活発化し、2009年11月以降は、法制審議会に民法（債権関係）部会（以下、「法制審部会」）において、改正に関する審議が行われてきた。そしてこの審議において、消費者法を民法に編入するべきか否かという、「消費者法と法典化」にとって重要な問題についても、議論が行われてきた。

1　編入に向けた議論
(1)　民法（債権法）改正検討委員会の基本方針

　既に法制審部会の設置前に公表されたいくつかの研究グループの検討結果の中でも、民法典への消費者法の編入を構想するものとして、民法（債権法）改正検討委員会（以下、「検討委員会」）による「債権法改正の基本方針[24]」（以下、「基本方針」という）を挙げることができる。

　基本方針は、まず、民法典の中に、「消費者」「事業者」「消費者契約」の定

義規定を置いたうえで[25]、民法の意思表示規定群の中に、消費者契約の特則として、現在は消費者契約法に定められている一連の規定を民法の中に編入することを提案していた（4条1項2号の「断定的判断の提供」による誤認取消し、同条3項の「困惑」による取消し[26]、消費者契約における不当条項の無効[27]）。一方、現在の消費者契約法に掲げられた規定のうち、不実告知・不利益事実不告知による誤認取消しの規定（消費者契約法4条1項1号、同2項）は、消費者契約に限らず一般的に適用される規定として民法に設けることが提案されていた[28]。このように、従来消費者契約について設けられていた規定を、消費者契約という限定を除いて一般規定とすることは、「一般法化」と呼ばれる。基本方針によれば、消費者契約法の私法実体規定のほぼ完全な[29]民法への取り込みの結果、消費者契約法から私法実体規定が削除され、消費者契約法は、当面、消費者団体訴訟制度に関する規定を中心とした法律として再編されることになる[30]。このほか、現在、電子消費者契約及び電子承諾通知に関する法律の中に設けられている電子消費者契約に関する特則（3条）も、民法に統合し、電子承諾通知に関する4条は承諾通知一般に妥当する規律として一般法化する旨の提案がなされていた[31]。

(2) 法制審部会での議論

法制審部会でも、当初は、上記の検討委員会案も考慮に入れ、消費者概念および消費者契約関連規定を民法に導入することの是非が、議論されてきた。そして、2011年3月に公表された「民法（債権関係）の改正に関する中間的な論点整理」（以下、「中間整理」）においても、この点が正面から論点として取り上げられた。これによると、民法に消費者の概念を導入すること（第62, 1）と共に、消費者契約に関する特則として12項目を導入することが、具体的な検討対象として掲げられた（第62, 2）。そしてこの具体的項目の中には、現在の消費者契約法に存在する規律の民法への編入という意味を持つもの（不当条項規制等）のほか、民法に従来になかった規定が新設されるとすれば、その点について消費者の利益を最低限確保する規定の必要があると考えられるもの（例えば、時効に関する合意につき、消費者に不利な合意の禁止など）が含まれ、さらに、現在の消費者契約法には規定がないが、消費者契約一般に関する規律として設ける必要があると指摘されてきたもの（継続的契約における消費者の解除権、

消費者契約条項の解釈規定、抗弁の対抗規定など）も含まれていた。

2 民法への編入の断念

しかし、中間整理に対するパブリックコメントを経て 2011 年秋から開始された第 2 ステージの検討においては、この消費者関連規定の民法への編入は、検討対象から落とされることとなった。それは、中間整理に対するパブリックコメントにおいて、編入に賛成する意見も相当数あったものの、その一方で、慎重な意見および反対意見がかなり見られ[32]、少なくとも今回の民法改正論議につき想定された期間内において、十分な議論を尽くして推進の合意を得ることは困難と考えられたことによるものと思われる。

編入に対する反対論としては、まず、民法典の在り方という観点から、民法は一般法として中立的な規律を置くべきであり、民法の中に消費者関連の規律を入れると、民法典の中立性が損なわれてしまい不当だという主張がある[33]。また、より実質的な観点においては、異なる 2 つの方向からの反対論が展開された。1 つは、消費者法の発展に慎重な立場からの危惧である。しかし逆に、消費者法の発展に肯定的な立場からも、①消費者法においては行政規制との関係が重要な意味を有するところ、民法に編入してしまうと、公法と私法との協働による消費者保護機能が損なわれてしまうこと、②消費者法においては、社会の必要性に応じた臨機応変な対応が求められるところ、民法に編入すると消費者法の機動性が損なわれる恐れがあることなどを理由とする反対が主張されてきた[34]。後者の立場からは、各種消費者関連法の充実や、将来的に消費者法典を目指すべきことが主張される。

Ⅳ　消費者法の法典化

ここであらためて、消費者法の法典化の必要性と可能性について考えてみよう。

IV 消費者法の法典化

1 法典化の要請
(1) 法典における体系性と包括性
まず、前提として、ここで法典化という場合の意味について確認しておこう。何をもって「法典」と呼ぶかについては、多様な考え方がありえようが、少なくとも、その不可欠の要素として、体系性と包括性（統合性）を挙げることについては、大方の承認を得ることができよう。

体系の具体的な在り方は様々でありえようが、相互の関連を考慮した整序のない単なる条文の羅列では、法典と呼ぶことはできまい[35]。また、当該法律内での体系性は、独立性のある法領域の包括的な規律の存在を前提としてはじめて語ることが可能だといえよう。もっとも、このことはもちろん、条文数の多さを直接意味している訳ではない。たとえ条文数が多くても、体系性や包括性を欠き、法典と呼ぶには適さない場合も考えられうるからである。

(2) モザイク構造からの脱却と法典化
既にIで述べたように、現在の日本には、消費者法典ないし消費法典と呼ぶことのできるものは存在しない。消費者契約法は、消費者契約に関するごく一部の問題を取り扱っているに過ぎず、包括性がない。多くの消費者関連立法が林立してモザイク構造をなしているのが現状であり、消費者法のさらなる発展のためには、これを体系化することが不可欠である。そのような意味で、消費者法には、体系性という意味での法典化の必要性が存在するということができる。

2 消費者法の立法形式
(1) 立法形式の多様性
もっとも、消費者法の体系化を図る場合に、その実現のための立法形式は複数考えられ、抽象的には、そのいずれかが唯一正しい形式だと言うことはできない。先にIIで見たように、体系化を目指す場合でもそのスタイルは国によって異なっており、その違いは、それぞれの国の法文化や歴史的・社会的な背景の違いによるものであり、それぞれに利点があるということができよう。

(2) 民法への編入の議論について
2014年段階での民法改正論議では断念されたものの、筆者自身は、民法に

消費者・事業者概念を導入するとともに、消費者契約一般に妥当するところの「基本的な」消費者私法ルールを民法に編入ないし創設することは、意味のあることと考えてきた。その理由は、まず、そもそも民法と消費者私法は、相互の存在を無視することのできない関係に立っているということにある。もともと、消費者の利益ないし契約当事者間の格差の考慮は、契約の解釈や、一般条項をはじめとする民法の規定の解釈を通して、一般民事法のルールとして形成されてきた。つまり、既に民法自体が、抽象的な人間像に基づく形式的な自由から脱却して、徐々に変容してきたのである[*36]。そして、消費者概念を民法に取り込むことによって、さらに民法の規律および解釈が、柔軟な発展を遂げる可能性があると思われるからである。また、民法を、市民生活の基本的な関係を規律する法として位置づけるなら[*37]、消費者契約に関する規律を欠くことは、かえって不自然ともいえよう[*38]。そして、消費者法の民法への編入は、民法の空洞化ないし機能喪失（民法における「脱法典化」とも言われる状態）を回復することにもつながるであろう。

さらに、民法に消費者関連の基本ルールを編入することには、消費者法にとっての積極的な意味も見出すことができる。消費者民事基本ルールが民法典に位置づけられ、一般的規定との関連が明確化されることは、消費者私法の今後の発展を促すことになろう。消費者私法の体系は、民法を除外しては完結しないし[*39]、民法への編入は、消費者私法の規律の体系的整合性をあらためて吟味する機会を提供することになると考えられるからである。

もちろん、消費者契約に関する特別規定は、民法の特定の分野に限られるものではなく、横断的に存在し、場合によっては契約各則も含めた大規模な検討が必要となりうるであろうから[*40]、短期的な作業では困難があろう。また、どこまでを民法に編入するべき基本的な規律と捉えるかにも関わるが、私法的規制と公法的規制（業法的規制）との協働によって消費者保護を図ってきた法律の取り扱い（もし私法的な規律のみを民法に編入するとすれば、公法的規制の在り方）についても、検討を要することになろう[*41]。さらに、現実的には、法令の所管にも関係した立法手続上の問題も存在する。したがって、時間的なスケジュールまで考慮に入れると、消費者関連規定の民法への編入が、2009年以来行われてきた民法（債権関係）改正の審議の対象から落とされたこと自体は、

やむを得ないと言わざるを得ない。しかし、この断念は、消費者契約関連規定を民法の中に入れるべきではないという判断を意味すると捉えるべきではない。

3 今後の展望と留意点

(1) 消費法典の可能性？

消費者規定の民法への編入論議がひとまず頓挫した現在においても、消費者私法の内容を充実させること、および消費者法を体系化し見通しよく分かりやすくすることに対する要請は現に存在する。そこで、この要請に応えるための現時点でのもう1つの方策として、まずは消費者契約法の実体法規範を見直して、その充実を図るとともに、将来的には消費法典の制定を目指すということが考えられよう。既に日本でも、消費法典構想はかねてより主張されてきた[42]。

(2) 消費者法は法典たりうるか

もっとも、そもそも消費者法は、果たして独立の法典たりうるのであろうか。本章では、Ⅱにおいて、消費法典モデルの代表例として、フランスの例を挙げた。しかし、フランスの消費法典に対してさえ、法典としての実質を備えていないのではないかという疑問が提起されている。同法の制定過程においては、消費者と事業者との関係を組織化し、消費者法を体系的に整理するという視点も存在したようであるし[43]、その存在意義に対する積極的な評価も存するが、逆に、既存の法律の寄せ集めに過ぎず、体系性がないとの批判もある[44]。

しかし、たとえ現時点の立法において体系的な整序が不十分であるとしても、それは体系化がおよそ不可能であることを意味するものではあるまい[45]。消費者法は20世紀後半に急成長した新しい法分野であり、消費法典と名のつく法律を有する国においても、その体系的な整序は未だ達成されたとはいえない。しかし、少なくとも消費者契約における特殊性に鑑みた消費者法の独自の理念とそれに基づく規範群が存在する限りは[46]、その消費者契約に関する規律を1つの法律の中に集約し、体系化を試みることは可能であろうし、そうした作業は、今後の消費者法の発展という観点からも1つの望ましい方向といえよう[47]。

(3) 留意点

最後に、消費者法の法典化という将来の課題に向けて、いくつか留意するべき点を指摘しておきたい。

① 消費者法の展開と一般法化の可能性　消費者法の領域で特に発達した法理や規定の中には、既に、より一般的な民事ルールとして受け入れられるべきものがある[*48]。今後も、このような消費者法の民法への影響は受け止めていくべきであろう。また、同様に、ある特定の限定領域について設けられた消費者の権利に関する規定についても、より一般的な消費者契約のルールとして受け入れることができないかについて検討することが必要となろう[*49]。

② 消費者私法の2つの側面　消費者私法には、現行消費者契約法4条に典型的に見られるように、民法の意思表示論や法律行為論の延長において、個人としての消費者の利益保護を図る諸規定がある。しかし、他方で、消費者法には、より集団的な消費者利益を図り、換言すれば、市場の秩序を維持するという機能が期待された規定ないし制度が存在する。民法典への編入の議論において主に念頭に置かれていたのは恐らく前者であろうが、消費法典を考えた場合、後者の市場法としての消費者法という面にあらためて注意が払われるべきことになろう[*50]。

③ 民法の受け皿規定　②で指摘した個人としての消費者保護の規定は、もともと、民法法理の延長線上として発展してきたものであるが、仮に消費者契約に該当しない場合であっても、情報の質・量および交渉力に格差のある、いわゆる格差契約においては、相応の法的配慮が必要とされる場合があろう。そこで、民法の中に「消費者」「事業者」概念を直接持ち込まない場合であっても、より一般的な形で受け皿となる規定を民法に置くことは必要だと考えられる。

④ 多様な規制手法の組み合わせ　現在の消費者法の中には、消費者契約法のように、純粋な民事法としての性質を有するもの（ただし、消費者契約法には、民事実体法のみならず、団体訴訟の仕組みも含まれている）のほか、行政規定、刑事規定、民事規定（さらには、自主規制を促進するルール）を併せ持つ複合的な性質のものも多い。消費者の権利の実現・貫徹のためには、これら複数の手法の連携と適切な組み合わせを図っていくことが必要である。

⑤ 消費者法の広がりと基本理念　現在の消費者基本法1条、消費者契約法

1条は、共に目的規定において、「消費者と事業者との間の情報の質及び量並びに交渉力の格差」をその規律の根拠として掲げている。しかし、広く消費者法を見渡した場合、果たしてこの一節によって消費者法の存在意義が表現し尽くされているといえるのかについては、疑問の余地があろう。少なくとも、消費者法の法典化を構想する場合には、どこまでの規律を取り込むのかと同時に、この基本理念についての再度の検討が必要とされよう。

（鹿野　菜穂子）

*1　EU における消費者保護の歴史的経緯および現状については、Stephen WEATHERILL, EU Consumer Law and Policy, 2nd ed., Cheltenham 2013; James Devenney and Mel Kenny (eds.) European Consumer Protection, Cambridge 2012; Hans-W. MICKLITZ/Norbert REICH/Peter ROTT, Understanding EU Consumer Law, Cambridge 2009 など参照。
*2　日本における消費者法の歴史的展開については、大村敦志『消費者法〔第4版〕』（有斐閣・2011年）5頁以下、日本弁護士連合会編『消費者法講義〔第4版〕』（日本評論社・2013年）14頁以下。消費者法の基本理念の転換については、さらに、長尾治助・中田邦博・鹿野菜穂子編『レクチャー消費者法〔第5版〕』（法律文化社・2013年）6頁以下も参照。
*3　業法の種類と規制方法については、村千鶴子「民法と消費者法の関係をどう考えるか」椿寿夫ほか編（法律時報増刊）『民法改正を考える』（日本評論社・2008年）21頁参照。
*4　2013年12月に成立し、3年以内に施行される予定である。
*5　例えば、特定商取引法には、法定書面の交付義務を定める規定があり、その違反には一方で行政制裁が設けられているが、他方、この規定は、いわゆるクーリング・オフ期間の起算点としての意味が付されている。
*6　代表的なものとして、2011年10月の日本私法学会シンポジウム「消費者契約法の10年」とその資料（NBL958号、959号）、2013年11月の日本消費者法学会シンポジウム「消費者契約法改正への論点整理」とその資料（河上正二編著『消費者契約法改正への論点整理』（信山社・2013年））。
*7　例えば、民法自体、行為能力の制度によって制限行為能力者の保護を図っている。
*8　Helmut KOZIOL/Rudolf WELSER, Grundriss des bürgerlichen Rechts, Bd. 2, 12. Aufl., Wien 2001, S. 372ff. 参照。
*9　ギリシャ、イタリア、ポルトガル、フィンランドなど。なお、ヨーロッパの外においても、例えばブラジル消費者法典は注目すべき内容を持つ（ワタナベカズオ（前田美千代訳）「ブラジル消費者法の概要」法学研究（慶應義塾大学）86巻9号（2013年）5頁以下）。
*10　谷本圭子「イタリアにおける消費者法の状況」立命館法学327＝328号（2009年）456頁、同「イタリア消費法典（訳）」立命館法学312号（2007年）350頁。
*11　制定の経緯につき、野澤正充「債権法改正と消費者法の関係─消費者法典の構想と

の関係」NBL946号（2011年）32頁以下、38頁、平野裕之「フランス消費者法典草案（1）」法律論叢（明治大学）64巻5＝6号（1992年）224頁以下。Claude WITZ/Gerhard WOLTER, Das neue französische Verbrauchergesetzbuch, in Zeitschrift für Europäisches Privatrecht, 3. 1995, S. 35 ff.; Dennis HEUER, Der Code de la consommation: Eine Studie zur Kodifizierung des französischen Verbrauchsrechts, Frankfurt am Main 2002. なお、消費法典も含めフランスの再法典化について、第6章「フランスの諸法典」を参照。

*12 例えば、2005年に出されたEC不公正取引方法指令（2005/29/EC）においては、所定の誤認惹起的・攻撃的な取引方法を不公正な取引方法（取引慣行）とし、それを禁止するべき旨定められたが（同5条。しかも3条2項では、契約の成立や効力に直ちに影響するものではないとされている）、フランスでは、同指令の国内法化に際して、消費法典に、攻撃的取引方法により締結された契約は無効とした（L.122-15条）。馬場圭太「フランスにおける広告規制」日仏法学26号（2011年）75頁以下。

*13 ピエール・カタラ（野澤正充訳）「民法・商法および消費者法」民法改正研究会（代表 加藤雅信）『民法改正と世界の民法典』（信山社・2009年）185頁以下、193頁、野澤・前掲注（11）39頁。

*14 野澤・前掲注（11）40頁。

*15 ホンディウス・エーウッドH（松本恒雄・角田美穂子訳）「契約法における弱者保護（特集オランダ改正民法典）」民商法雑誌109巻4＝5号（1994年）43頁以下参照。

*16 Bundesminister der Justiz (Hrsg.), Gutachten und Vorschläge zur Überarbeitung des Schuldrechts, Köln, vol. I, 1981; vol. II, 1981; vol. III, 1983.

*17 Bundesminister der Justiz (Hrsg.), Abschlußbericht der Kommission zur Überarbeitung des Schuldrechts, Köln 1992.

*18 Harm Peter WESTERMANN, Verbraucherschutz, in: Bundesminister der Justiz (Hrsg.), Gutachten und Vorschläge zur Überarbeitung des Sculdrechts, Bd. Ⅲ, 1983, S. 11ff. 邦語文献として、関武志「西ドイツにおける消費者保護―ヴェスターマン鑑定意見の紹介を中心に」法政大学現代法研究所叢書9『西ドイツ債務法改正鑑定意見の研究』（法政大学現代法研究所・1988年）617頁以下。

*19 2000年8月の討議草案の後、2001年3月の討議草案の整理案、2001年5月の政府草案という段階を経て、改正法の成立に至った。成立過程の状況については、潮見佳男「ドイツ債務法の現代化と日本債権法学の課題（1）（2・完）」民商法雑誌124巻3号1頁以下、4＝5号171頁以下（2001年）、今西泰人「ドイツにおける売主の瑕疵担保責任の改正問題―債権法の現代化に関する法律の検討草案について」関西大学法学論集51巻2＝3号（2001年）169頁以下参照。2002年に施行された債務法改正の全体像については、岡孝編『契約法における現代化の課題』（法政大学出版局・2002年）、半田吉信『ドイツ債務法現代化法概説』（信山社・2002年）、中田邦博「ドイツ債務法改正から日本民法改正をどのようにみるか」前掲注（3）『民法改正を考える』27頁以下など参照。

*20 債務法改正法成立の約1年半前、通信取引指令を国内法に転換するための2000年6月27日の民法一部改正法（2000年改正）が成立し、これによってドイツ民法に、「消費者」（13条）および「事業者」（14条）の定義規定が置かれた。もっとも、同改正の主な具体的内容は、従来個々の特別法に規定されていた撤回権につき民法に一般的な規定を置く（当時のドイツ民法361条a）というもので、消費者契約関連規定の幅広い導入がこれによって実現されたわけではない。2000年の改正については、今西泰人「ドイツ民法典の一部改正と消費者法―消費者、撤回権等の基本概念に関する民法規定の新設について＜資料＞」関西大学法学論集50巻5号（2000年）200頁以下参照。

*21 ドイツ債務法の改正については、さらに本書第5章「ドイツ民法典と法典論」参照。

2001 年改正の概要と消費者法との関係については、ラインハルト・ツィンマーマン（鹿野菜穂子訳）「契約法の改正―ドイツの経験」川角由和ほか編『ヨーロッパ私法の現在と日本法の課題』（日本評論社・2011 年）81 頁以下（初出・民商法雑誌 140 巻 4 ＝ 5 号）。

*22 ドイツ民法 13 条：「消費者とは、自己の営業活動にも独立の専門的活動にも属しない目的で法律行為を行う場合における自然人をいう。」

*23 青野博之「消費者法の民法への統合」岡編・前掲注（19）131 頁以下、半田・前掲注（19）321 頁以下を参照。

*24 民法（債権法）改正検討委員会編『債権法改正の基本方針』別冊 NBL126 号（2009 年）、同『詳解債権法改正の基本方針 I 序論・総則』（商事法務・2009 年）。以下、後者を「詳解」として引用する。

*25 基本方針【1.5.07】【1.5.08】。

*26 基本方針【1.5.18】【1.5.19】。

*27 基本方針【3.1.1.C】【3.1.1.35】【3.1.1.36】。

*28 基本方針【1.5.15】。

*29 消費者契約法 5 条、7 条も民法典に取り込まれることが提案されており、6 条、11 条も不要になると考えられている（前掲注（24）・詳解 26 頁）。

*30 前掲注（24）・詳解 26 頁。ただし、今後、新たな私法実体規定を消費者契約法に置くことを妨げるものではないとする。

*31 一方、2008 年 10 月に公にされた、「民法改正研究会」（代表・加藤雅信）による「日本民法典財産法改正試案」（判例タイムズ 1281 号（2009 年）5 頁以下、491 頁以下）は、民法への消費者規定の編入という考え方を採っていない。

*32 金融財政事情研究会編『「民法（債権関係）の改正に関する中間的な論点整理」に対して寄せられた意見の概要』（きんざい・2012 年）3097-3132 頁参照。

*33 パブリックコメントの意見のほか、池田真朗「債権法改正の問題点―中間論点整理の評価と今後の展望」法学研究（慶應義塾大学）84 巻 7 号（2011 年）101 頁以下。

*34 村・前掲注（3）21 頁以下。また、今後の消費者保護法制においては、消費者が非合理な経済的行動をとることを前提とした法規の導入が必要だとして民法の中に編入することの困難を指摘するものがあり（村本武志「実務から見た民法改正と消費者法」現代消費者法 4 号（2009 年）38 頁以下、45 頁）、さらに、編入によって、民法典が一層企業取引法の色彩を強めるおそれがあるとの懸念を表明するものもある（松本恒雄「民法改正と消費者法」現代消費者法 4 号（2009 年）4 頁以下、10 頁）。

*35 穂積陳重『法典論』（解題付復刻版、新青出版・2008 年、初版 1890 年）174 頁は、「法典の本位」に関して、法典編纂に当たり、まず、法典中の規定をいかなる基準に基づいて分類配列するべきかを定めなければならない旨を強調する。

*36 内田貴「いまなぜ『債権法改正』か？（下）」NBL872 号（2008 年）72 頁以下は、抽象的な民法の「人」概念は、契約の局面において中身の豊かな概念へと拡大してきたのであり、民法の規定の上でも契約当事者となる場面での人概念を分節化することが考えられる旨を主張する。

*37 中田邦博「ドイツ債務法改正から日本民法改正をどのようにみるか」前掲注（3）『民法改正を考える』27 頁以下、同「契約の内容・履行過程と消費者法」中田邦博・鹿野菜穂子編『ヨーロッパ消費者法・広告規制法の動向と日本法』（日本評論社・2011 年）25 頁以下（初出：現代消費者法 4 号（2009 年））。

*38 このほか、民法典に編入することによって法律家一般に消費者法の重要性がより広く認識され、あるいは将来の法律家も含めて意識の変革がもたらされるということも、間接的ながら、消費者法の発展に寄与する可能性があろう。

*39 前掲注（24）・詳解 28-29 頁。
*40 磯村保「民法と消費者法・商法の統合についての視点」前掲注（13）『民法改正と世界の民法典』200 頁。
*41 消費者法の機動性を損なうという批判がされることもあるが、民法に消費者規定を編入することが直ちに民法外の特別規定の存在を排除するということにはならないであろうから、それほどの障害にはならないのではないか。消費者契約に関する基本的な規律にまで高められたものを民法に編入するという方針であれば、一定の安定性は確保できるように思われる。
*42 例えば、日弁連消費者問題対策委員会は 1989 年に「統一消費者法」の制定を提案していた。池本誠司「民法・統一消費者法」消費者法ニュース 93 号（2012 年）214 頁は、民法における消費者契約関連の基本ルールと、消費者契約法と統一消費者法の 3 つを併存させ、その整合性を検討することを主張する。
*43 大村敦志「民法と民法典を考える」同『法典・教育・民法学』（有斐閣・1999 年）86-87 頁。
*44 野澤・前掲注（11）41 頁参照。
*45 ムスタファ・メキ（大澤彩訳）「消費者法——一般理論の試み」新世代法政策学研究 15 号（2012 年）129 頁以下は、ヨーロッパ消費者法につき様々な検討を行い、現状での理論化の困難を指摘するが、一方でその過ちを踏まえた将来の消費者法の構築可能性も示唆する。
*46 フィリップ・ストフェルマンク（山城一真訳）「消費法の法典化」民商法雑誌 146 巻 4＝5 号（2012 年）410 頁以下は、消費法と民法との内容・理念の相違および消費者保護的公序の特殊性など、消費法の独自性を強調して、消費者契約ルールの法典化は方法論的に正当だとする。
*47 まず、消費者契約に関する特別のルールの多くが 1 つの法律に集約されることにより、見通しがよくなることが期待される。また、集約により認知度が高まり、消費者法に関する議論の活性化をもたらすことも期待される。さらに、体系化の作業の過程において、従来対処療法的に設けられた規定（群）の意義を再検討し、規律をより一般化し、あるいは欠缺を埋める重要な視点が提供されることであろう。
*48 例えば、日本の債権法改正審議の中では、一方当事者の不実告知により惹起された錯誤の類型などが取り上げられてきた。フランスでも、情報提供義務や経済的強迫などが挙げられている。
*49 例えば、特定商取引法には、特定継続的役務提供について中途解約等に関する規律を置いているが、ここから、継続的な消費者契約に一般化できる要素を抽出できないかなどは検討対象となりえよう。
*50 現在の消費者契約法においても、適格消費者団体による差止請求制度は、市場法としての消費者法の存在を意味するものである。また、不当条項規制も、その解釈によっては市場法的な機能を果たしうる。

索　引

(項　目)

ア行

アキ・グループ　201
アパチンガン憲法　166
アメリカ法律協会（ALI）　149
安政の 5 カ国不平等条約　25
安定性　85, 92, 96, 103
イタリア商法典　248
イタリア民法典　248
一般条項（スタンダード）　73, 94, 154
一般的法原則　65
一般ドイツ商法典　249
一般法　47
岩倉使節団　34, 38
インスティトゥチオネン（インスティトゥティオネス）
　　――方式　18
　　――体系　237
インディアス法　178
永遠法　3
エクイティ　139
オアハカ州政府のための民法典　167
王権神授説　7
王政復古　27
オーストリア一般民法典　2, 251
オール・オア・ナッシング　66
オプトアウト型　195
オプトイン型　195
お雇い外国人　34
オランダ商法典　249
オランダ民法典　249

カ行

ガイウス＝ユスティニアヌス方式　171
改革型法典化　127
概観可能性　90
改定律令　29, 36
カウディーリョ　179
科学学派（École scientifique）　56, 118
カズイスティク　88
カスティーリャ＝インディアス旧法　173
家族法　225, 235
カディス憲法（1812 年）　166
仮刑律　28
簡潔　91, 98
関税自主権の喪失　25
完全性　89, 94, 103
起案ノ大意　36
議事取調局　28
議政官系　28, 29
北ペルー州サンタクルス民法典　170
機能的比較法　193
基本原則　66, 89, 95
基本法　82
旧刑法　29, 38
教科書　90, 97, 102, 104
矯正の法原則　68
共通参照枠　202
共通参照枠草案（DCFR）　65, 157, 202
刑部省　28
近代社会　49
近代天皇制国家　33

285

索引

グアテマラ共和国民法典（1877年） ……173
具体的な正義 ……70
クリオーリョ ……179
刑法 ……32, 33
刑法官 ……28
刑法事務科 ……28
刑法事務局 ……28
啓蒙 ……90
啓蒙主義 ……17
啓蒙絶対主義 ……88
契約尊重の原則 ……65
契約法典（草案）……155
現行EU私法研究グループ ……201
原則 ……65
原則―例外関係 ……69
現代型法典 ……124
現地セミナー ……232
憲法 ……29, 39
原理的な法命題 ……93
元老院 ……28, 29, 33, 37
工場財団 ……72
工場抵当法 ……72
高成長アジア経済地域 ……216
工部省 ……34
衡平 ……70
国際協力機構（JICA）……221
国制 ……39
国民国家 ……80
国民性 ……96
コスタリカ共和国一般法典民事部
　（1841年）……170
国憲 ……29, 32, 33
個別特別法モデル ……269
個別立法積上主義 ……219
コモン・ロー ……9, 138, 229
コモン・ロー型の法典 ……153

サ行

財産法 ……235
財団 ……72
裁判許否の禁止 ……13

再法典化
　……59, 65, 83, 108, 124, 127, 131, 237
債務法現代化法 ……105
採録型 ……104
左院 ……28, 29, 32
左院事務章程 ……29
参事院 ……32
纂集ノ助 ……36
サンタクルス民法典 ……169
「残念残念」判決 ……73
自然法 ……3, 4, 51
七部法典 ……175
実定法 ……4
指導的な法原則 ……68
ジニ係数 ……227
シビル・ロー ……220, 229
司法省 ……29, 33, 35, 37
司法省法学校 ……36
社会契約 ……6
自由 ……79
集成型法典化 ……127
自由民権運動 ……39
商事裁判所 ……245
消費（者）法典モデル ……270
消費者契約法 ……56, 266, 267, 274
消費者法 ……265
商法 ……29
情報提供機能 ……104
商法典 ……32, 33
商法典論争 ……255
職員令 ……27
殖産興業政策 ……34
進化する法システム ……224, 236
真正な法典 ……153
親族取戻権 ……235
人定法 ……4
新律綱領 ……28, 36
スイス債務法 ……252
スペイン最新法令集成 ……176
スペイン商法典 ……247
正院 ……29
正義 ……70
制憲議会 ……232, 235

政体書 27, 28
制度取調局 32
制度寮系 28
絶対主義 88
漸次立憲政体詔勅 29
総則 94, 224

タ行

第1次契約法リステイトメント 150
第2次契約法リステイトメント 151
体系 87
大審院 28
太政官 35
太政官刑法審査局 37
太政官三院制 29
太政官制 27
太政官法制局 38
脱法典化 57, 81, 123, 237, 244
ダリット 227
治罪法 29, 33, 38
チベット仏教 227
中国律 28, 36
註釈学派（École exégétique） 51, 117
注釈禁止 89, 95
抽象化 94
チリ共和国民法典（1855年）....... 175
賃貸借 56
賃貸借法改正法 106
定義 89, 94
帝国大学 34
適合性の原則 65
鉄道財団 72
鉄道抵当法 72
ドイツ商法典 251
ドイツ民法典 79
統一州法（Uniform State Law）....... 148
統一州法全国会議（NCCUSL）....... 148
統一商事法典（UCC）................. 148, 151
東京大学 34
動的システム 66
特段の事情 73
特別法 47, 122

特別立法 81
特命全権大使発遣朝ノ事 26
特権 15
トロの諸法 177

ナ行

内務省書記官 38
ナチス 85, 103
ナチュラル・フォーラム 74
ナポレオン法典 115, 245
波 80
二重の法典 91
ニューヨーク州の法典化 142
ネパール 226

ハ行

「背信行為」理論 73
排他的法典編纂 11
ハイチ共和国民法典 165
ハイブリッド・システム 195
パンデクテン 95, 100
　──体系 235, 237
　──方式 18, 80
藩法 28
汎ラテン主義 164
判例法 82, 118, 122
判例法主義 137
判例法の部分的法典化 137
評価法学 103
ヒンドゥー教 227
フエロ・レアル 176
複合的性質（複合法）............ 267, 268
複合法 .... →複合的性質
布告 29
布達 29
物 71
物権と債権 223
仏文雑誌 34
不平等条約 25
フランス刑法 36
フランス商法典 115, 245

フランス民法典 ……………… 2, 48, 115
プリンシプル ……………………………… 66
プロイセン一般ラント法 ………………… 2
プロセス志向 …………………………… 220
ペルー民法典（1852 年）……………… 171
ベルギー商法典 ………………………… 249
法学 ……………………………………… 99
法源 …………………………………… 101
法整備支援 ……………………………… 216
法的安全性 ……………………………… 70
法的擬制 ………………………………… 70
法的構成 ………………………………… 95
法典 ………………………… 1, 123, 236
法典化 ……………… 127, 131, 237, 244
法典化された制定法 …………………… 137
法典の完全性 …………………………… 15
法典悲観主義 …………………………… 86
法典編纂 ……………… 127, 215, 236
法典論争 …………………………… 33, 38
法典論争（ドイツ）………………… 6, 99
法の欠缺 ………………………………… 15
法の自己防御システム ………………… 68
法文化 …………………………………… 42
法律委員会（イングランド）………… 155
法律委員会（インド）………………… 145
法律委員会（スコットランド）……… 155
法律委員会（プロイセン）…………… 12
補充的法典編纂 ………………………… 11
ボトムアップ型 ………………………… 194
ボトムダウン型 ………………………… 194
ポルトガル商法典 ……………………… 248
ポルトガル民法典 ……………………… 248
本邦研修 ………………………………… 232

マ行

マオイスト ……………………………… 227
マクシミリアン民法典 ………………… 11
マグダレーナ民法典（1857 年）…… 173
南ペルー州サンタクルス民法典 ……… 170
身分から契約へ ………………………… 49
民事訴訟法 ……………………………… 29
民族法典 ………………………………… 85

民法 …………………………… 28, 29, 32
民法・商法統一法典 …………………… 223
民法改正 ………………………………… 273
民法典 …………………………………… 32
民法典編纂 ……………………… 220, 232
民法の商化現象 ………………………… 251
民法編纂局章程 ………………………… 38
無欠缺性 …………………………… 89, 93
ムルキ・アイン ………………………… 229
明治 13 年元老院訴訟法草案 ………… 29
明法寮 …………………………………… 36
メキシコ・アメリカの自由のための憲法
（1814 年）…………………………… 166
モデル準則 ……………………………… 65

ヤ行

有体物 …………………………………… 71
ユス・コムーネ（IUS COMMUNE）
……………………………………………… 3
ユニドロワ国際商事契約原則（PICC）
…………………………………………… 157
ヨーロッパ共通売買法規則（CESL）
…………………………………………… 205
ヨーロッパ契約法 ……………………… 191
ヨーロッパ契約法委員会 ……………… 198
ヨーロッパ契約法原則（PECL）
……………………………………… 157, 198
ヨーロッパ私法 ………………………… 191
ヨーロッパ法 …………………………… 83
ヨーロッパ保険契約法原則（PEICL）
…………………………………………… 206
ヨーロッパ民法典 ……………………… 192
ヨーロッパ民法典スタディ・グループ
…………………………………………… 200
輿論公議 ………………………………… 28

ラ行

ラオス …………………………………… 217
リステイトメント（Restatement of the Law）
…………………………………………… 148
立国憲議 …………………………… 32, 33

索引

立法	215
立法技術	107
——ドイツ民法典	93
——日本民法典	87, 107
——プロイセン一般ラント法	88
立法諮問（référé législatif）	13
立法措置によらない法典化	150
律令	27
律令学	28
領事裁判権	25
ルイジアナ州の法典化	142
ルール	66
ルクセンブルク商法典	249
例外	69
歴史法学	99
労働法	56
六法	29

ワ行

わかりやすさ	90, 96
和仏法律学校	34

数字・略語等

1872年契約法	145
1882年為替手形法	147
1977年不公正契約条項法	156
ALI	→アメリカ法律協会
CESL	→ヨーロッパ共通売買法規則
DCFR	→共通参照枠草案
EU（EC）指令	157
NCCUSL	→統一州法全国会議
PECL	→ヨーロッパ契約法原則
PEICL	→ヨーロッパ保険契約法原則
PICC	→ユニドロワ国際商事契約原則
UCC	→統一商事法典

（人　名）

ア行

青木周蔵	35
アクィナス（,トマス）	3
アリストテレス	5
イェーリング	102
井上毅	35, 39, 42
今村和郎	38
イルティ	86
岩倉具視	29, 33, 35
ヴィアッカー	8, 80, 86
ヴィントシャイト	100, 104
ヴォルテール	5
ヴォルフ（,クリスチャン）	4
江藤新平	35
大木喬任	29, 33
オースティン	141

カ行

ガイウス	18
ギールケ	80
グロティウス	4
ケッツ（,ハイン）	193
後藤象二郎	32
コンリング（,ヘルマン）	9

289

索引

サ行

サヴィニー ……………………………… 10, 99
サレイユ ………………………………………… 118
ジェニー ……………………………………… 68, 118
スヴァーレツ ………………………………… 16, 91
スタンダール ……………………………………… 17
ソロン …………………………………………… 14

タ行

ツァイラー ……………………………………… 13
ツィンマーマン ………………………………… 196
ティボー ………………………………………… 6, 99
デカルト …………………………………………… 4
テレジア（, マリア） …………………………… 7
ドゥウォーキン ………………………………… 66
ドネルス ………………………………………… 18
ドマ ……………………………………………… 117

ナ行

ナポレオン …………………………………… 10, 115

ハ行

バーゼドー …………………………………… 194
パスカル …………………………………………… 4
パテルノストロ ………………………………… 39
ビドリンスキー ………………………………… 66
フィールド …………………………………… 142
フーバー（, オイゲン） ………………………… 14
プーフェンドルフ ………………………………… 4
福岡孝弟 ………………………………………… 27

ハ行（続き）

ブラックストーン …………………………… 140
プラトン …………………………………………… 5
プランク ………………………………………… 93
フリードリヒ 2 世（フリードリヒ大王）
 ……………………………………………… 7, 91
ベリョ（, アンドレス） ……………………… 164
ベンサム ………………………………… 9, 90, 140
ボアソナード ……………………………… 34-37, 39
ホッブズ …………………………………………… 6
穂積陳重 ………………………………………… 87, 127
ポティエ ………………………………………… 117
ポルタリス ……………………………………… 13

マ行

マクレガー …………………………………… 155
宮島誠一郎 ……………………………………… 32
メンガー ………………………………………… 80
モンテスキュー …………………………………… 4

ヤ行

ヤーコブス ………………………………… 100, 104
ユスティニアヌス ……………………………… 12

ラ行

ライプニッツ ……………………………………… 5
ラングデル …………………………………… 150
リヴィングストン ……………………………… 142
ルゥエリン ……………………………………… 151
ルソー …………………………………………… 6
ロェスレル（, ヘルマン）
 ……………………………………… 34, 35, 38, 39, 253

執筆者紹介（章順）

北居　功（きたい いさお）　**編者**
1961 年生まれ。慶應義塾大学大学院法務研究科教授。
担当章：第 1 章「法統一のための法典編纂」
主要著作として、『契約履行の動態理論 I・II』（慶應義塾大学出版会・2013 年）ほか。

岩谷　十郎（いわたに じゅうろう）　**編者**
1961 年生まれ。慶應義塾大学法学部教授。
担当章：第 2 章「近代日本の法典編纂—その"始まり"の諸相」
主要著作として、『明治日本の法解釈と法律家』（慶應義塾大学法学研究会・2012 年）ほか。

加藤　雅之（かとう まさゆき）
1974 年生まれ。神戸学院大学法学部准教授。
担当章：第 3 章「脱法典化と再法典化」
主要著作として、「不法行為法における損害要件の意義—フランス法における賠償原理と損害要件の関係から」私法 72 号 119 頁（2010 年）、『判例にみるフランス民法の軌跡』（共著・法律文化社・2012 年）ほか。

片山　直也（かたやま なおや）　**編者**
1961 年生まれ。慶應義塾大学大学院法務研究科教授。
担当章：第 4 章「法典と一般的法原則—法秩序の重層構造と動態的法形成」
主要著作として、『詐害行為の基礎理論』（慶應義塾大学出版会・2011 年）ほか。

水津　太郎（すいず たろう）
1977 年生まれ。慶應義塾大学法学部准教授。
担当章：第 5 章「ドイツ民法典と法典論」
主要著作として、「ドイツ法における物上代位の理論的基礎（1）〜（4・完）」法学研究 80 巻 3 号 21 頁、4 号 45 頁、5 号 25 頁、6 号 33 頁（2007 年）、「代償的取戻権の意義と代位の法理」法学研究 86 巻 8 号 33 頁（2013 年）ほか。

武川　幸嗣（むかわ こうじ）
1966 年生まれ。慶應義塾大学法学部教授。
担当章：第 6 章「フランスの諸法典」
主要著作として、「解除の対第三者効力論（1）（2・完）」法学研究 78 巻 12 号 1 頁（2005 年）、79 巻 1 号 61 頁（2006 年）ほか。

木原 浩之（きはら ひろゆき）
1975 年生まれ。亜細亜大学法学部准教授。
担当章：第 7 章「英米法における法典化運動」
主要著作として、「改正 UCC 第 2 編における『合意』を基礎とする契約法理（1）〜（5・完）」亜細亜法学 44 巻 2 号 210 頁、45 巻 1 号 158 頁、46 巻 2 号 148 頁、47 巻 2 号 124 頁、48 巻 2 号 116 頁（2010 〜 2014 年）ほか。

前田 美千代（まえだ みちよ）
1975 年生まれ。慶應義塾大学法学部准教授。
担当章：第 8 章「ラテンアメリカと法典化」
主要著作として、「独立期メキシコにおける法典化前提要件の生成―中世スペイン法思想とフランス啓蒙思想、立憲主義と民法典」『私権の創設とその展開 内池慶四郎先生追悼論文集』（慶應義塾大学出版会・2013 年）ほか。

中田 邦博（なかた くにひろ）
1959 年生まれ。龍谷大学大学院法務研究科教授。
担当章：第 9 章「ヨーロッパ（EU）私法の平準化―ヨーロッパ民法典の可能性」
主要著作として、『プリメール民法 1 民法入門・総則（第 3 版）』（共著・法律文化社・2008 年）、『ヨーロッパ私法の現在と日本法の課題』（共編著・日本評論社・2011 年）ほか。

松尾　弘（まつお ひろし）
1962 年生まれ。慶應義塾大学大学院法務研究科教授。
担当章：第 10 章「開発における法典編纂」
主要著作として、『民法の体系（第 5 版）』（慶應義塾大学出版会・2010 年）、『開発法学の基礎理論』（勁草書房・2012 年）ほか。

高田 晴仁（たかだ はるひと）
1965 年生まれ。慶應義塾大学大学院法務研究科教授。
担当章：第 11 章「『商法典』とは何か―法典化・脱法典化・再法典化」
主要著作として、『民法とつながる商法総則・商行為法』（共編著・商事法務・2013 年）ほか。

鹿野 菜穂子（かの なおこ）
1959 年生まれ。慶應義塾大学大学院法務研究科教授。
担当章：第 12 章「消費者法と法典化」
主要著作として、『消費者法と民法』（共編著・法律文化社・2013 年）、『基本講義 消費者法』（共編著・日本評論社・2013 年）ほか。

法典とは何か

2014 年 10 月 30 日　初版第 1 刷発行

編　者―――――岩谷十郎・片山直也・北居功
発行者―――――坂上　弘
発行所―――――慶應義塾大学出版会株式会社
　　　　　　　〒 108-8346　東京都港区三田 2-19-30
　　　　　　　ＴＥＬ〔編集部〕03-3451-0931
　　　　　　　　　　〔営業部〕03-3451-3584〈ご注文〉
　　　　　　　　　　〔　〃　〕03-3451-6926
　　　　　　　ＦＡＸ〔営業部〕03-3451-3122
　　　　　　　振替 00190-8-155497
　　　　　　　http://www.keio-up.co.jp/
装　丁―――――鈴木　衛
印刷・製本―――萩原印刷株式会社
カバー印刷―――株式会社太平印刷社

©2014　Juro Iwatani, Naoya Katayama, Isao Kitai
Printed in Japan　ISBN978-4-7664-2187-3